民法概論 ⑤

親族・相続
補訂版

川井 健

良永和隆 補訂

有斐閣

補訂版はしがき

　この「民法概論」のシリーズ全5巻は，司法試験受験生や法科大学院進学を目指す者にとって，信頼できる基本書として最も人気があり定評があるもの（の一つ）であって，その内容も最新のものであることが期待・要望されている。これに応じて，第1巻から第4巻までの財産法部分はすでに順次改訂・補訂がされ（第1巻は第4版，第2巻は第2版，第3巻は第2版補訂版，第4巻は補訂版），第5巻の本書も補訂が望まれる時期にきていた。しかし，まことに残念なことに，著者の川井健先生は平成25年5月15日に亡くなられ，今後，先生ご自身による改訂・補訂ができなくなってしまった。

　先生の弟子の一人とはいえ，私などが本書の補訂をするのは僭越極まりないことではあるが，川井先生の一番弟子である岡孝学習院大学教授からの強いご要望などもあって，補訂を担当させていただくことになった。家族法関係においても，これまで何冊かの書籍（有斐閣では有斐閣双書シリーズの「民法（9）（相続）」など）を執筆し，また，月刊誌などで連載もしてきたこと（特に「民事研修」で76回した連載のうち，平成21年1月から平成24年1月までの3年間に39の家族法判例を扱った）などから，最適任かどうかに疑問はもちつつも，川井先生に対する多少の御恩返しになればとの思いで，本書の改訂（補訂）をお引き受けした次第である。

　本書は，初版刊行の平成19年から8年ぶりの補訂である。本書が対象とする家族法（親族・相続）の分野では，この8年間に目まぐるしい動きがあった。重要な法改正があり，実務（先例）が変更され，また，重要な新判例が出されている。今回の補訂では，旧版の叙述を大きく崩さないようにしつつ，これらの動きを反映させた。

　もう少し具体的にいえば，まず立法として，主要なものでは，家事審判法から家事事件手続法への改正，人事訴訟法や戸籍法の改正，平成23年や平成25年の民法改正などがある（ハーグ条約や中小企業経営承継円滑化法，後見制度支援信託等にも触れた）。また，判例では，非嫡出子の相続分の扱いを違憲とし

補訂版はしがき

た大法廷判決や性転換した者を親とする場合の親子関係に関する判決などがあるが，こうした新しい判例・裁判例をほぼ漏れなく書き加えた（今回，書き加えた判例は計53件にのぼる）。そのほか，先例・実務で変更があったところや外国法の動向なども分かる範囲で訂正ないし追加した。

親権喪失や親権停止など，大きな改正がされたところなどは，数ページにわたって全面的な書き換えをしたところもあるが（105頁～109頁，112頁～114頁），表現や叙述の仕方を含めて，川井先生が旧版で述べられている文章には基本的に手を加えていない（誤字・誤植であることが明らかなところは訂正した）。

今回の補訂で最後まで気になったのは，文献の引用である。この数年間に家族法分野にもおびただしい文献が出されており，教科書・基本書にもすぐれたものは少なくない。それらを反映すべきかはやや悩ましいところであったが，川井先生が引用・指摘された文献で新しい版が出ているものについては，最新版の頁数に改めたものの，原則として新しい文献を加えることはしなかった（かえって，そのほうが学説なり意見なりの主唱者の原典を重視しようという川井先生の意図にも沿うようにも思われたからである）。

現在，ドイツに滞在しておられる岡教授からは，補訂作業をするのに先立ち，具体的な訂正箇所を多数ご指摘ご提案いただいた。また，有斐閣書籍編集第一部の藤本依子氏には，原稿の当初の締切を半年近く遅滞したにもかかわらず，その間辛抱強くお待ちいただき，また，引用文献の確認を含めて，丁寧に原稿をみていただいた。心からお礼申し上げたい。

平成27年10月27日

良　永　和　隆

初版はしがき

　本書は民法概論全5巻の最後の第5巻親族・相続法である。この機会にこれまでの私の研究，講義の成果をまとめ，少しでも学界に寄与できればと考えている。私の大学での講義，ゼミ，司法試験委員の経験，実務家との共同研究などを通じて，実用法学としての解釈学はこれまでどおりでよいのかという疑問を感ずることが多かった。特に学説があまりに多岐に分かれすぎていることである。それほど本質的でない学説の対立はいたずらに学生をとまどわせ，また実務を混乱させる。そこでこの数年，私は，大学のゼミでは意識的に学説の整理・検討を心がけてきた。

　以上のような反省のもとに，このシリーズにおいては，オーソドックスな概説をすることはいうまでもないが，特に学説の整理・検討・分析に留意することにした。民法上個々の問題について学説が分かれ，A説から始まって10くらいの学説があることも少なくない。しかし，こういう学説の差異は，ある程度，表現方法や言葉のニュアンスの違いにすぎないものもある。大切なことは，学説がなぜ分かれるのか，本質的にどういう根拠があって個々の学説が分かれるのか，また，どの学説をとることによってどういう結果や効果の差異が生ずるのかということを探ってみることが必要である。そういう角度でみると，多数の学説があるようでも，本質的には，A説と，これと反対の極にあるB説，その中間の折衷説であるC説くらいに分けることができる。C説には，いろんなニュアンスの差異があって，A説かB説のどちらかに傾いたものもある。また，従来の通説であるA説に対してB説が一見真っ向から対立するようであっても，それはA説の見逃していた指摘であったり，A説の一つの発展とみられる場合もある。本書では，このような分類をして学説を消化し，いまどの学説をとるのが妥当かということを考えてみるように努力したつもりである。沿革的にどのような事情が背景にあって学説の流れが生じたか，いまどの学説によることが必要なのかを検討することは法律学に課された重要な課題であると思う。

　本シリーズがこのような課題にどの程度こたえているかは読者の批判にま

初版はしがき

つほかはないが，筆者は今後ともこの問題を追究してみたいと思っている。

　本書の原稿の整理段階では，もと有斐閣に勤務されていた小林広子さんに個人的にお手伝いをお願いした。出版に際しては，校正，索引の作成などで，有斐閣書籍編集第一部の神田裕司氏と渡邉和哲氏にたいへんお世話になった。ようやく最後の巻に辿り着いたのは，これらの方々のおかげであり，心から感謝申しあげる。

　　平成19年2月

　　　　　　　　　　　　　　　　　　　　　　　　　　　川　井　　　健

目　次

■第1部　親　族　法
第1章　総　　則 …………………………………………………… *1*
　第1節　親族法の意義 …………………………………………… *1*
　第2節　戸籍と家事事件処理の手続 …………………………… *3*
　第3節　親　　族 ………………………………………………… *4*
第2章　婚　　姻 …………………………………………………… *8*
　第1節　婚　　約 ………………………………………………… *8*
　第2節　婚姻の成立 ……………………………………………… *11*
　　第1款　婚姻の要件 …………………………………………… *11*
　　第2款　婚姻の無効および取消し …………………………… *16*
　第3節　婚姻の効力 ……………………………………………… *21*
　第4節　夫婦財産制 ……………………………………………… *28*
　　第1款　総　　則 ……………………………………………… *28*
　　第2款　法定財産制 …………………………………………… *29*
　第5節　離　　婚 ………………………………………………… *34*
　　第1款　総　　説 ……………………………………………… *34*
　　第2款　協議上の離婚 ………………………………………… *34*
　　第3款　調停離婚・審判離婚 ………………………………… *45*
　　第4款　裁判上の離婚 ………………………………………… *46*
　第6節　内縁と同棲 ……………………………………………… *52*
第3章　親　　子 …………………………………………………… *58*
　第1節　総　　説 ………………………………………………… *58*
　第2節　実　　子 ………………………………………………… *58*
　　第1款　嫡　出　子 …………………………………………… *58*
　　第2款　嫡出でない子 ………………………………………… *65*
　　第3款　人工授精子・体外受精子 …………………………… *74*
　　第4款　子　の　氏 …………………………………………… *75*
　第3節　養　　子 ………………………………………………… *77*
　　第1款　総　　説 ……………………………………………… *77*
　　第2款　縁組の要件 …………………………………………… *78*

　　　　第3款　縁組の無効および取消し ………………………………… *84*
　　　　第4款　縁組の効力 ……………………………………………… *87*
　　　　第5款　離　　縁 ………………………………………………… *88*
　　　　第6款　特別養子 ………………………………………………… *90*
第4章　親　権 ……………………………………………………………… *94*
　第1節　総　則 …………………………………………………………… *94*
　第2節　親権の効力 ……………………………………………………… *96*
　第3節　親権の喪失および停止 ………………………………………… *105*
第5章　後見・保佐・補助等 ……………………………………………… *110*
　第1節　後　見 …………………………………………………………… *110*
　　　　第1款　後見の意義 ……………………………………………… *110*
　　　　第2款　後見の開始 ……………………………………………… *110*
　　　　第3款　後見の機関 ……………………………………………… *112*
　　　　第4款　後見の事務 ……………………………………………… *116*
　　　　第5款　後見の終了 ……………………………………………… *121*
　第2節　保　佐 …………………………………………………………… *122*
　第3節　補　助 …………………………………………………………… *122*
　第4節　任意後見 ………………………………………………………… *123*
　第5節　後見登記等 ……………………………………………………… *126*
第6章　扶　養 ……………………………………………………………… *129*
　第1節　扶養の意義 ……………………………………………………… *129*
　第2節　扶養の権利義務 ………………………………………………… *130*
　第3節　私的扶養と公的扶助との関係 ………………………………… *136*

■第2部　相　続　法
第1章　総　則 ……………………………………………………………… *139*
　第1節　相続の意義 ……………………………………………………… *139*
　第2節　相続の開始 ……………………………………………………… *140*
　第3節　相続回復請求権 ………………………………………………… *143*
第2章　相続人 ……………………………………………………………… *149*
　第1節　相続人 …………………………………………………………… *149*
　第2節　相続人の欠格と廃除 …………………………………………… *153*
第3章　相続の効力 ………………………………………………………… *159*

第1節　総　　則	……………………………………………	*159*
第2節　相　続　分	……………………………………………	*174*
第3節　遺 産 分 割	……………………………………………	*184*
第1款　遺産分割の意義	……………………………………	*184*
第2款　遺産分割の対象	……………………………………	*187*
第3款　遺産分割の効力	……………………………………	*189*
第4章　相続の承認および放棄	…………………………………	*192*
第1節　総　　則	……………………………………………	*192*
第2節　相続の承認	…………………………………………	*195*
第1款　単 純 承 認	……………………………………………	*195*
第2款　限 定 承 認	……………………………………………	*197*
第3節　相続の放棄	…………………………………………	*201*
第5章　財産の分離	………………………………………………	*204*
第6章　相続人の不存在	…………………………………………	*207*
第7章　遺　　言	…………………………………………………	*211*
第1節　総　　則	……………………………………………	*211*
第2節　遺言の方式	…………………………………………	*216*
第1款　普通の方式	…………………………………………	*216*
第2款　特別の方式	…………………………………………	*222*
第3節　遺言の効力	…………………………………………	*224*
第4節　遺言の執行	…………………………………………	*228*
第5節　遺言の撤回および取消し	…………………………………	*232*
第8章　遺　留　分	………………………………………………	*236*

判例索引（巻末）
事項索引（巻末）

凡　例

〈文　献〉

有地	有地亨・新版家族法概論［補訂版］（平成17年，法律文化社）
泉	泉久雄・親族法（平成9年，有斐閣）
伊藤	伊藤昌司・相続法（平成14年，有斐閣）
内田	内田貴・民法IV［補訂版］親族・相続（平成16年，東京大学出版会）
太田	太田武男・親族法概説（平成2年，有斐閣）
大村	大村敦志・家族法［第3版］（平成22年，有斐閣）
川島	川島武宜・民法（三）［改訂増補］（昭和52年，有斐閣）
北川	北川善太郎・親族・相続［民法講要V］［第2版］（平成13年，有斐閣）
基本法親族	島津一郎＝松川正毅編・基本法コンメンタール親族［第5版］（平成20年，日本評論社）
久貴	久貴忠彦・親族法（昭和59年，日本評論社）
現代大系	現代家族法大系1巻～5巻（昭和54年～55年，有斐閣）
小石	小石寿夫・先例親族相続法（昭和33年，帝国判例法規出版社）
講座	川井健ほか編・講座・現代家族法1巻～6巻（平成3年～6年，日本評論社）
新版注民	新版注釈民法（21）～（28）（昭和63年～平成24年，有斐閣）（25）改訂版・平成16年，（27）補訂版・平成24年，（28）補訂版・平成14年
鈴木・親族	鈴木禄弥・親族法講義（昭和63年，創文社）
鈴木・相続	鈴木禄弥・相続法講義［改訂版］（平成8年，創文社）
鈴木＝唄	鈴木禄弥＝唄孝一・人事法I II（I・昭和55，II・昭和50，有斐閣）
大系	家族法大系I～VII（昭和34年～35年，有斐閣）
高梨	高梨公之・日本婚姻法論（昭和32年，有斐閣）
谷口	谷口知平・日本親族法（昭和10年，弘文堂書房）
註解親族	東北大学民法研究会編・註解親族法（昭和24年，法文社）
註解相続	東北大学民法研究会編・註解相続法（昭和26年，法文社）

凡　例

注釈親族	中川善之助編・注釈親族法（上）（下）（昭和25・27年，有斐閣）
注釈相続	中川善之助編・注釈相続法（上）（下）（昭和29・30年，有斐閣）
注民	注釈民法（20）～（26）（昭和41年～58年，有斐閣）
外岡	外岡茂十郎・親族法概論（昭和3年，敬文堂書房）
中川（善）	中川善之助・新訂親族法（昭和32年，青林書院新社）
中川親族逐条	中川淳・改訂親族法逐条解説（平成2年，日本加除出版社）
中川相続逐条	中川淳・相続法逐条解説（上）（中）（下）（昭和60年，平成2年，平成7年，日本加除出版社）
中川（高）	中川高男・親族・相続法講義［新版］（平成7年，ミネルヴァ書房）
中川＝泉	中川善之助＝泉久雄・相続法［第4版］（平成12年，有斐閣）
判例コン7	我妻栄＝唄孝一・判例コンメンタール7親族（昭和45年，コンメンタール刊行会）
判例コン8	我妻栄＝唄孝一・判例コンメンタール8相続（昭和41年，コンメンタール刊行会）
百年	広中俊雄＝星野英一編・民法典の百年IV（平成10年，有斐閣）
松坂	松坂佐一・民法提要・親族法・相続法［第4版］（平成4年，有斐閣）
民法講座	星野英一ほか編・民法講座7親族・相続（昭和59年，有斐閣）
柚木・親族	柚木馨・親族法［第4版］（昭和28年，有斐閣）
柚木・相続	柚木馨・判例相続法論（昭和28年，有斐閣）
我妻	我妻栄・親族法（法律学全集，昭和36年，有斐閣）
我妻解説	我妻栄・改正親族・相続法解説（昭和24年，日本評論社）
我妻＝立石	我妻栄＝立石芳枝・親族法・相続法（昭和27年，日本評論社）

〈法　令〉

　条数だけのものは民法を示す。その他のものは，『六法全書』（有斐閣版）巻末の略語による。平成8年法務省法制審議会決定・民法の一部を改正する法律案要綱を「平成8年改正要綱」とした。

〈判例・出典〉（「判」にかえて「決」とあるのは決定の略）

大（連）判	大審院（連合部）判決
大　刑　判	大審院刑事判決
最（大）判	最高裁判所（大法廷）判決
控　　判	控訴院判決

凡　例

高　判	高等裁判所判決
地　判	地方裁判所判決
民(刑)録	大審院民(刑)事判決録
民(刑)集	大審院民(刑)事判例集 最高裁判所民(刑)事判例集
高民集	高等裁判所民事判例集
下民集	下級裁判所民事裁判例集
家　月	家庭裁判月報
裁　時	裁判所時報
裁判集民	最高裁判所裁判集民事
裁判例	大審院裁判例
新　聞	法律新聞
評　論	法律学説判例評論全集
交通民集	交通事故民事裁判例集

〈雑　誌〉

金　商	金融・商事判例
金　法	金融法務事情
志　林	法学志林
新　報	法学新報
曹　時	法曹時報
判　時	判例時報
判　タ	判例タイムズ
判　評	判例評論(判例時報付録)
法　協	法学協会雑誌
法　時	法律時報
民　商	民商法雑誌
論　叢	法学論叢

本書のコピー，スキャン，デジタル化等の無断複製は著作権法上での例外を除き禁じられています。本書を代行業者等の第三者に依頼してスキャンやデジタル化することは，たとえ個人や家庭内での利用でも著作権法違反です。

第1部 親族法

第1章 総則

第1節 親族法の意義

I 親族法

民法上の権利のうち，身分権（1巻16頁）に関しては，2条が，「この法律は，個人の尊厳と両性の本質的平等を旨として，解釈しなければならない」と定めている。本書では，身分権につき，かつて第2次大戦前の「家」制度の下での戸主と家族の不平等，男女の不平等が，新憲法のもとでどのように是正され，現在どのような問題があるかという観点から，親族法，相続法上の問題を述べる。民法第4編親族・第5編相続は，明治29年に公布された民法第1編から第3編までの財産法に次ぎ，明治31年に公布され（法9号），財産法の部分（民法第1編・第2編・第3編，明治29年法89号）とともに，明治31年7月16日から施行された。これを明治民法と称する。この明治民法の親族編相続編は，後述するように，昭和22年に大改正された後，平成16年に，民法現代語化改正により第1編から第5編まで従来2本建の法律であったのを1つの法律（明治29年法89号）にまとめた（平成16年法147号）。

II 家族生活の変化

明治民法は，「家」の制度を定め，戸主が「家」の財産を所有し，戸主が死亡したり隠居をした場合には，その財産を一括して推定家督相続人が相続をした。原則として，戸主の長男子が家督相続人となった。戸主は，また家族に対する支配をし，家族がもし扶養を必要とするときには，戸主がその義務を負うという考え方をとっていた。このように，明治民法は，「家」を重視し，夫婦には重きを置かないという考え方をとっていた。

第2次大戦後に新憲法が制定され，憲法24条1項は，「婚姻は，両性の合意のみに基いて成立し，夫婦が同等の権利を有することを基本として，相互

の協力により，維持されなければならない」と定めた。このような個人の尊厳，男女平等という観点から，昭和22年に親族法，相続法が全面的に改正になり，725条以下の規定は，表現のうえでも口語体になって非常に親しみやすい文章になった。

　明治民法のもとでは，社会の実際においても，大家族的な実態があったが，次第に，都市への人口の集中に伴って小家族へと移行してきた（小家族の問題点につき，泉11頁）。第2次大戦後ますますこういう傾向が強まってきて，現在では，いわゆる核家族という現象が生じており，またそれに伴って，新しい問題として高齢者問題などが登場している。そして新憲法で謳われた男女の平等に関しては，民法は，形式的に男女をほとんど差別しないという立場をとっているが，実質的にみてなお問題がある。今後は実質的な男女平等を図っていく必要がある。この点，国連では，昭和50年を国際婦人年，昭和51年から60年までを国際婦人の10年として，そのための条約を制定するという動きを示したが，わが国では昭和60年に，いわゆる女子差別撤廃条約（女子に対するあらゆる形態の差別の撤廃に関する条約）が批准・公布され，また労働法の分野では，男女雇用機会均等法（雇用の分野における男女の均等な機会及び待遇の確保等に関する法律，昭和47年法113号の改正〔昭和60年法45号〕）が制定された。このような変化に伴い，民法も一部改正が行われてきた。

　実際の家族生活においては，全面的ではないとしても，主婦婚から共働婚への移行がみられる（川井健「東西ドイツにおける男女同権論の対立について（1）（2）」法協73巻6号722頁・74巻1号45頁〔昭和32年〕，内田19頁参照）。女性の教育・能力の向上の結果である。しかしながら，日本では，基本的には主婦婚の伝統が残っており，人々の間では，「家事は妻に」という意識が強い。そのために妻の負担が増大している。それが少子化の問題の一因でもある。そのうえ高齢者介護の負担の問題がある。こうした事情のため，実質的な男女同権の実現は困難な状況にある（現代の家族像につき有地15頁参照，家族法の課題につき，川井健「家族法の課題」講座1巻3頁参照，近時の問題につき，特集「現代家族をめぐる法状況」法時78巻11号4頁以下〔平成18年〕参照）。

第2節　戸籍と家事事件処理の手続

I　戸　　籍

　親族法の重要な法源は民法であるが，ほかに特別法として戸籍法と家事事件手続法がある。戸籍は人の身分関係の登録・公証を行う制度であり，市町村長が管掌する。出生届・死亡届のように事実を報告する届出（報告的届出）と，婚姻・離婚届のように身分上の効果を発生させる届出（創設的届出）とが区別される。戸籍の記載に誤りがあるときは，家庭裁判所の許可・審判などを経て申請によって訂正させることができる（戸113条以下）。戸籍の所在場所を本籍といい，人は自由にこれを定めることができる。本籍のない者（無籍者）は，就籍の手続をとらなければならない（戸110条）。戸籍は公開を原則とするが（戸10条1項），プライバシーの保護等の観点から公開が制限される（辻朗「戸籍公開とその限界について」現代大系1巻405頁参照）。すなわち，戸籍謄本・抄本の交付請求が不当な目的によることが明らかな場合にはこれを拒否しうる（同条2項・3項）。

　なお，戸籍制度とは別個に，平成11年の民法改正による成年後見制度の導入に伴い，「後見登記等に関する法律」（平成11年法152号）により法務局においてコンピュータシステムを使った登記ファイルへの登録でもって，成年後見等の登記が行われる（後述126頁）。プライバシーの保護のため登記内容の公開が制限される。

II　家事事件処理の手続

　家事事件について紛争が生じたときには，家事事件手続法に基づいて，原則として調停による話合いが行われることになる（これまでは家事事件の手続は家事審判法によって処理されてきたが，これに代わって，平成23年に家事事件手続法〔平成23年法52号〕が制定され，平成25年1月1日から施行されている）。家事事件手続法257条1項は，調停を行うことができる事件について訴えを提起しようとする者は，まず家庭裁判所に家事調停の申立てをしなければならないと定め，できるだけ話合いで解決をする。そして調停が不調に終わった場合，つまり合意に達しない場合には，調停が成立しないものとして，家事調停事

件を終了させることになるが（家事272条1項），その場合，家事事件手続法272条4項が「第1項の規定により別表第二に掲げる事項についての調停事件が終了した場合には，家事調停の申立ての時に，当該事項についての家事審判の申立てがあったものとみなす」と定めている。そこで，たとえば婚姻費用分担の調停申立てがあり，それが，不調に終わったら，事件は，審判事件となり，家事審判官（家事事件を取り扱う裁判官を家事審判官と呼称していたが，家事事件手続法ではこの呼称は廃止された）は，法律の規定に従って，いくら分担すべきかを決定することになる。しかしながら，離婚事件は審判の対象とはなっていないので，離婚の調停が不調に終わったときに，なお離婚をしたいというときには，人事訴訟法に従って，家庭裁判所に離婚訴訟を起こさなければならない。さらに調停を前置するといっても，調停に親しまない事件がある（家事244条括弧書・別表第一）。たとえば，失踪宣告を受けるという場合には調停は前置されず，いきなり審判が行われる。

　以上のほか，家庭裁判所は，婚姻費用，扶養料の支払などのため，審判前の保全処分を行い（家事105条），審判・調停で定められた義務につき義務の履行状況の調査をしたり，義務者に対して履行の勧告をしたり（家事289条），また，金銭の支払その他の財産上の給付を目的とする義務の不履行者に対しては，その義務の履行命令をすることができる（家事290条）など，履行の確保のための制度が設けられている。

第3節　親　　族

I　親族の範囲

　民法は，以下に述べるように，一定の範囲の者を親族と定め，親族関係の発生・消滅，親族の効果を定めている（725条以下）。しかし，親族が1つの団体としての性格をもつわけではない。現実の家族生活は，夫婦と未成熟子を中心に形づくられることが多い。この現実の家族を「家団」としてとらえ，それに一定の法律効果を認めようとする学説がある。その考え方を尊重することはできるが，法律上家団を認めて処理することはできない。

　つぎに掲げる者は，これを親族とする。①6親等内の血族，②配偶者，③

3親等内の姻族（725条）。血族とは，実親子のように出生によって血縁関係にある者をいうが，養子のように法律上血族とされる者を含む（727条）。配偶者とは，婚姻によって夫婦となった者をいう。姻族とは，妻と夫の両親との関係のように一方の配偶者と他方の配偶者の血族との関係をいう。妻の連れ子と夫との関係のようないわゆる継親子関係は姻族であって血族とはされていない（大決大正6・8・22民録23輯1195頁）。

親族は，尊属，卑属，直系，傍系に分類することができる。尊属とは，父母，祖父母のように自己より前の世代に属する親族をいい，卑属とは，子や孫のように後の世代に属する親族をいう。直系とは，子や孫のように血縁関係が直下する親族をいい，傍系とは，兄弟姉妹，いとこのように共同始祖から直下する親族相互間の関係をいう。

親族の範囲を定める実益はさほど大きいとはいえない（我妻396頁以下，川島武宜「民法典の『親族』概念について(1)～(3)」法協67巻2号97頁・5号441頁，68巻1号60頁［昭和24～25年］，同・イデオロギーとしての家族制度26頁以下［昭和32年］。なお，石川恒夫「『親族』規定のあり方」講座1巻59頁参照）。扶養や相続においては，具体的に一定の範囲の者が権利義務を有すると定められているのでその定めは無意味である。そこで725条削除論が有力である（我妻396頁，中川（高）58頁）。

II　親等の計算

親等は，親族間の世代数を数えて，これを定める（726条1項）。傍系親族の親等を定めるには，その1人またはその配偶者から同一の祖先に遡り，その祖先から他の1人に下るまでの世代数による（同条2項）。親子間は1親等，兄弟姉妹は2親等，おじ・おばとおい・めいは3親等，いとこは4親等となる。姻族については配偶者を基準として同様に計算する。

III　親族関係の変動

1　縁組・離縁による親族関係の変動

（1）　縁組による親族関係の変動　　養子と養親およびその血族との間においては，養子縁組の日から，血族間におけるのと同一の親族関係を生ずる（727条）。縁組により養親子間だけでなく，養親の血族と養子との間にも法定血族関係が生ずるという趣旨である。以下の2点が問題となる。

(a) 縁組前からの養子の直系卑属と養親との関係　ある人を養子にしたが，その人にはすでに子がいたというように，養子縁組前から存在した養子の直系卑属と養親との間に法定血族関係は生ずるであろうか。727条は，養子個人を養親の血族に取り込む趣旨であり，縁組前からの養子の血族と養親との間には法定血族関係は生じないというのが通説（我妻292頁，中川（善）90頁）・判例（大判昭和7・5・11民集11巻1062頁，大判昭和19・6・22民集23巻371頁）であり，実務でもそうである（民事局長回答昭和27・2・2民甲84号）。なお，縁組前からの養子の直系卑属は，養親の死亡の際に代襲相続権を有しない（887条2項但書）。

　　(b) 縁組後に養子が認知した非嫡出子と養親との関係　認知の効力が子の出生時に遡及するので，被認知者は縁組前から存在することになり，その者と養親との間に法定血族関係は生じない（民事局長回答昭和12・8・14民甲872号）。

　(2) 離縁による親族関係の変動　養子縁組は，離縁によって解消され，養子らと養親（およびその血族）との親族関係は終了する。すなわち，養子およびその配偶者ならびに養子の直系卑属およびその配偶者と養親およびその血族との親族関係は，離縁によって終了する（729条）。養親が死亡した場合はどうであろうか。

　養親が死亡しても養子と養親の血族との間の生じた親族関係は存続するが，後述するように（89頁），養親子が死亡した場合に当事者の一方からの離縁（死後離縁）が認められている（811条6項）。死後離縁により，縁組によって発生した法定血族関係は消滅する（729条）。

2　姻族関係の消滅

　姻族関係は，離婚によって終了する（728条1項）。夫婦の一方が死亡した場合において，生存配偶者が姻族関係を終了させる意思を表示したときも，これと同様である（同条2項）。死亡と離婚を区別しないで婚姻の解消によって姻族関係は消滅するとすべきだという立法論の主張もある（中川高男・新版注民(21)121頁，中川親族逐条21頁）。生存配偶者が祭祀に関する権利を承継した後，姻族関係終了の意思表示をするときは，当事者その他の関係人の協議でその権利を承継すべき者を定めなければならない。その協議が調わないと

第3節　親　族

き，または協議ができないときは，権利を承継すべき者は，家庭裁判所が定める（751条2項・769条・728条2項）。

IV　親族の効果
1　親族間の互助

直系血族および同居の親族は，互いに扶け合わなければならない（730条）。親族のうち，直系血族間および同居の親族につき認められる義務である。これが法律上の義務かどうかをめぐって学説が分かれる。

　①　法的義務説　　730条は法的義務を定めたものであり，法律上の効果が生ずるという（牧野英一・家族生活の尊重90頁以下［昭和29年］，谷口知平・注釈親族上85頁以下）。
　②　倫理的規定説　　730条は法的義務を定めたものではなく，倫理的，道徳的規定にとどまるという（我妻399頁，我妻解説42頁，川島37頁，松坂45頁以下）。扶け合いについては，具体的には扶養義務の定めがあり，730条から具体的義務は生じないという。
　③　指導理念説　　730条は具体的な義務を定めたとはいえないが，指導理念を定めたという（高梨19頁）。

倫理的規定説ないし指導理念説が妥当である。法律的には扶養義務が別個に定められているので，730条は倫理的な色彩が強く，法律的に義務かどうかは疑わしい。立法論としても削除論が有力である（泉46頁）。

2　その他の効果

民法上は，扶養その他の箇所に具体的な定めがある。民法以外では，刑法上，平成7年に改正されるまでは尊属殺を普通殺人と区別して，法定刑を死刑・無期懲役に限っていた（刑旧200条）。判例は，それが法の下の平等（憲14条1項）に反するとしていた（最大判昭和48・4・4刑集27巻3号265頁）。また，妻が，死亡した夫の直系尊属を殺害した場合は，姻族関係終了の意思表示をしていなくても，配偶者の直系尊属を殺害したことにはならないとしていた（最大判昭和32・2・20刑集11巻2号824頁）。平成7年に刑法200条が削除された（法91号）ため，そうした問題は一掃された。

第 2 章 婚　　姻

第 1 節　婚　　約

I　婚約の意義

婚姻（結婚と同義）に関しては，その前段階として婚約の問題がある。外国法では，婚約の要件，効果を定めるものが多いが，日本では元来婚約の慣習が確立していたとはいえず，法律上の定めがない。しかし，判例は，婚約を将来婚姻するという予約とみて，その不当破棄の場合の救済を認める。後述の内縁の不当破棄の場合と同様の処理である（婚約については，植木とみ子「婚約」講座 2 巻 39 頁参照）。

II　婚約の成立

婚約の成立要件として，男女間における将来の婚姻の合意だけでよいであろうか。なんらかの公示は必要としないであろうか。確実な合意があればよいとする学説（我妻 189 頁，中川親族逐条 179 頁，大原長和＝二宮孝富・新版注民(21) 280 頁）に対し，公然性を要するとする学説（太田 123 頁）がある。

判例は，婚姻の予約は，結納を取り交わしたり，その他慣行上の儀式を挙げて男女間で将来婚姻をすることを約した場合に限定すべきものではなく，男女が誠心誠意をもって将来夫婦となるべき予期のもとにこの契約をした場合には，婚姻予約が成立するといい（大判昭和 6・2・20 新聞 3240 号 4 頁―誠心誠意判決），また，男女二人の間で将来夫婦として共同生活を営む意思で婚姻を約すれば足り，長期間にわたって肉体関係を継続したような場合には，双方の婚姻の意思は明白であって，たとえ，その間，当事者がその関係を親，兄弟にも打ちあけておらず，また，結納を交付しておらず，同棲をしなかったとしても，婚約は成立すると述べ（最判昭和 38・9・5 民集 17 巻 8 号 942 頁），さらに，高校卒業直後の男女が将来夫婦となることを約して肉体関係を結び，男性は大学進学のために上京したが，帰郷の際には互いに情交を重ね，双方

の両親もこれを黙認していた事情のもとでは、婚姻予約の成立が認められるという（最判昭和38・12・20民集17巻12号1708頁）。

このように婚約をゆるやかに認める判例を支持してよいと思われる。すなわち、男女間における将来の婚姻の合意は必ずしも公示を伴わなくてもよく、合意が当該事情のもとで推認されるときには、婚約の成立を認めてよい。

III 婚約の効果

1 婚約の破棄による損害賠償責任

婚約を当事者の一方が正当な理由なくして破棄したときには、他方はその者に対して損害賠償を請求することができ、その場合の処理の仕方として、判例は、婚姻予約の不履行という考え方をとる。契約違反としての債務不履行の責任が415条に定められ、債務者がその債務の本旨に従った履行をしないときは、債権者はその損害の賠償を請求することができるとされているが、婚約という予約をしていながらそれを破棄したときには、債務不履行の責任が生ずるとされる。また、他方で不法行為による解決も可能であり、709条および710条によって、当事者の一方は他方に対し、婚約の不当破棄による慰謝料を請求できる。判例は、後述する（56頁）内縁の不当破棄につき、当初、債務不履行説によったが（大連判大正4・1・26民録21輯49頁）、後に不法行為責任も認められるとしており（最判昭和33・4・11民集12巻5号789頁）、婚約の不当破棄についても、債務不履行および不法行為に基づく損害賠償責任が生ずるとしている（前掲最判昭和38・9・5。4巻410頁参照）。

このように婚約については不当破棄についての責任は認められるが、予約の強制はできない（前掲大連判大正4・1・26）。婚姻は自由意思ですべきものであるから、予約を強制的に実現させることはできない。

2 結納

婚約に際しては慣習上、男性から女性に対して結納が交付されることが多い。

(1) 結納の法律的性質　学説が分かれる。

① 手付説　結納を証約手付とみる学説がある（中島玉吉・民法釈義④ 257頁［昭和12年］、谷口230頁）。

② 贈与説　結納は婚姻の成立を目的とした贈与とみる（松坂53頁、太田武

男・現代家族法研究51頁［昭和57年］）。贈与説ではあるが，婚姻の不成立を解除条件とする贈与とみる解除条件付贈与説も有力である（中川（善）156頁）。

③　折衷説　　婚約の当事者間での結納の授与は手付だが，当事者以外の者（父兄等）での授与は贈与とみる学説である（和田于一・婚姻法論744頁［大正14年］）。また，当事者間での授与かどうかを問わず，結納は，手付と贈与の性質をもつという学説もある（山主政幸「婚姻・内縁・結納」新民法演習Ⅴ7頁［昭和43年］）。

判例は贈与説である。すなわち，「結納は，婚姻の成立を確証し，あわせて，婚姻が成立した場合に当事者ないし当事者両家間の情誼を厚くする目的で授受される一種の贈与」であるという（最判昭和39・9・4民集18巻7号1394頁）。ここに「確証」というのは証約手付を意味するものとは考えられない。贈与説が妥当であろう。解除条件付贈与とみてもよい（大判大正6・2・28民録23輯292頁）。手付説は解約手付の規定（557条）と異なり証約手付とするので，民法の規定の適用という点では実益がないし，技巧的な見方であって妥当でない。いずれにしても婚姻不成立のときには，原則として不当利得に基づく返還請求（703条以下）が認められる（いわゆる目的不到達による不当利得である。4巻377頁参照）。

(2)　有責者からの返還請求　　婚姻を不当に破棄した男性から女性に対する結納の返還は認められるであろうか。信義則，権利濫用ないし公平上，これを否定する学説（太田武男「結納返還請求権の濫用」末川先生古稀記念・権利の濫用下60頁［昭和37年］）に賛成してよい。ほかに，130条類推適用説（中川（善）157頁），不法行為による損害賠償の問題として解決すべきだとする不法行為説（中川親族逐条182頁）もある。

(3)　離婚ないし内縁解消の場合　　結納の授受の後，内縁が成立した場合には，結納の目的が達成されたものとみて，後にそれが解消しても結納の返還義務は生じないというのが通説（我妻192頁ほか）・判例（協議離婚の場合につき前掲最判昭和39・9・4）である。

第2節 婚姻の成立

第1款 婚姻の要件

I 婚姻の形式的成立要件（婚姻届）

　婚姻は，戸籍法の定めるところにより届け出ることによって，その効力を生ずる（739条1項）。婚姻の合意を前提にして，戸籍の手続という形式的成立要件を満たせば婚姻は成立する。これを法律婚主義という。このように，戸籍の届出があれば婚姻の効力が認められる。外国では，この場合に当事者が自ら署名することが要求されているが，わが国では自ら署名をしなくても，他人に届出を委託して代筆で届出をしても，それは有効であるとされている。そこで，男女のうち一方が他方に無断で婚姻届をし，後日，他方には意思がなかったという理由で婚姻の無効が争われるという事例が登場することがある。婚姻の届出についてはつぎの定めがある。

1 書面による届出

　婚姻の届出は，当事者双方および成年の証人2人以上が署名した書面で，またはこれらの者から口頭で，しなければならない（739条2項）。届出は本人の本籍地または届出人の所在地でする（戸25条）。郵送による届出も認められる。

2 婚姻届出の受理

　婚姻の届出は，その婚姻が731条から737条まで（後述の婚姻の実質的成立要件）および739条2項の規定その他の法令に違反しないことを認めた後でなければ，受理することができない（740条）。届出は，戸籍事務担当者が受理すれば完了し，戸籍簿に記載されなくても婚姻は成立する（大判昭和16・7・29民集20巻1019頁）。

　当事者が生存中に届書を作成して他人にその提出を依頼しても，その後当事者の死亡が明らかな場合は届出を受理すべきではない（民事局長回答昭和41・12・13民甲3622号）。婚姻届の郵送の場合には，特則があり，届出人の生存中に郵送した届書であるときは，その死亡後であっても，市町村長はこれ

を受理しなければならず，受理されると，届出人の死亡の時に届出があったものとみなされる（戸47条）。

3 在外日本人間の婚姻の方式

外国に在る日本人間で婚姻をしようとするときは，その国に駐在する日本の大使，公使または領事にその届出ができる。この場合には，739条および740条の規定を準用する（741条，戸40条〜42条）。

II 婚姻の実質的成立要件

婚姻の成立には，以下に述べる実質的要件を満たす必要がある。もしこれらの要件を欠くと，婚姻は取り消しうるものとなる。ただし，5の父母の同意は，届出受理要件であるが，いったん受理されれば取り消すことができない。

1 婚姻年齢

男は，18歳に，女は16歳にならなければ，婚姻ができない（731条）。婚姻には精神的，肉体的な成熟を必要とする趣旨である。近時の外国法では，男女とも18歳程度とする立法が増えている。平成8年改正要綱も，原則として，男女とも婚姻年齢を18歳としている。後述する内縁については婚姻年齢の要件は必要とされず，15歳5ヵ月の未成年者のした婚姻予約を有効とし，その不当破棄の責任を認めた判例がある（大判大正8・4・23民録25輯693頁）。

2 重婚の禁止

配偶者のある者は，重ねて婚姻をすることができない（732条）。婚姻は一夫一婦制とする趣旨である。刑法上も重婚罪が定められている（刑184条）。失踪宣告後の再婚につき，失踪宣告が取り消された場合に，重婚が成立するかどうかに関し，議論があることについては，すでに述べた（1巻64頁以下）。認定死亡の場合（1巻66頁以下）もこれと同様に解することができる。

3 再婚禁止期間

女は，前婚の解消または取消しの日から6ヵ月を経過した後でなければ，再婚をすることができない（733条1項）。女が前婚の解消または取消しの前から懐胎していた場合には，その出産の日から，この規定を適用しない（同条2項）。これに違反した場合につき，父を定めることを目的とする訴えが認

められる（773条）。この条文は，女が前婚解消後再婚する場合に，生まれた子が前婚・後婚のいずれによるか不明という問題を避ける趣旨である。

妻が離婚した直前の夫と再婚する場合には，子の父不明という問題は生じないので733条は適用されない（中川親族逐条43頁，民事局長回答大正1・11・25民甲708号）。

733条は，生まれた子が前婚・後婚のいずれによるか不明という問題を避ける趣旨であるから，当然に男女差別を認めるものとはいえない。判例では，再婚禁止期間について男女間に差異を設ける733条の元来の趣旨が，父性の推定の重複を回避し，父子関係をめぐる紛争の発生を未然に防ぐことにある以上，国会がこれを改廃しないことが直ちに国賠法1条1項の適用上，違法の評価を受けるものではないとしたものがある（最判平成7・12・5判時1563号81頁）。

今日，DNA鑑定等により父子関係の存否の証明が確実に行われる場合には，733条が立法として合理性をもつかどうかは疑わしい。平成8年改正要綱は，6ヵ月の期間を短縮して100日としたが，むしろ733条廃止論でよいと思われる。

4 近親婚の禁止

優生学的見地および倫理的観点より，一定の親族間では婚姻が禁止される。

(1) **直系血族・3親等内の傍系血族間** 直系血族または3親等内の傍系血族の間では，婚姻をすることができない。ただし，養子と養方の傍系血族との間では，この限りでない（734条1項）。特別養子縁組により養子と実方との親族関係が終了（817条の9）した後も，これと同様とする（734条2項）。父と未認知の娘との婚姻は直系血族間の婚姻にあたらないとする学説があるが（中川親族逐条47頁），優生学的見地からみて直系血族間の婚姻に該当するとみるべきである（有地亨「近親婚」大系Ⅱ43頁）。この場合に，誤って受理された婚姻届は，取消しの対象となる（744条）。養子の実子と養親の実子との婚姻は禁止されるという学説があるが（上野雅和・新版注民(21)217頁），近親婚の禁止には該当しないとみるべきである（薬師寺志光・注釈親族上130頁）。

(2) **直系姻族間** 直系姻族の間では，婚姻をすることができない。離婚もしくは配偶者の死亡または特別養子縁組により養子と実方の父母および

その血族との姻族関係が終了（728条・817条の9）した後も，同様である（735条）。

（3）養親子関係者間　養子もしくはその配偶者または養子の直系卑属もしくはその配偶者と養親またはその直系尊属との間では，離縁により養親子関係が終了した場合（729条）でも，婚姻をすることができない（736条）。729条の場合に，養親またはその直系尊属の配偶者との婚姻について736条の類推適用による婚姻禁止とする学説（中川（善）168頁）とこれを否定する学説（中川親族逐条54頁）があるが，近親婚の禁止の適用範囲を広げるのは疑問であり，否定説に従いたい。

5　未成年者の婚姻

（1）父母の同意の意義　未成年の子が婚姻をするには，父母の同意を得なければならない（737条1項）。父母の一方が同意しないときは，他の一方の同意だけで足りる。父母の一方が知れないとき，死亡したとき，またはその意思を表示することができないときも，同様とする（同条2項）。未成年者は十分な判断能力を有しないというのが立法理由である。737条違反の届出が誤って受理された婚姻届は後述の取消事由とされておらず，有効とされるので（最判昭和30・4・5家月7巻5号33頁），父母の同意は婚姻の有効要件ではなく受理要件である。かつては，父母の同意は，未成年者の制限行為能力を補充するものという学説（和田于一・婚姻法論184頁［大正14年］，板木郁郎・注釈親族上138頁）が有力であったが，今日では，それが未成年の子に対する監護のためのものだとする学説（中川親族逐条57頁，青山道夫・注釈親族上140頁）が有力である。離婚した父母も，親権の有無にかかわらず同意権がある。後述する親権喪失や親権停止の審判を受けた父母にも同意権がある（108頁参照）。

（2）親権を辞任・喪失した父母の同意の要否　親権を辞任（837条1項）・喪失（834条）した父母の同意をも要するであろうか。学説は分かれる。

①　同意必要説　737条の文言通り，親権を辞任・喪失した父母も同意権を有するという（佐藤良雄・判例コン7・33頁，我妻33頁）。

②　同意不要説　737条の文言とは異なるが，親権を有しない父母の同意は不要であるという（中川親族逐条57頁，青山道夫・注釈親族上140頁）。

父母の同意は親権とは関係がないので，親権を辞任・喪失した父母も同意権を行使できるというのが先例である（民事局長回答昭和 33・7・7 民甲 1361 号，同昭和 24・11・11 民甲 2641 号）。しかし，父母の同意が婚姻の有効要件ではなく受理要件にすぎず，それをあまり重視すべきでないこと，また，親権を辞任・喪失することにより，子に対する責任を負わない父母の同意を求めるのは妥当でないことからみて，同意不要説を支持したい。

(3) 養子の場合　　未成年の養子の婚姻には養親と実親の同意を要するであろうか。

① 実親同意必要説　　養親と実親の双方の同意を要するが，737 条 2 項により，これらの者の 1 人の同意があれば足りるという（我妻 33 頁，綿引末男・先例判例婚姻離婚法 11 頁［昭和 53 年］）。

② 実親同意不要説　　養父母の養子に対する監護を重視して，養父母の同意のみで足り，実父母の同意は不要という（青山道夫・注釈親族上 141 頁，中川親族逐条 57 頁）。養父母の同意を重視しつつ，養父母が死亡した場合には，補充的に実父母の同意を問題とすべきであるという学説もある（谷口知平「戸籍事務協議会決議摘録」民商 23 巻 2 号 51 頁［昭和 23 年］）。

戸籍実務では実親同意不要説が採用されている（民事局長回答昭和 24・11・11 民甲 2641 号）。父母の同意につき，親権の所在を重視する前述した考え方からみて，実親同意不要説が妥当である。

(4) 同意の方式　　同意は，婚姻届に添付するか，または，届書に同意を付記し，署名・捺印を要するとされる（戸 38 条）。これは，要式行為を定めたものではなく，同意を証明する一方法を定めたとみるのが通説である（大原長和・新版注民(21)235 頁，佐藤良雄・判例コン 7・34 頁）。

6　成年被後見人の婚姻

成年被後見人が婚姻をするには，その成年後見人の同意を要しない（738 条）。婚姻という身分行為には，財産取引と違って本人自身の意思を尊重する趣旨である。ただし，本人が意思能力を有しないでした婚姻は無効である。成年被後見人は意思能力がある限り単独で婚姻をすることができ，その届出もできる（戸 32 条）。

第2款　婚姻の無効および取消し

I　婚姻の無効
1　婚姻の無効の意義

742条は，婚姻の無効事由を定めている（規定の沿革につき，前田陽一「民法七四二条・八〇二条（婚姻無効・縁組無効）」百年12頁参照）。民法総則に定める公序良俗などの無効に関する規定が婚姻に適用されるかどうかについては議論があるが，適用肯定説をとっても，総則の規定は修正的に適用されるので，適用排除説と結果において大差を示さないと思われる（1巻4頁）。

婚姻の無効確認請求が信義則に照らして許されないかどうかは，婚姻の効力の有無が当事者以外の利害関係人の身分上の地位に及ぼす影響等も考慮して判断しなければならない（最判平成8・3・8判時1571号71頁（信義則違反否定例））。

2　婚姻無効の性質

後述の無効原因があれば，婚姻は当然に無効とみるのが多数説（中川（善）185頁，山中康雄・注釈親族上163頁ほか）・判例（大判大正11・2・25民集1巻69頁）だが，無効の訴えを形成の訴えとみて，無効判決ないし審判をまってはじめて遡及的に無効となるとする学説もある（兼子一・新修民事訴訟法体系［増補第3版］146頁［昭和41年］）。

3　婚姻の無効事由

民法は，婚姻は，以下の場合に限り，無効とするという限定主義を採用している（742条）。

（1）　婚姻意思の不存在　　人違いその他の事由によって当事者間に婚姻をする意思がないときは，婚姻は無効である（742条1号）。男が婚約の証として婚姻の届書を女に作成交付した後，男が女に婚約の解消を申し入れたにもかかわらず女が届書によってした婚姻の届出は婚姻意思を欠くものとして無効とされる（最判昭和43・5・24判時523号42頁）。また，宗教団体主催の合同結婚式に参加した男女が宗教上の儀式として性関係を持ち，婚姻の届出をしても，同居，扶助，協力等の実質的夫婦関係の形成がなく，せいぜい数年後に実質的夫婦関係を設定する意思があったにすぎないときは，届出当時に

確定的な婚姻意思を有したとはいえず，婚姻は無効とされる（福岡地判平成5・10・7判時1483号102頁）。

　婚姻意思はいつ存在する必要があるかをめぐって議論がある。婚姻届書作成時には婚姻意思があったが，届出受理時には婚姻意思を喪失していたという臨終婚の効力をめぐる議論である。

　① 婚姻届書作成時説　婚姻届書作成時に婚姻意思があれば，届出時に意思が欠けていても婚姻は有効に成立するという（加藤一郎「身分行為と届出」穂積追悼・家族法の諸問題531頁［昭和27年］）。

　② 届出受理時説　婚姻届受理時に婚姻意思が必要だという（久貴46頁，泉65頁）。

両説は，根本的な対立を示すものではない。判例は，他人に婚姻届出を依託した当事者が，届書の作成当時婚姻意思を有していれば届出受理当時意識を失っていても婚姻は有効に成立するという（最判昭和44・4・3民集23巻4号709頁。同旨，最判昭和45・4・21判時596号43頁）。その理解は分かれるが，原則としては，届出受理時説に立脚しつつ，婚姻届書作成時に婚姻意思があり，届出受理時に婚姻意思があったと推定される特段の事情があるときは，婚姻は有効に成立すると解すべきものと思う。

　婚姻は，届出によって効力を生ずるので，婚姻意思は届出の意思があれば足りるのかどうかにつき，学説が分かれる（上野雅和「仮装の婚姻と離婚」講座2巻265頁参照）。

　① 届出意思説　婚姻意思は届出の意思があれば足りるという（谷口47頁以下）。形式的意思説ともいわれる。

　② 実質意思説　真に婚姻をするという意思を必要とするという（中川（善）160頁，泉71頁）。

判例は，実質意思説である。すなわち，男女間の子に嫡出子の地位を得させるための便法として婚姻届をし，子の入籍後離婚するという約束で仮想婚姻の届出届をした場合には，届出についての意思の合致があったが，真に夫婦関係を設定する効果意思がないので婚姻は無効だとした判例がある（最判昭和44・10・31民集23巻10号1894頁）。通説もこの判例に賛成しており，妥当な判例と思われる。

(2) 婚姻届の不存在　当事者が婚姻の届出をしないとき。ただし、その届出が739条2項（当事者・証人の署名など）に掲げる条件を欠くだけであるときは、婚姻は、そのためにその効力を妨げられない（742条2号）。

4　婚姻届書作成後の翻意

婚姻届書作成時には意思能力があったが、その提出の受理の時に意思能力を喪失していても、婚姻は有効である（前掲最判昭和44・4・3）。また婚姻届出書作成後、一方の当事者が翻意したが相手方が婚姻届を提出した場合には、翻意を相手方または戸籍事務担当者に表示しなかった以上、婚姻は有効とされる（離婚についての後掲最判昭和34・8・7民集13巻10号1251頁）。

後述するように（35頁）、協議離婚の届出書作成後の翻意について、実務上、不受理申出が認められており、婚姻届についてもこれが認められる。

5　無効な婚姻の追認

無効な婚姻について、場合によっては追認が認められることもある。最高裁判所の判例に現れた事例では、女性が男性には無断で婚姻届を出した後にその男性が届出の事実を知りながら、むしろその婚姻を有効と認めるような態度を示していたようなときには、無効な婚姻の追認があったとみてよいとした判決がある（最判昭和47・7・25民集26巻6号1263頁）。この事案では、この男女はもともと結婚していた夫婦であるが、姑（しゅうとめ）問題があったために離婚をして、その後、夫が子供の養育に苦労していたので、元の妻を家政婦代わりに呼び戻して同居を始めた。その後、元の妻が将来のことを考えて夫には無断で婚姻届を出した。そして夫がこれを追認したとみるべき状況があったという場合に、最高裁判所は、事実上の夫婦の一方が他方の意思に基づかないで婚姻届を作成提出した場合においても、当事者両名に夫婦としての実質的生活関係が存在しており、後に他方の配偶者が届出の事実を知ってこれを追認したときには、116条本文の規定の類推適用により、婚姻は追認によりその届出の当初に遡って有効となると述べた。

学説では、かねてより、身分行為は、財産行為と異なり、心素（身分的効果意思）、体素（身分的生活事実）、形式（届出）の3要素から成り、心素が欠けると無効だが、形式があれば、心素と体素の追完により、無効な身分行為の追認が認められるという立場が有力に主張されていた（中川善之助・身分法の

第 2 節 婚姻の成立

総則的課題184頁以下［昭和16年］)。これは，きわめて妥当な考え方だが，解釈論としては，財産行為でも意思が欠けた場合には意思を補充することにより無効行為の追認が認められるという無権代理の追認に関する116条の類推適用が主張されていたところ（川井健「代諾縁組」大系Ⅳ185頁［昭和35年］），上記判例は，この見解を採用した（なお，関彌一郎「婚姻と離婚の無効と追認」講座2巻281頁，阿部徹「無効な身分行為の追認」現代大系1巻100頁）。

6 婚姻の無効の確認手続

　無効な婚姻の戸籍を訂正するためには，婚姻の無効を確認する必要がある。人事訴訟法が身分関係の訴訟の特則を定めているので，その手続に従って婚姻無効確認の訴えによる判決を得る方法があるほか，家庭裁判所の調停において，当事者間に婚姻無効の合意が成立すると，家庭裁判所が必要な事実を調査したうえで，調停委員の意見を聞いて，正当と認めるときは，合意に相当する審判（家事277条）をすることにより，婚姻の無効を確認することができる。家事事件手続法277条がその手続を定め，婚姻の無効のほか，後述の離婚の無効，認知請求，嫡出否認，親子関係不存在確認などについても，この手続を活用しうるとしている。

Ⅱ　婚姻の取消し

1　婚姻の取消しの意義

　前述した婚姻の実質的要件を欠く婚姻は，不適法婚として取消しの対象となる。その取消事由は限定され，婚姻は，744条から747条までの規定によらなければ，取り消すことができないとされる（743条）。後述するようにこれらの規定によると，期間の経過などによって取消しが制限されている。婚姻の取消しは，婚姻の無効と同様，人事訴訟法上の取消訴訟または家事事件手続法277条の合意に相当する審判による。これにより戸籍訂正が行われる。

2　婚姻の取消事由

　前述した婚姻の実質的要件を欠いた婚姻は，もし戸籍の届出が誤って受理されても取り消しうるものとなる。民法は，以下に述べるように一定の要件の下にのみ，一定の者からの裁判上の取消しを認める。731条から736条までの規定（第1款Ⅱ1～4）に違反した婚姻は，各当事者，その親族または検察官から，その取消しを家庭裁判所に請求することができる。ただし，検察官

は，当事者の一方が死亡した後は，これを請求することができない（744条1項）。732条（重婚の禁止）または733条（再婚禁止期間）の規定に違反した婚姻については，当事者の配偶者または前配偶者も，その取消しを請求できる（744条2項）。

重婚の場合，後婚は当然には無効とならず，取り消しうるにすぎない（大判昭和17・7・21新聞4787号15頁）。当事者の意思に基づかない離婚届が受理された場合には，その協議離婚の無効を確認する審判または判決を待つまでもなく，離婚後にされた婚姻の取消しを請求できる（最判昭和53・3・9判時887号72頁）。

後婚が離婚によって解消されたときは，特段の事情のない限り，重婚を理由とする後婚の取消しを請求できない（最判昭和57・9・28民集36巻8号1642頁）。人事訴訟の確定判決は，民事訴訟の場合と違って，第三者に対しても効力を有するという対世効が認められるのが原則だが（人訴24条1項），重婚の規定に違反したことを理由として婚姻の取消しが請求された場合にその請求を棄却した確定判決は，前婚の配偶者に対しては，その前婚の配偶者がその請求に参加したときに限り，その効力を有するとされる（同条2項）。

（1）不適齢婚の取消権の制限　731条（婚姻適齢）の規定に違反した婚姻は，不適齢者が適齢に達したときは，その取消しを請求することができない（745条1項）。不適齢者は，適齢に達した後に追認をしていない場合には，なお3ヵ月間は，その婚姻の取消しを請求することができる（同条2項）。

（2）再婚禁止期間内の婚姻の取消権の消滅　733条（再婚禁止期間）の規定に違反した婚姻は，前婚の解消または取消しの日から6ヵ月を経過し，または女が再婚後に懐胎したときは，その取消しを請求できない（746条）。

（3）詐欺・強迫による婚姻の取消し　詐欺または強迫によって婚姻をした者は，その婚姻の取消しを家庭裁判所に請求することができる（747条1項）。この取消権は，当事者が，詐欺を発見し，もしくは強迫を免れた後3ヵ月を経過し，または追認をしたときは，消滅する（同条2項）。相手配偶者が死亡した場合に，検察官を被告に取消訴訟を提起できるかどうかにつき，否定説（我妻66頁）と肯定説（中尾英俊・新版注民(21)328頁）との対立があるが，死亡による婚姻の解消後も取消しの実益がある限り肯定説をとってよい（前

田陽一・基本法親族59頁）。

3 婚姻取消しの効果

（1）**取消しの不遡及** 婚姻の取消しは、将来に向かってのみその効力を生ずる（748条1項）。財産上の法律行為の取消しには遡及効があるが（121条）、継続した事実上の婚姻を尊重する趣旨である。

（2）**財産関係の清算** 婚姻の取消しにより財産関係が清算される。返還義務の範囲は、財産を得た者の善意・悪意によって異なる。すなわち、婚姻の時においてその取消しの原因があることを知らなかった当事者が、婚姻によって財産を得たときは、現に利益を受ける限度において、その返還をしなければならない（748条2項）。婚姻の時においてその取消しの原因があることを知っていた当事者は、婚姻によって得た利益の全部を返還しなければならない。この場合において、相手方が善意であったときは、これに対して損害を賠償する責任を負う（同条3項）。善意・悪意の判定時期は、法文上「婚姻の時」とされているが、婚姻時には善意であったが後日悪意となった場合には、悪意となった時を基準としてよい（我妻69頁ほか通説、前田陽一・基本法親族61頁）。

（3）**離婚の規定の準用** 婚姻の取消しは離婚に準じて扱われ、財産分与請求権などが認められる。すなわち、728条1項（離婚等による姻族関係の終了）、766条から769条まで（協議上の離婚の効果）、790条1項但書（子の氏）ならびに819条2項、3項、5項および6項（離婚の際の親権者の決定）の規定は、婚姻の取消しについて、準用する（749条）。

（4）**相続開始後の取消し** 配偶者の一方が死亡して相続が開始した後に婚姻が取り消された場合には、相続によって得た財産を返還すべきである（我妻69頁）。

第3節　婚姻の効力

　婚姻の効力としては、後述の夫婦財産制の問題もあるが、ここでは主として婚姻の身分上の効力の問題を扱う。

第 1 部　親　族　法　　第 2 章　婚　　姻

I　夫婦同氏の原則

750条は,「夫婦は，婚姻の際に定めるところに従い，夫又は妻の氏を称する」という夫婦同氏の原則を定めている。ただ世の中では，婚姻に際し夫の氏を称することにしたが，妻の従来からの社会的活動その他の理由により夫婦別姓としたいという要望もある。外国では夫婦別姓を認める立法もあり，今後わが国でも検討すべき問題である。平成8年改正要綱は選択的夫婦別姓の立場をとり，夫婦は，婚姻の際に夫婦共通の氏でも，別姓でも選択できるとし，夫婦間の子の氏については，複数の子が同一の氏を称するようにするため，夫婦が婚姻の際に，子が夫または妻のいずれの氏を称するかを定めることにしている。法律上の氏のほか通称による別姓は事実上認められる（氏については，床谷文雄「夫婦の氏」講座2巻85頁参照）。

氏の法的性質をめぐって学説が分かれる。

①　個人呼称説　　かつての家族制度が解体された今日では，氏を個人の呼称とみるべきだとする学説がある（黒木三郎・新版注民(21)347頁）。

②　団体名呼称説　　氏がなんらかの団体名の呼称だとする学説がある。すなわち，血縁団体名の呼称とみる学説（板木郁郎「氏の性格について」立命館創立50周年記念論文集55頁［昭和26年］），家族共同体団体名の呼称とみる学説（外岡茂十郎「改正民法における氏の研究」親族法の特殊研究56頁［昭和25年］），戸籍との関係を重視して同籍者集団の呼称とみる学説（平賀健太「戸籍制度について」身分法と戸籍306頁［昭和28年］）がある。

③　折衷説　　氏は個人呼称であると同時に団体の呼称でもあるという学説がある。すなわち，氏の性質を多元的に解し（中川親族逐条92頁），また，氏が個人の呼称性身分性との両面的性格を有するという（唄孝一「『氏』をどう考えるか(1)～(3)」戸籍110号10頁以下，111号6頁以下，112号10頁以下［昭和33年］，同「『氏』をどう考えるかということ」私法17号96頁以下［昭和32年］）。

折衷説により，氏が個人呼称であると同時に団体の呼称でもあるとみるのが妥当と思われる。

II　生存配偶者の復氏・祭具等の譲渡

夫婦の一方が死亡したときは，生存配偶者は，婚姻前の氏に復することができる（751条1項）。離婚の場合には当然に復氏するのが原則である（767条1項）。死亡による婚姻解消の場合には，生存配偶者がその自由意思で戸籍上

の届出をすることで復氏することができる（戸95条）。ただ，婚姻によって氏を改めた夫または妻が祭祀に関する権利を承継した後，復氏するときは，離婚の場合と同様，当事者その他の関係人の協議でその権利を承継すべき者を定めなければならない。その協議が調わないとき，または協議ができないときは，権利を承継すべき者は，家庭裁判所が定める（751条2項・769条）。

　婚姻前の氏に復するという場合に，婚姻前の氏が戸籍法107条1項によって変更されている場合の復氏は，変更前の氏か変更後の氏かについて学説が分かれる。

　① 変更後氏説　戸籍法107条1項による氏の変更は呼称の変更にとどまり，氏そのものの変更ではないとみて，婚姻前の氏とは呼称変更後の氏を意味するという（谷口知平・戸籍法［第3版］280頁［昭和61年］）。実務の先例もそうである（民事局長通達昭和23・1・13民甲17号）。

　② 変更前氏説　氏のもつ団体名呼称性を重視して，戸籍法107条1項により家族共同体の氏そのものが変更されているとみて，婚姻前の氏は変更前の氏だという（小石66頁）。

　③ 選択説　変更後の氏でも変更前の氏でも選択できるとする学説がある（中川親族逐条96頁）。

　変更後氏説が妥当である。手続的にも変更によって存在していない氏を称することは困難である。

III　同居・協力・扶助義務

1　同居義務

　夫婦は，同居し，互いに協力し扶助しなければならない（752条）。婚姻の本質ともいうべき義務を定めたものである。理由なく同居を拒む配偶者に対しては，他方は，同居請求をすることができる。しかし，本人の意思に反した同居の強制執行は認められないというのが通説（我妻82頁，中川親族逐条99頁）・判例（大決昭和5・9・30民集9巻926頁）である。家庭内暴力などによりやむなく別居している配偶者には同居を拒む正当事由があり，その者に対する同居請求権の行使は権利の濫用であって許されない（我妻82頁ほか）。同居義務があることから，相手配偶者の所有する不動産について使用権限が認められる（犬伏由子・基本法親族67頁）。

同居請求は，夫婦の協議が調わないときは，家庭裁判所への調停の申立てによって行う。調停が不調なときは，審判で同居を命ずることができる。同居を命ずる審判の確定は，公開法廷における対審を保障する憲法82条・32条に違反しないとする判例がある（最大決昭和40・6・30民集19巻4号1089頁）。すなわち，「法律上の実体的な権利義務の争いがある場合に，これを確定するには，公開の法廷における対審および判決によってなすべきであるが，夫婦の同居その他夫婦間の協力扶助に関する審判は，上のごとき夫婦の同居義務などの実体的な権利義務それ自体を確定する趣旨のものではなく，たとえば，同居の時期・場所・態様等について具体的内容を定める処分であり，また必要に応じて，これに基づき給付を命ずる処分にすぎない。ゆえに，同審判は，憲法82条，32条には抵触しない」という。学説もこの判例を支持している（谷口知平［判評］民商54巻2号72〜83頁［昭和41年］，我妻栄［判評］法協83巻2号177〜192［昭和41年］頁ほか）。

夫婦間や内縁に限らず，共同生活をする男女間の暴力に関しては，いわゆるDV法（配偶者からの暴力の防止及び被害者の保護等に関する法律，平成13年法31号，改正平成25年法72号）の問題がある。都道府県に配偶者暴力相談支援センターを設け（3条以下），被害者の保護の措置（6条以下），裁判所による保護命令（10条以下）が定められている。

2 協力・扶助義務

夫婦の協力・扶助義務のうち，扶助に基づく生活費の負担については，後述の婚姻費用分担（760条。29頁）との関係が問題となる。

① 扶助・婚姻費用分担義務同一説　法定財産制のもとでは，扶助義務と婚姻費用分担義務とは，同一だという。すなわち，扶助義務が基本的義務を宣言し，婚姻費用分担義務はその具体的な費用の負担を定めたという（椿寿夫「婚姻費用の分担と夫婦の扶助義務」大系Ⅱ221頁ほか通説）。この立場のもとで，婚姻費用分担審判によるべきか，扶助審判によるべきかについて，さらに学説が分かれ，婚姻費用の審判によるべきだという学説（石井健吾「未成熟子の養育費請求の方法について」ジュリ302号52頁［昭和39年］），婚姻費用の問題は扶助の問題だとし，扶助審判によるとする学説のほか，婚姻費用審判，扶助審判のいずれによってもよいとする学説がある。

第 3 節　婚姻の効力

　② 扶助・婚姻費用分担義務区別説　　婚姻費用の分担は，分担の割合を定めたにとどまり，具体的な分担の程度・方法は，扶助審判によるべきだという。すなわち，扶助義務は婚姻費用分担義務を補完するという（綿引末男「実務家事審判法（婚姻関係）」ケース研究 71 号 10 頁以下［昭和 37 年］）。

扶助・婚姻費用分担義務同一説に従い，扶助義務が一般原則を定め，婚姻費用分担義務が具体的義務を定めたものとみて，婚姻費用審判説によるのがよいと思われる。

3　貞操義務

(1)　**夫婦間での不法行為の成否**　　民法には直接の定めはないが（間接的には離婚原因の 770 条 1 項 1 号），夫婦は互いに貞操義務を負うと解されている（大決大正 15・7・20 刑集 5 巻 318 頁）。そこで，夫婦の一方が第三者と性的関係をもったときは，夫婦の一方に対して他方は，不法行為責任を追及できる。通説は，これを認めるが（我妻 99 頁），モラルの変化などを理由に否定説も有力に主張されている（前田達明・愛と家庭と――不貞行為に基づく損害賠償請求 86 頁［昭和 60 年］）。現在の社会通念からすると，肯定説をとるべきであろう。

(2)　**夫婦の一方と不貞行為をした第三者の不法行為責任**　　夫婦の一方と不貞行為をした第三者は，夫婦の他方に対して不法行為に基づく損害賠償責任を負う（大刑判明治 36・10・1 刑録 9 輯 1425 頁，最判昭和 54・3・30 民集 33 巻 2 号 303 頁）。この場合には，当該第三者と不貞行為をした配偶者との共同不法行為が成立する（大刑判昭和 2・5・17 新聞 2692 号 6 頁）。夫婦の一方がその配偶者と第三者との同棲により第三者に対して取得する慰謝料請求権の消滅時効は，夫婦の一方がその同棲関係を知った時から，それまでの間の慰謝料請求権につき進行する（最判平成 6・1・20 判時 1503 号 75 頁）。以上の場合と異なり，夫婦の一方と肉体関係をもった第三者は，当時夫婦関係がすでに破綻していたときは，不法行為責任は否定される（最判平成 8・3・26 民集 50 巻 4 号 993 頁）。

この問題についても，上記(1)の場合と同様に肯定説と否定説（島津一郎［判評］判タ 385 号 116 頁以下［昭和 54 年］）があるが，判例に従い肯定説をとるべきであろう。

(3)　**夫婦間の未成年の子から不貞行為をした第三者に対する損害賠償請求の成否**　　前掲最判昭和 54・3・30 は，上記の夫婦間の未成年の子から不

貞行為をした第三者に対する不法行為に基づく損害賠償の請求は否定する。すなわち，妻および未成年の子のある男性と肉体関係をもった女性が妻子のもとを去った男性と同棲するに至った結果，その子が日常生活において父親から愛情を注がれ，その監護・教育を受けることができなくなったとしても，その女性が害意をもって父親の子に対する監護等を積極的に阻止するなど特段の事情のない限り，女性の行為は未成年の子に対して不法行為を構成しない。けだし，父親がその未成年の子に対し愛情を注ぎ，監護，教育を行うことは，他の女性と同棲するかどうかにかかわりなく，父親自らの意思によって行えるのであるから，他の女性との同棲の結果，未成年の子が事実上父親の愛情，監護，教育を受けることができず，そのため不利益を被ったとしても，そのことと女性の行為との間には相当因果関係がないといわなければならないからであるという（補足意見と反対意見が付されている）。学説の多くはこの判例に賛成する（人見康子［判評］Law School 8号85頁［昭和54年］ほか。中川淳［判評］判タ383号11頁［昭和54年］は反対）。

IV 成年擬制

1 成年擬制の意義

未成年者が婚姻をしたときは，これによって成年に達したものとみなされる（753条）。たとえば，18歳の未成年者が婚姻をした後も親権に服して（818条1項）法律行為をするのに親権者の同意を要する（5条）というのは妥当でない。親権からの離脱を認める趣旨である。

民法以外の法で未成年者について定めがあるときは，それぞれの法の趣旨にもよるが，原則として，753条の適用はない。未成年者喫煙禁止法などがそうである。

2 婚姻解消の場合

未成年者が婚姻によって成年に達したものとみなされた後，未成年者であるうちに離婚した場合に，成年擬制の効果が存続するかどうかについては争いがある。配偶者の死亡による婚姻の解消の場合にも同じ問題がある。

① 成年擬制存続説　取引の安全，未成年への復帰に伴う法律関係の複雑化の回避等からみて成年擬制の効果が存続するという（我妻94頁，中川高男・新版注民(21)382頁）。

② 成年擬制消滅説　成年擬制は，婚姻の自主独立のために認められたものとみて，婚姻の解消とともに消滅するという（松本暉男「婚姻による成年」大系Ⅱ182頁）。

　成年擬制存続説が有力である。成年擬制によって親権から離脱した者につき，婚姻の解消によって，親権の復活を認めるのは妥当でない。成年擬制存続説が妥当である（やや特殊な事例ながら，近時の裁判例で，成年擬制存続説を前提としていると理解されるものとして，東京家審平成21・3・30家月61巻10号75頁がある）。

3　婚姻の取消しの場合

　婚姻が取消原因の存在によって取り消された場合には，未成年者へ復帰するのであろうか。不適齢による取消しの場合には，未成年者への復帰を認めるべきだが，その他の原因による取消しの場合には，婚姻解消の場合と同様に，未成年者には復帰しないとするのが通説である（於保不二雄・注釈親族上184頁，中川親族逐条104頁）。全面的に未成年者への復帰を認める学説（島津一郎・註解親族86頁）や婚姻解消の場合と同様に扱うという学説もあるが，通説が妥当である。実務の先例には変遷があるが，今日では，上記の通説の立場を示している（民事局長回答昭和30・5・28民(2)発201号）。

Ⅴ　夫婦間の契約取消権

1　夫婦間の契約取消権の意義

　夫婦間でした契約は，婚姻中，いつでも，夫婦の一方からこれを取り消すことができる。ただし，第三者の権利を害することができない（754条）。夫婦間で贈与その他の契約をしたときには，その契約を婚姻中いつでも取消しができるというのであるが，その取消しは撤回の意味であり，法定の原因は必要としない。夫婦間の契約について，裁判所が介入して紛争を解決することは妥当とはいえない。家庭に法は入らずという意味で，撤回を許すという趣旨である。

2　婚姻が破綻した場合の契約

　754条は，夫婦が円満な状態にあることを前提にした条文であるから，不和が生じて夫婦関係が破綻に瀕している場合の契約は別である。そうした場合には，754条の前提を欠いているので，そうした撤回は許されないと解さ

れている（最判昭和33・3・6民集12巻3号414頁）。

3　婚姻が破綻した場合の取消し

夫婦関係が破綻したときにした取消しは，実質的にみて婚姻中の取消しとはいえないので，取消しの効力は生じないと解されている（最判昭和42・2・2民集21巻1号88頁）。つまり，754条の規定は，あまり現在のところ実際には適用をみていない。のみならず沿革的にも，754条は，夫の財産が契約によって妻の側に流れていくという意味での家産の流出を防ぐという趣旨があったといわれるが，そうした理由は現在では通用しない。平成8年改正要綱は754条を削除するとしている。

第4節　夫婦財産制

第1款　総　則

I　夫婦の財産関係

夫婦は，婚姻の届出前に，その財産関係について夫婦財産契約をすることができるが，別段の契約をしなかったときは，法定財産制による（755条。夫婦の財産関係の問題点については，犬伏由子「夫婦財産制」民法講座97頁，同「夫婦の財産」講座2巻105頁参照）。

II　夫婦財産契約

1　夫婦財産契約の意義・対抗要件等

わが国では，夫婦財産契約が締結されることはきわめてまれである。そうした慣習もないし，また民法の定める要件がきわめて厳格なことにもよる。立法論としては，夫婦財産契約の廃止説も有力である。

夫婦が法定財産制と異なる契約をしたときは，婚姻の届出までにその登記をしなければ，これを夫婦の承継人および第三者に対抗できない（756条）。

2　外国人の場合

外国人の夫婦財産契約については特別の定めがあったが（旧757条），平成元年の改正の際に削除された。

3 夫婦財産関係の変更の制限等

　夫婦の財産関係は，婚姻届出の後は，変更することができない（758条1項）。夫婦の一方が，他の一方の財産を管理する場合に，管理の失当によってその財産を危うくしたときは，他の一方は，自らその管理をすることを家庭裁判所に請求できる（同条2項）。共有財産については，上記の請求とともにその分割を請求できる（同条3項）。758条または755条の契約の結果によって，管理者を変更し，または共有財産の分割をしたときは，その登記をしなければ，これを夫婦の承継人および第三者に対抗できない（759条）。

第2款　法定財産制

I　婚姻費用

1　婚姻費用の意義

　夫婦は，その資産，収入その他一切の事情を考慮して，婚姻から生ずる費用を分担する（760条）。つまり夫婦は，婚姻費用を平等に分担しなければならない。ただし，その分担の仕方は金銭の給付に限らず労働の給付でもよい。この費用の中には，夫婦間の未成熟子の養育費，教育費等を含む。夫婦の一方の未成熟の連れ子の養育費が婚姻費用に含まれるかどうかについては学説が分かれるが，共同生活をしている以上，これを肯定すべきである（犬伏由子・基本法親族74頁）。婚姻費用の分担と協力扶助義務（752条）との関係については前に述べた。

　婚姻費用の分担額は，家庭裁判所が決定すべきで，通常裁判所が判決手続で判定すべきものではない（最判昭和43・9・20民集22巻9号1938頁）。

2　別居の場合

　婚姻費用の分担は，実際上は別居の際に特に問題になる。別居中の夫婦は他方に対し，収入があれば婚姻費用の分担として給付しなければならない。夫婦が同程度の生活を維持できるという建前で費用を分担すべきではあるが，別居の事実をも考慮せざるをえないであろう。

3　有責者からの請求

　夫婦の別居の原因につき有責な者から他方に対する婚姻費用の分担請求は認められるであろうか。たとえば，他の女性と同棲する失業中の夫が妻に対

して，婚姻費用の分担を請求できるであろうか。婚姻費用が夫婦の共同生活維持のための費用であるから，これを否定する多数説（有地亨「婚姻関係の破綻と婚姻費用の分担」沼邊愛一ほか編・家事審判事件の研究(1)30頁［昭和63年］，犬伏由子・基本法親族74頁）を支持してよい。

4　婚姻費用の計算方法

婚姻費用の計算方法としては，生活保護方式（生活保護法に基づく給付を基準としこれを修正する方式）と，労研方式（労働科学研究所が作成する総合消費単位に基づく方式）とがある。いずれにしても，夫婦は乏しきを分かつという考え方（後述の生活扶助義務。129頁）に基づき諸事情から妥当な額を算定すべきである。

5　過去の婚姻費用

夫婦の一方が婚姻費用を分担しないまま現在に至っているとき，他方は，過去の婚姻費用についてはその分担を請求できるであろうか。後述の扶養についてと同様議論がある。婚姻費用が給付されないまま現在に至っているとき，過去の婚姻費用はやりくりがついたものとしてその給付は請求できず，将来分のみを請求できるという考え方がある。しかし，それでは，給付をしなかった者が不当に利益を受けるので，過去の婚姻費用の求償を認めるべきである。判例も，「家庭裁判所が婚姻費用の分担を決定するに当り，過去に遡って，その額を形成決定することがが許されない理由はなく，……将来に対する婚姻費用の分担のみを命じ得るに過ぎないと解すべき何らの根拠はない」という（最大決昭和40・6・30民集19巻4号1114頁）。

6　婚姻費用の変更

審判で定められた婚姻費用の分担は，事情の変化に伴ってこれを変更できるであろうか。扶養に関する規定（880条）の類推適用によってこれを認める学説（伊藤昌司＝松嶋道夫・新版注民(21)441頁）を支持したい。

7　離婚の場合

婚姻費用の分担は，婚姻の存続を前提とするものだから，離婚の場合には，分担義務は消滅する。ただし，財産分与請求権の中に離婚後の扶養の要素が含まれるので，その限りで実質的には，ある程度の給付請求権がある（有地亨・注釈親族上216頁以下）。裁判所は，当事者の一方が過当に負担した婚姻費

用の清算のための給付をも含めて財産分与の額・方法を定めることができる（最判昭和53・11・14民集32巻8号1529頁）。

8　婚姻費用債権と詐害行為

たとえば，夫Aが妻Bに婚姻費用を支払うべきなのに，Aの所有する財産を第三者Cに安く売り渡してしまったため，AがBに婚姻費用を支払えなくなったような場合に，BはAのした売買が詐害行為（424条）となるとして，その取消しを請求できるであろうか。詐害行為取消権の行使のためには，保全される債権の存在を必要とするが，将来の婚姻費用債権であっても，その成立が確実なものであれば，被保全債権となりうる。判例も，以下のようにいう。将来の婚姻費用の支払に関する債権であっても，いったん調停によってその支払が決定されたものである以上，詐害行為取消権行使の許否にあたっては，それが婚姻費用であることから，直ちに，債権としてはいまだ発生していないとすることはできない。この債権もすでに発生した債権というを妨げない。将来弁済期の到来する部分は全く算定しえないものとも即断し難く，少なくとも調停または審判の前提の事実関係の存在がかなり蓋然性をもって予測される限度では，これを被保全債権として詐害行為の成否を判断することが許される（最判昭和46・9・21民集25巻6号823頁）。

9　婚姻費用の分担審判の合憲性

婚姻費用の分担は，家庭裁判所で調停不成立の場合に審判で決するが，夫婦の同居義務の場合（23頁）と同様，それは違憲（憲82条・32条）とはいえない（前掲最大決昭和40・6・30。反論の機会を与えずに不利益な判断をしても違憲ではないとしたものとして，最決平成20・5・8家月60巻8号51頁）。

II　日常家事債務

1　日常家事債務の連帯債務の意義

日常家事債務については，夫婦の連帯債務とされる。すなわち，夫婦の一方が日常の家事に関して第三者と法律行為をしたときは，他の一方は，これによって生じた債務について，連帯してその責任を負う。ただし，第三者に対し責任を負わない旨を予告した場合は，この限りでない（761条）。たとえば，夫の不在中に妻がテレビを買った場合の債務は，妻だけが支払うべきであるかというと，日常家事に関する債務については，取引の相手方は夫婦の

責任と信頼するのであるから、夫婦の連帯債務とされる。

明治民法は、夫が妻の財産に対す管理権を有し（同801条），日常家事については妻を夫の代理人とみなすと定めていた（同804条1項）。現行民法は，夫婦同権の立場から夫の管理権を廃止し，夫婦が連帯債務を負うとした。

2 日常家事債務の範囲

旧法時代の判例だが，衣服類の購入（大判大正13・1・18民集3巻1頁），白米の購入（大判昭和11・12・17法学6巻507頁），他方配偶者の所有する動産についての火災保険契約の締結（大判昭和12・12・8民集16巻1764頁）等がこれに該当する。子女の教育，家族のための医療契約もこれに含まれる。夫婦の共同生活のためにする金銭消費貸借契約もこれに含まれると解してよい（我妻106頁，三島宗彦「日常家事債務の連帯責任」大系Ⅱ242頁）。巨額な借財はこれに含まれない。妻が子の工場建設資金を捻出するため，夫所有の不動産を処分した場合に，たとえ夫が妻と相談してこの企図を有していたとしても，妻の処分行為は日常家事行為に該当しない（最判昭和43・7・19判時528号35頁）。

3 日常家事債務と表見代理との関係

この問題については，民法総則で論じたので（1巻245頁），ここでは省略する。

Ⅲ 別 産 制

夫婦の財産関係については，762条が「夫婦の一方が婚姻前から有する財産及び婚姻中自己の名で得た財産は，その特有財産とする（1項）。夫婦のいずれに属するか明らかでない財産は，その共有に属するものと推定する（2項）」と定めている。まず1項は，夫婦の財産はそれぞれ独立であるという別産制を定める。そして，2項は，夫婦のいずれに属するかが明らかでない財産は共有に属すると推定するが，その推定は，反対の証明があれば覆すことができる。このような別産制は，一応夫婦の平等に由来するものであるから正当な扱いといえるが，ただ，真に夫婦を平等に扱うのかどうかは問題である。たとえば，妻が家庭で主婦として過ごして内助の功があり，夫が外で収入を得てくるという場合に，762条1項によると，その収入は夫の財産となり，妻は財産をもちえないことになる。また，いわゆる共働きの場合に，別産制は一応平等の結果をもたらすが，そこに収入の差があるとき，たとえ

ば，妻が収入が少なくてしかも内助の功があるというときに，結果的には不平等となる（鍛冶良堅「『婚姻中自己の名で得た財産』の意義」現代大系2巻47頁参照）。

このように別産制については問題があるが，離婚に際しては，ある程度の清算が行われる。768条1項は，協議上の離婚をした者の一方は，相手方に対して財産の分与を請求できると定める（771条により裁判上の離婚にも準用）。また，たとえば，夫が死亡した場合の妻の相続分に関しては，900条1号によると，妻が2分の1，子が2分の1とされている。昭和55年の改正により，配偶者の相続分を従来の3分の1から2分の1に高めた。このような形である程度内助の功が清算される。

さらに，904条の2第1項は，寄与分（178頁）を定め，相続財産の形成，維持に特別の寄与があった者，たとえば，農家で夫の農業に協力をして，夫の財産の形成に寄与した妻は，夫が死亡した場合に，その寄与分を相続財産からまず請求することができ，残りが相続財産となって，これを寄与者を含む共同相続人が分割することを定めている。このような形で，内助の功が清算されるという仕組みになっている。

別産制を定める762条1項は，法の下の平等を定める憲法24条に違反しないとされる（最大判昭和36・9・6民集15巻8号2047頁）。これは夫の収入につき妻の貢献があるのでなく，夫の収入を夫の特有財産（762条1項）とすべきで，これを夫と妻に二分して課税すべきだという主張に答えた判決である。

また，762条1項の特有財産かどうかにつき，旅館を共同経営する夫婦が敷地の購入に際し，資金の大部分を夫が提供したが名義を妻のものとした後，夫婦が離婚した場合につき，762条1項は，一方の財産を合意のうえで他方の所有名義にした場合に，その名義人の特有財産とする趣旨のものとはいえないとした判例がある（最判昭和34・7・14民集13巻7号1023頁）。

第1部 親族法　第2章 婚　姻

第5節　離　婚

第1款　総　説

I　離婚法の沿革

わが国では昔から追出し離婚，つまり夫が妻を夫の意思次第で追い出すという離婚が行われ，その際には，夫から妻に対して，いわゆる三下半の書面を交付するということが慣習上行われていた。三下半というのは再婚を許すという意味をもっていて，妻と離別するということを三行半に書いていた。三下半の交付を受けないまま妻が逃げ出した場合には，夫はこれを引き戻す権利が認められ，そうした場合に，妻は，いわゆる駆込み寺に逃げ込み，そこで足かけ3年修行すると，再婚が許された。たとえば，鎌倉の東慶寺は，駆込寺の一つである。

II　現行法上の離婚

明治民法が制定されて，そこでは協議離婚と裁判離婚が認められ，追出し離婚は排斥された。そして協議がなければ離婚は成立しないこととなり，協議が調わないときに離婚したければ，一定の裁判上の原因の要件を満たしときに判決による離婚が認められるという建前になった。その裁判離婚の離婚原因については，妻の姦通は当然に離婚原因になるが，夫の姦通は，それが姦通罪に該当して処罰される場合にのみ離婚原因になるというように，男女の不平等が認められていた。現行の民法ではこの点を改めて，男女を平等に扱っている。

なお，離婚以外の婚姻の解消原因としては，夫婦の一方の死亡および失踪宣告（31条）がある。その場合には，姻族関係は当然には消滅しないが，姻族関係終了の意思表示（728条2項）によって解消する。

第2款　協議上の離婚

I　協議離婚の成立

現行法のうえでの離婚の成立について，1つは協議離婚が認められる。夫

第5節　離　婚

婦は，その協議で，離婚をすることができる（763条）。これは世界で一番簡単な離婚手続であり，離婚の協議が調えば，戸籍の届出によって離婚が効力を生ずる（764条・739条）。離婚の90パーセント前後が協議離婚によって行われている（協議離婚の問題点については依田精一「協議離婚」講座2巻141頁参照）。

　成年被後見人が協議離婚をするには，その後見人の同意を要しない（764条・738条）。

　離婚の届出は，その離婚が739条2項（当事者・証人の署名など）および819条1項（親権者の定め）の規定その他の法令に違反しないことを認めた後でなければ，受理することができない（765条1項）。離婚の届出がこの規定に違反して受理されたときでも，離婚は，そのためにその効力を妨げられない（同条2項）。

　このように離婚届は，婚姻届と同じように手続が簡単なので不正行為が行われがちで，たとえば夫が妻に無断で離婚届を出し，実質的には追出し離婚のようなことが行われる。それは無効ではあるが，追認によって有効となることも承認されている。さらに，手続が簡単であるから，離婚届の用紙に記載をして，その時には離婚の意思があったが，その後，翻意をして離婚を思いとどまっているのに，他方の配偶者が勝手に離婚届を出すということがある。その場合の離婚は有効であろうか。このような場合に，意思をひるがえした者はその旨を戸籍の担当者に申出をすることができる。その申出があったのにかかわらず，届け出られた離婚は，その効力がない（最判昭和34・8・7民集13巻10号1251頁）。しかし，もし届出の書面を書く当時に離婚の意思があり，届出の時点に内心では意をひるがえしたとしても，書面に記載した通りの離婚の効力が生ずることが認められている。実務の戸籍の離婚届のうえでは，翻意があったという点については届出の不受理の申出を認め（民事局長通達昭和51・1・23民(2)発900号），そうした場合の届出は受理しないこととし，また，仮にそれが受理されても，離婚の効力は生じないとされてきたが，平成19年に戸籍法が改正され，この不受理申出の制度は明文化された（戸27条の2）。

　離婚につき，離婚の予約の効力は認められない。

　離婚届はしていないが，共同生活の実態がない夫婦の関係を事実上の離婚

という。事実上の離婚自体には法律上「離婚」としての効力はないが，別居問題として離婚原因や重婚的内縁の問題が生ずる。

II 協議離婚の無効・取消し

1 協議離婚の無効

協議離婚の届出があっても，夫婦に真に離婚をする意思がないときには，離婚は無効である。このことについては，明文の規定がないが，当然のこととされている。離婚意思については，離婚の届出意思があれば足りるか，真に離婚をしたいという実質的意思を要するかにつき学説上争いがある（中尾英俊「離婚の無効」現代大系2巻346頁参照）。

① 実質的意思説　協議離婚が有効なためには，当事者に真に離婚をしたいという実質的意思を要するとするというのが通説である（我妻129頁，中川（善）278頁）。

② 形式的意思説　離婚意思とは，離婚届出をする意思をいうとする学説がある（山本正憲［判評］民商51巻2号266頁［昭和39年］）。

判例は，形式的意思説であり，届出意思で足りるとしている。すなわち，債権者の強制執行を免れるための協議離婚（大判昭和16・2・3民集20巻70頁）や氏を変更するための協議離婚（最判昭和38・11・28民集17巻11号1469頁），生活保護の受給の継続するための方便としてされた協議離婚（最判昭和57・3・26判時1041号66頁）を有効としている。前述した婚姻無効の場合とは異なった立場である。実質的意思説が妥当と思われる。

2 協議離婚の無効の追認

無効な協議離婚についても，無効な婚姻の追認（18頁）と同様，追認が認められるが（最判昭和42・12・8家月20巻3号55頁），夫婦の一方のした離婚届を有効とするのだから，追認の認定は慎重でなければならない。協議上の離婚の無効の確認は，婚姻の無効の確認（19頁）と同様の手続による。

3 協議上の離婚の取消し

詐欺または強迫によって協議上の離婚をした者は，その離婚の取消しを裁判所に請求することができる（764条・747条1項，人訴2条1号）。この取消権は，当事者が，詐欺を発見し，もしくは強迫を免れた後3ヵ月を経過し，または追認をしたときは，消滅する（764条・747条2項）。協議離婚の取消しの

効果は，離婚届の時まで遡及する。
III　協議離婚の効果
1　婚姻の解消
婚姻によって生じた身分関係は，離婚によって解消する。離婚によって姻族関係が終了する（728条1項）。
2　離婚による復氏
（1）　離婚による復氏の意義　767条1項は「婚姻によって氏を改めた夫又は妻は，協議上の離婚によって婚姻前の氏に復する」という復氏の原則を定めている。昔はこの1項しか定められていなかったが，婚姻中の氏を離婚後も称し続けることができないかという問題が生じた。特に婚姻の際に妻が夫の氏を称し，離婚後元の氏に復すると，妻は，社会生活上著しい損害を受ける場合があるという問題があり，そのために昭和51年に2項が追加され，離婚によって婚姻前の氏に復した夫または妻は，離婚の日から3ヵ月以内に戸籍法（77条の2）の定めにより届け出ることによって，離婚の際に称していた氏を称すること（婚氏続称）ができるとされるに至った。それは，国際婦人年の関係で女性の地位の向上の一環として追加された。

（2）　養子の場合　配偶者の父母と養子縁組をしている場合の復氏には問題がある。離婚による復氏を認める学説もあるが（外岡・前掲親族法の特殊研究40頁），離婚しても養子縁組が継続している限り，縁組前の氏に復することはないとみるべきである（民事局長回答昭和23・12・6民甲3000号）。

（3）　転婚の場合　A女がB男と婚姻した後，Bが死亡し，AはBの氏を称しつつ，C男と再婚して離婚した場合には，復すべき氏は，婚姻直前の氏Bであろうか，それとも生来の氏Aであろうか。婚姻直前の氏とする学説もあるが（外岡・前掲書39頁），生来氏，婚姻直前氏のいずれでも自由に選択できるというのが多数説（我妻149頁，福島四郎・注釈親族上261頁）・実務（民事局長回答昭和24・9・6民甲1934号）であり，これを支持したい。

（4）　戸籍法107条に基づく氏の変更があった場合　離婚により復すべき氏が戸籍法107条に基づいて変更されている場合には，変更後の氏に復すべきか，変更前の氏に復すべきか。変更後の氏に復すべきだというのが実務だが（民事局長回答昭和23・1・13民甲17号），これに反対する学説もある（小石

66頁)。実務的には変更後の氏への復帰を認めるほかはないと思われる。
　(5)　復氏と戸籍の記載
　　(a)　いったん婚姻前の氏に復した場合　　離婚の日から3ヵ月以内に氏回復の届出（戸77条の2）をした者につき，新戸籍が編製される（戸19条3項）。
　　(b)　離婚届と同時に復氏届がされた場合　　離婚届と同時に復氏届がされた場合には，その者のために離婚の際に称していた氏の新戸籍が編製される（民事局長昭和51・5・31民甲(2)3233号）。
3　離婚による復氏の際の祭具等の譲渡
　婚姻によって氏を改めた夫または妻が，897条1項（祭具等の承継）の権利を承継した後，協議上の離婚をしたときは，当事者その他の関係人の協議で，その権利を承継すべき者を定めなければならない（769条1項）。この協議が調わないとき，または協議をすることができないときは，この権利を承継すべき者は，家庭裁判所がこれを定める（同条2項）。この規定を家制度の名残りとみて削除すべきだとする立法論も有力だが，紛争により離婚の自由が妨げられないようにするための規定とも説明される（我妻149頁）。紛争解決基準としては意味がある条文と思われる。
4　親権者・監護者の決定
　離婚の効果として，子の問題がある。夫婦の間で生まれた未成年の子について親権者，監護者を決定するという問題である。離婚によって不幸な目にあうのは子であるため，親権，監護権についての手当てが必要である。
　(1)　親権者の決定　　親権について，818条3項本文は「親権は，父母の婚姻中は，父母が共同して行う」という原則を掲げているが，離婚後父母が共同して親権を行うということは，父母の協議を必ずしも期待できないので，実際的とはいいがたい。そこで819条1項は，「父母が協議上の離婚をするときは，その協議で，その一方を親権者と定めなければならない」とし，同条2項は，「裁判上の離婚の場合には，裁判所は，父母の一方を親権者と定める」としている。そこで離婚後は父が母かいずれかが単独で親権を行使することになる。
　日本では離婚後は，1人の親権者による単独親権となるとされているわけ

だが，欧米では1970年代から，離婚後にも共同親権とする制度が採用されるようになっている。たとえば，アメリカではほとんどの州で離婚後は共同で子を監護するものとする法制度がとられており，また，フランスでは，原則は共同親権で，子供の利益を考慮して，裁判所によって例外的に単独親権が認められる場合があるとされているという。さらに，ドイツにおいては，離婚後に共同親権の合意を認めない民法の規定は，憲法に反するという判例も出され，現在では離婚後は共同親権で行うこととされている（この点に関する諸外国の法制度については，財団法人日弁連法務研究財団 離婚後の子どもの親権及び監護に関する比較法的研究会編・子どもの福祉と共同親権――別居・離婚に伴う親権・監護法制の比較法研究［平成19年］参照）。この問題をどのように考えるべきであろうか。一般的にはわが国の場合，離婚後は単独親権の考え方をとる方が問題の処理には適しているのではないかと思われる。日本人のメンタリティーとして，離婚後の男女間で親権行使の合意の成立は期待しにくいからである。

(2) 監護者の決定　親権以外に監護権者を定めることができる。民法は，「父母が協議上の離婚をするときは，子の監護をすべき者，父又は母と子との面会及びその他の交流，子の監護に要する費用の分担その他監護について必要な事項は，その協議で定める。この場合においては，子の利益をもっとも優先して考慮しなければならない」（766条1項）と定め，そして，この「協議が調わないとき，又は協議をすることができないときは，家庭裁判所が，同項の事項を定める」（766条2項）と規定している。親権の内容に子の監護が含まれるが，たとえば，父親が親権者になるが，まだ子供が幼い間は母親が監護権をもつというように，親権と監護権とを分離して，財産管理権の方は親権者が行使するが，子供の一身を監護するのは母親というように両者を使い分けることが認められている。そして，子の利益のため必要があると認めるときは，家庭裁判所は，子の監護をすべき者を変更し，その他監護について相当な処分を命ずることができる（同条3項）。これらの規定は監護の範囲外では父母の権利義務に変更を生ずることがない（同条4項）。

協議離婚の届出をした後に，監護者を決定してその届出をしてもよい（我妻142頁，福島四郎・注釈親族上254頁）。第三者を監護者としてもよいという学説があるが（福島四郎・注解親族上255頁），監護者は離婚当事者の父母のうち

いずれか一方に限るとする学説（長野潔・妻の権利・夫の権利——婚姻と新民法198頁［昭和23年］）が正当である。第三者や託児所または児童福祉施設に監護を委託するかどうかは，親権ないし監護権の行使の内容の問題である。

親権の内容が，「監護及び教育」とされている（820条）ので，監護には教育が含まれず，監護はもっぱら幼児の哺育を意味するという学説があるが（我妻＝立石131頁，福島四郎・注釈親族上255頁），教育を監護から分離するというのは形式論にすぎると思われ，監護は教育を含むと解したい（山木戸克己・注釈親族下41頁，我妻143頁）。

（3）　面会およびその他の交流（面会交流権）　親権をもたない父母の一方は，子と面会交流をする権利をもつことが一般に承認されている。離婚の場合に限られないが，離婚後の面会交流が最も問題となるので，便宜上この問題をここで扱う。外国では，特にこの権利が重視され，たとえば母が親権をもつ場合に，父が金曜日の午後5時から月曜日の午前8時までというような限定をつけて面会交流権をもつことが合意されたり，判決で決められたりする。わが国でもそれが認められてきた。判例は，子と同居していない親が子と面接交渉（面会交流）をすることは，子の監護の一内容であり，別居状態にある父母の間で面接交渉（面会交流）につき協議が調わないとき，または協議ができないときは，家庭裁判所は，766条（平成23年改正前）を類推適用し，旧・家事審判法9条1項乙類4号（現・家事事件手続法別表第二3項）により面接交渉（面会交流）について相当な処分を命ずることができるとした（最判平成12・5・1民集54巻5号1607頁）。ただし，面会交流権を行使することは親の利益にはなるとしても，果たしてつねに子の利益になるのかどうか，子の心理的な面で安定性を害しないかどうかについては検討すべき問題がある。

以上のように，かつて民法上明文規定がない段階から，解釈によって面会交流権は認められていたが（前述の判例のように，一般には「面接交渉権」といわれた），平成23年の民法改正で明文化された（766条1項。もっとも，同項は権利性を明確にはしておらず，夫婦間の取決め事項の一つとして扱っている）。そして，平成24年4月からは，離婚届の様式に，「面会交流」及び「養育費の分担」の取決めの有無を記載する欄が設けられた（ただし，記載は任意）。

調停や審判においても，面会交流について決められることになるが，子と

同居する親（同居親・監護親）がこれを履行しない場合に，子と別居する親（別居親・非監護親）はどうすることができるかが問題となる。別居親は，この不履行については，家庭裁判所による勧告（家事 289 条）や損害賠償請求，親権者・監護者の変更（家事別表第二 3 項・8 項）などの手段をとることが考えられるが，同居親に対してどのような強制履行をとりうるかが問題となる。近時の判例は，面会交流の日時または頻度，各回の面会交流時間の長さ，子の引渡しの方法等が具体的に定められていて，給付の特定に欠けるところがないといえる場合には，間接強制をすることができるとした（最決平成 25・3・28 民集 67 巻 3 号 864 頁）。そして，具体的に面会交流の給付内容がどの程度特定されていればよいかが問題となる（間接強制の肯定例として，前掲最決平成 25・3・28，否定例として，同年月日付の最高裁決定・判時 2191 号 46 頁がある）。

（4） 子の監護費用（養育費）　平成 23 年の民法改正では，前述の面会交流とともに，監護費用の分担を子の監護について必要な事項の具体例として条文上明示された（766 条 1 項）。この監護費用は一般には養育費といわれるが，養育費は，離婚した父母がその資力に応じて分担するものである。

調停・審判・裁判での離婚の場合とは異なり，協議離婚ではこの取決めがされないことも多い。離婚に際して，未成年の子の親権者をどちらか一方に決めなければいけないとされているが，父母は養育費を分担する義務はあるものの，その取決めは協議離婚の要件とはされていない。

監護者の決定，面会交流と同様，養育費についても，原則として父母の協議（合意）で決定されるが，協議が調わないときや協議することができないときは，家庭裁判所がこれを定めるものとしている（766 条 2 項。なお，父母は親権者であるかどうかにかかわらず，未成年の子に対して扶養義務を負うので〔877 条 1 項〕，子から親に対して扶養請求することもできる）。

養育費の具体的金額の算出方法については，さまざまな計算方式（労研方式・生活保護方式・標準生計費方式など）があって，過去の裁判例でも各計算方式が採用されてきたが，現在の実務では，平成 15 年に「東京・大阪養育費等研究会」が公表した算定表（判例タイムズ 1111 号 285 頁以下〔平成 15 年〕）がよく用いられ，具体的な養育費の金額は，個々の具体的事情が考慮されて決められている。

(5) 子の利益　平成23年の民法改正では，766条1項後段において，離婚後の子の監護に関する事項を定めるにあたっては，子の利益を最も優先しなければいけないことが明記された。離婚後，父母のいずれを親権者または監護者とするか，別居した親とどのように面会交流するか，養育費の分担をどのようにするかなどの判断においては，なにより子の利益を最優先して考慮しなければいけないという理念が明らかにされたことの意義は大きい。

IV　財産分与請求権

1　財産分与請求権の意義

離婚の財産上の効果として，「協議上の離婚をした者の一方は，相手方に対して財産の分与を請求することができる」とされる（768条1項）。財産分与請求権は，昭和22年の改正のときに新設された。「前項の規定による財産の分与について，当事者間に協議が調わないとき，又は協議をすることができないときは，当事者は，家庭裁判所に対して協議に代わる処分を請求することができる。ただし，離婚の時から2年を経過したときは，この限りでない」とされ（同条2項），「前項の場合には，家庭裁判所は，当事者双方がその協力によって得た財産の額その他一切の事情を考慮して，分与をさせるべきかどうか並びに分与の額及び方法を定める」とされる（同条3項）。768条の規定は，裁判上の離婚に準用される（771条）。裁判所は，離婚訴訟で申立人の主張を超えて分与の額等を認定することができる（最判平成2・7・20民集44巻5号975頁）。

2　財産分与請求権の内容

従来から，以下に掲げる3つのものがあるといわれている。

(1)　財産関係の清算　とりわけ夫の財産の形成に協力したという妻の内助の功がこれによって清算される。前述したように，妻が主婦として家庭で協力をしている場合や，共働きをしている妻の収入が夫に比べて少ない場合における妻の内助の功がこれによって清算される（33頁）。外国の例をみると，たとえばドイツにおいては，婚姻時の財産と離婚時の財産の差額を計算してこれを分割する。将来の年金の受給権も分割の対象とする。しかも有責主義を排除するので，妻の浮気による離婚のときにも分割を正確に行うこととしている。これに比べると，わが国の財産分与請求権は，それほど正確

な財産の清算をさせるものとはなっていない。

ただし，日本でも，年金分割の必要があり，平成16年の厚生年金保険法の改正により（法104号），厚生年金について分割が認められるに至っている（厚年78条の2～78条の12）。

平成8年改正要綱は，以下のように定める。「家庭裁判所は，離婚後の当事者の衡平を図るため，当事者双方がその協力によって取得し，又は維持した財産の額及びその取得又は維持についての各当事者の寄与の程度，婚姻の期間，婚姻中の生活水準，婚姻中の協力及び扶助の状況，各当事者の年齢，心身の状況，職業及び収入その他一切の事情を考慮し，分与させるべきかどうか並びに分与の額及び方法を定めるものとする。この場合において，当事者双方がその協力により財産を取得し，又は維持するについての各当事者の寄与の程度は，その異なることが明らかでないときは，相等しいものとする」。

過去，婚姻費用を支払ってこなかったという事情は斟酌されるであろうか。これを否定する学説があるが（柏木賢吉「婚姻費用分担請求権の消滅時効」ジュリ330号87頁［昭和40年］），これを肯定する判例（最判昭和53・11・14民集32巻8号1529頁）を支持してよい。給付をしなかった者が不当に利益を受けるからである（30頁参照）。

（2） 離婚後の扶養　離婚後配偶者が路頭に迷うことは好ましくないので，財産分与によってある程度扶養を認める。アメリカ合衆国では，いわゆるアリモニー（alimony）という制度があって，離婚後の給付が行われる。ドイツでもこのことが承認されていて，たとえば，妻の浮気によって離婚した場合であっても，その浮気した元の妻に夫は扶養料を払わなければならない。逆に妻が夫に学資を出して大学を出してやった後離婚した場合に，夫が無職だとすると，妻は離婚後も夫に扶養料を給付しなければならないとされている。これに比べわが国の財産分与請求権の基準は，離婚後の扶養に関してやや不明確である。

（3） 慰謝料　民法は不法行為による慰謝請求権を認めているので（709条・710条），離婚原因をつくった者に対して，他方は，慰謝料を請求することができる。不法行為による慰謝料請求権は，724条の規定によると，

3年の時効となる。ところが財産分与請求権については，768条2項但書によって離婚の時から2年間だけこれを行使することができるとされ，そこに食い違いがある（また，いうまでもなく，慰謝料請求は訴訟事件であるのに対して，財産分与は家事事件であって〔家事別表第二4項〕，裁判管轄等を異にする）。学説では，財産分与請求権が慰謝料を含むとする包括説とこれを含まないとする限定説があるが，判例は，慰謝料を財産分与の中に含めてもよいし，これを別個に扱ってもよいとしている（最判昭和31・2・21民集10巻2号124頁）。そして，実際に財産分与として給付された額が著しく少ない場合には，その中に慰謝料は含まれていないとみて，慰謝料請求権を別個に行使することは許されるとしている（最判昭和46・7・23民集25巻5号805頁）。

3 財産分与請求権の実現

財産分与請求権の履行が問題となるが，家事事件手続法は，審判前の保全処分（家事105条），義務履行の勧告（同289条），義務履行の命令（同290条）を定める。調停についても同様である（家事289条7項）。これは，財産分与に限らず，婚姻費用の分担についても，同様である。

このように，家事事件手続法は給付の履行を確保するという役割を果たす。さらに調停が成立し，審判があった場合には，調停調書や審判に基づく強制執行が許される。さらに，人事訴訟法は，財産分与の裁判（32条）にあたって，事実の調査（33条），家庭裁判所調査官におる事実の調査（34条），履行の勧告（38条），履行命令（39条）等を定めている。

4 詐害行為の成否

この問題については，債権総論で論じたので（3巻156頁），ここでは省略する。

5 算定基準時

判決による財産分与額の決定における財産算定の基準時が問題となるが，当該訴訟の最終口頭弁論期日時とする判例（最判昭和34・2・19民集13巻2号174頁）を支持してよい。

6 財産分与請求権の相続

財産分与請求権の財産清算の面に着目すると，その相続を肯定することができる。慰謝料についてもそうである。しかし，扶養の側面では相続性を否

定すべきである（三島宗彦＝右近健男・新版注民(27)89頁)。結局，諸事情を総合して，必ずしも全面的ではないが相続性を肯定すべきである。

7 財産分与に対する課税

財産分与として不動産等の資産を譲渡した場合には，分与者は，これによって分与義務の消滅という経済的利益を享受したとみて分与者に所得税を課する判例がある（最判昭和50・5・27民集29巻5号641頁）。

第3款　調停離婚・審判離婚

I　調停離婚

家庭裁判所の調停によって成立する離婚を調停離婚という。本質的には協議による離婚であるが，調停の席で離婚の合意が成立し，調停調書が作成されると，それは判決と同じ効力をもつ（家事268条1項)。

離婚の協議が調わない場合にも，いきなり裁判によって離婚を求めることができるわけではなく，まずは家庭裁判所に調停を申し立てなければいけない（家事257条1項)。これを調停前置主義という。

II　審判離婚

家事事件手続法284条1項は，調停に代わる審判の手続を定め，「家庭裁判所は，調停が成立しない場合において相当と認めるときは，当事者双方のために衡平に考慮し，一切の事情を考慮して，職権で，事件の解決のため必要な審判をすることができる。」としている。つまり，裁判官が法律の規定に基づき職権で離婚を命ずることができるというのであるが，離婚の合意が成立しておらず，しかも訴訟にもよらないで裁判官が職権で離婚を命ずるというのは，よくよくの場合である。たとえば，夫婦の関係が本来裁判をしてみても離婚判決に至るであろうという破綻状態にあり，しかも，相手方が調停の席にもおよそ出頭しないような場合は，例外的に審判離婚が認められる。

III　和解離婚・認諾離婚

平成15年の人事訴訟法の改正によって，離婚訴訟中に離婚の合意が成立し和解調書が作成されて離婚となる和解離婚，被告が原告の主張を認めて離婚となる認諾離婚が新設された（人訴37条)。いずれも次の「裁判上の離婚」に関連するものであるが，人事訴訟法で採用された離婚の方式である。

第4款　裁判上の離婚

I　裁判上の離婚の意義

調停が不成立のときに，どうしても離婚をしたいというときは，裁判上の離婚によらざるをえない。そのためには，人事訴訟法により家庭裁判所に離婚の訴えを提起して，離婚判決を求めることになる（人訴2条1号）。

離婚判決が確定すると，その日から10日以内に，訴えを提起した者は，裁判の謄本を添付して離婚の届出をしなければならない（戸77条・63条）。ただし，離婚の効力は離婚判決の確定によって生じ，戸籍の届出は報告的届出の意味をもつ。

II　離婚原因

西欧諸国においては，前に述べた協議上の離婚は認められていなくて，もっぱら裁判上の離婚によるべきものとされている。そして離婚原因については，有責主義から破綻主義へという変遷が見受けられる。つまり相手方が不貞行為など有責な場合に離婚を認めるというのが伝統的な考え方であったが，そのような有責原因がなくても，客観的に夫婦関係が破綻してしまったときには，離婚を認めうるという傾向がある。わが国でもその傾向がみられ，わが民法も770条1項5号は，「その他婚姻を継続し難い重大な事由があるとき」と定めるので，その解釈次第では破綻主義を認めたとみることができる。

1　不貞行為

配偶者に不貞な行為があったときに離婚請求が認められる（770条1項1号）。明治民法は妻の姦通を離婚原因とし（旧813条2号），夫は姦淫罪によって処罰された場合に限って離婚原因になるとし（同条3号），夫婦を不平等に扱っていたが，現行法はその不平等を是正した。

不貞の意義については，学説が分かれる。

① 　姦通限定説　　不貞とは，夫婦の一方が第三者と肉体関係をもつという姦通のみを意味するという（我妻171頁ほか）。

② 　貞操義務違反説　　不貞とは，夫婦の貞操義務違反をいう（中川（善）300頁，岩垂肇「配偶者の姦通・不貞行為」大系III 244頁ほか）。この説によると，不貞は，姦通の場合に限らず，姦通未遂や姦通を推定させる行為を含むことになる。

第5節 離　婚

　判例は，不貞とは，「配偶者ある者が，自由な意思にもとづいて，配偶者以外の者と性的関係を結ぶことをいうのであって，この場合，相手方の自由な意思にもとづくものであるか否かは問わない」という（最判昭和48・11・15民集27巻10号1323頁）。これは，表現上，姦通限定説の立場である。しかし，姦通のあった場合についての判示であるから姦通の場合に限定するのかどうかは，必ずしもわからない。私は，姦通限定説でよいと思う。貞操義務違反説の掲げる基準は明確とはいえない。姦通以外の事情は，770条1項5号の問題として処理すればよい。

　夫の責めに帰すべき理由で別居中の妻が，母子生活を支えるために売春をして婚姻外の子を分娩したときも不貞行為にあたるというのが判例である。すなわち，「およそ妻の身分のある者が，収入をうるための手段として，夫の意思に反して他の異性と情交関係を持ち，あまつさえ父親不明の子を分娩するがごときことの許されないのはもちろん，被上告人〔妻〕と同様，子供を抱えて生活苦にあえいでいる世の多くの女性が，生活費をうるためにそれまでのことをすることが通常のことであり，またやむをえないことであるとは，とうてい考えられない」という（最判昭和38・6・4家月15巻9号179頁）。

2　悪意の遺棄

　配偶者から悪意で遺棄されたときに離婚請求が認められる（770条1項2号）。悪意の遺棄とは，夫婦の同居・協力・扶助義務（752条）をあえて履行しないことをいう。

　別居が直ちに悪意の遺棄に該当するとはいえず，別居の原因その他の事情が考慮されなければならない。一例として，妻が夫の意思に反して自己の兄を同居させ，同人と親密の度を加えて夫をないがしろにし，兄のため密かに夫の財産から多額の支出をしたため，夫が妻との同居を拒み，扶助をしなくなったという事情のもとでは，夫が悪意で遺棄したとはいえないとした判例がある（最判昭和39・9・17民集18巻7号1461頁）。

3　3年以上の生死不明

　配偶者の生死が3年以上明かでないときに離婚請求が認められる（770条1項3号）。

第1部 親族法　第2章 婚　姻

4　強度の精神病

　配偶者が強度の精神病にかかり回復の見込みがないときは，離婚が認められうるはずだが（770条1項4号），最高裁判所の昭和33年の判決は，妻が強度の精神病にかかり，回復の見込みがないときであっても，夫は，直ちに離婚を求めることできないとしている。すなわち，妻が強度の精神病にかかり，回復の見込みがないからといって，夫が直ちに離婚を求めると妻は路頭に迷うことになる。妻の将来の療養生活等のめど（具体的方途）を立てたうえでないと，夫の離婚請求は認められない。770条2項は，裁判所は，1項1号から4号までの事由があるときでも，一切の事情を考慮して婚姻の継続を相当と認めるときは，離婚の請求を棄却することができると定めており，これに基づいて離婚請求を棄却するという（最判昭和33・7・25民集12巻12号1823頁）。精神病者になった者の今後の療養，生活等について具体的方途を講じなければいけないというこうした判例の考え方は，具体的方途論といわれている。学説は分かれる（浦本寛雄「精神病離婚」現代大系2巻163頁参照）。

　①　離婚肯定説　　判例に対しては，破綻主義をとる学説からの批判がある（我妻栄「離婚と裁判手続」末川博編・民商39巻1・2・3号1頁［昭和34年］，創刊二十五周年記念・私法学論集上1頁［昭和34年］，長谷部茂吉「精神病にかかった配偶者に対する離婚請求の方法」ジュリ161号32頁［昭和33年］ほか）。これらの学説は，精神病離婚という破綻主義をとった民法の趣旨からみて，離婚後の療養生活のめど等は社会保障によって解決すべきだという。

　②　離婚否定説　　精神病にかかった配偶者の保護のうえからみて，判例の態度はやむをえないとする学説もある（泉久雄「精神病離婚」大系III 180頁，山口純夫「精神病離婚の成否」法セ247号119頁［昭和51年］）。

　基本的には判例を支持しつつ，具体的方途をゆるやかに解し，生活保護の申請手続をとるなどの行為があれば具体的方途を講じたとみて離婚を認めてよいと思われる。判例も，その後，精神病にかかった妻の実家にはその療養費を十分に支払っていける経済的能力があり，他方，夫の生活には余裕がないようなときには，離婚を認めている（最判昭和45・11・24民集24巻12号1943頁）。平成8年改正要綱は，精神病を裁判上の離婚原因とするのは妥当ではなく，770条1項5号によって処理すれば足りるという立場から，770条1

項4号の削除を提案している。

III 婚姻を継続し難い重大な事由

1 770条1項5号

その他婚姻を継続し難い重大な事由があるときは離婚が認められる（770条1項5号）。ただし，それが完全に破綻主義をとったかどうかについては，後述の有責者からの離婚請求の問題にみられるように議論がある。

2 有責配偶者からの離婚請求

770条1項5号の重大事由に関しては，配偶者が酒乱であるとか，極端な暴力を加えるような場合には，重大事由があるとされるが，従来の判例は，有責者からの離婚請求は認めなかった。最高裁判所の昭和27年の判決は，夫に女性関係があって妻との間が破綻してしまったとき，自ら女性関係のある夫から妻に対する離婚請求は許されないとする（最判昭和27・2・19民集6巻2号110頁）。すなわち，「上告人［夫］が勝手に情婦をもち，その為め最早被上告人［妻］とは同棲出来ないから，これを追い出すということに帰着するのであって，もしかかる請求が是認されるならば，被上告人は全く俗にいう踏んだり蹴たりである。法はかくの如き不徳義勝手気儘を許すものではない。道義を守り，不徳義を許さないことが法の最重要な職分である。総て法はこの趣旨において解釈されなければならない」という。これは，有責という考え方を持ち込んで，婚姻が破綻していても離婚請求は認めないという立場である。有責配偶者からの離婚請求を認めるべきかどうかにつき学説は分かれる（高橋忠次郎「有責配偶者からの離婚請求」現代大系2巻245頁参照）。

　① 離婚請求否定説　判例の結論を支持し，その理由付けとして，信義則，権利濫用などを根拠とするもの（太田武男「破綻主義」中川善之助ほか編・家族問題と家族法Ⅲ247頁［昭和33年］，中川善之助＝島津一郎「離婚原因」総合判例研究叢書(3)29頁［昭和32年］），正義・公平を根拠とするもの（谷口知平「愛情消失・長期同棲廃止と離婚」民商28巻5号297頁［昭和29年］ほか），無責配偶者の保護を理由とするもの（我妻176頁ほか）等がある。

　② 離婚請求肯定説　判例に反対し，客観的に破綻した婚姻については離婚を認め，財産分与等の手当てをするほかはないとする学説がある（中川淳「離婚請求権の濫用」末川先生古稀記念・権利の濫用下47頁［昭和37年］，高橋忠次郎「目

的主義と有責主義」大系III 137頁ほか)。

外国法の動きをみると、1960年頃から離婚法の改正が行われ、今日では一定の期間の別居を要件として離婚を認めるという考え方が採られるようになっている。アメリカ合衆国ではかつては一般的には離婚が厳格に扱われていて、ただ州によって差異があったが、今日では全体に離婚がやや緩和され、離婚の合意があり、別居が続いているようなときには、裁判による離婚が容易に認められる傾向になっている。ドイツでは、1年の別居の場合には、離婚の合意があれば離婚を認め、3年の別居の場合には、離婚の合意がなくても離婚を認めうるが、過酷な結果を生ずるときには離婚を認めないとされた。また、フランスでは、1975年の離婚法の改正によって、6年の別居があれば離婚請求することがされつつ、やはり過酷な結果が生じるときには離婚は認められないとされていたが、2004年の改正で、過酷な結果になるかどうかを問わずに、2年の別居で離婚ができることになった。

最高裁判所大法廷は、このような学説等の動向に従って、従来の判例を変更し、女性関係によって婚姻を破綻させた夫が36年間も別居している妻に対する離婚請求につき、「有責配偶者からされた離婚請求であっても、夫婦の別居が両当事者の年齢及び同居期間との対比において相当の長期間に及び、その間に未成熟の子が存在しない場合には、相手方配偶者が離婚により精神的・社会的・経済的に極めて苛酷な状態におかれる等離婚請求を認容することが著しく社会正義に反するといえるような特段の事情の認められない限り、当該請求は、有責配偶者からの請求であるとの一事をもって許されないとすることはできない」と述べるに至った(最大判昭和62・9・2民集41巻6号1423頁)。それによる経済的不利益は、財産分与または慰謝料により解決されるべきだとしている。その後の判例では、別居期間8年弱の夫婦につき、離婚請求者が生活費を負担し財産関係の清算に誠意ある提案をしているような事情の下で離婚を認めた事例があり(最判平成2・11・8家月43巻3号72頁)、未成熟子がいる場合でも、離婚を認めた事例がある(最判平成6・2・8家月46巻9号59頁)。

なお、判例は、夫婦関係が破綻した後に、夫が異性関係をもつのは女性関係が破綻の原因になっているわけではないので、夫は有責とはいえないとし

ている（最判昭和 46・5・21 民集 25 巻 3 号 408 頁）。

平成 8 年民法改正要綱は，5 年の別居を要件として離婚請求を認め，それにより苛酷な結果が生ずる場合は別だとしている。しかし，この改正は実現していない。

IV 離婚原因相互の関係

770 条 1 項 1 号から 4 号までの各離婚原因と 5 号の離婚原因とは，いかなる関係にあるだろうか。離婚を請求する者は，各号の離婚原因を特定して離婚を請求すべきか，それとも，各号の離婚原因を特定せずに離婚に相当する事実を証明すれば裁判所は相当な法条を適用して離婚判決を下すとしてよいであろうか。学説が分かれる。

① 離婚原因特定必要説　770 条 1 項 1 号から 5 号までのいずれかの離婚原因を特定して離婚を請求する必要があるとする学説が通説である（中田淳一「形成訴訟の訴訟物」民事訴訟雑誌 1 号 134 頁以下［昭和 29 年］）。旧訴訟物理論の立場である。

② 離婚原因特定不要説　770 条 1 項 1 号から 5 号までのいずれかの離婚原因を特定して離婚を請求する必要がないとする学説がある（山木戸克己・民事訴訟理論の基礎的研究 138 頁以下［昭和 36 年］，小山昇・民事訴訟法 158 頁［5 訂版，昭和 64 年］）。770 条 1 項 1 号から 4 号までの具体的離婚原因は，5 号の抽象的離婚原因を構成する一事由とみて，離婚請求者は離婚を欲しているのであるから，全体として一個の訴訟物があるにすぎないという新訴訟物理論からの主張である。

判例は，離婚原因特定必要説の立場であり，旧訴訟物理論を維持している。すなわち，「民法 770 条 1 項 4 号所定の離婚原因が婚姻を継続し難い重大な事由のひとつであるからといって，右離婚原因を主張して離婚の訴を提起した被上告人は，反対の事情のないかぎり同条項 5 号所定の離婚原因あることをも主張するものと解することは許されない」という（最判昭和 36・4・25 民集 15 巻 4 号 891 頁）。

離婚訴訟の被告に攻撃防御の手段を尽くさせるためには，旧訴訟物理論に立脚する離婚原因特定必要説が妥当であり，判例を支持したい。

V 離婚請求の棄却

770 条 2 項は，裁判所は，1 項 1 号から 4 号までの事由があるときでも，

一切の事情を考慮して婚姻の継続を相当と認めるときは，離婚の請求を棄却することができると定める。この規定が特に夫の不貞行為の場合に，妻に不利に働かないように配慮すべきである。

VI 協議上の離婚の規定の準用

前述の766条から769条まで（子の監護，復氏，財産分与，祭具等の譲渡）の規定は，裁判上の離婚に準用される（771条）。したがって，裁判離婚の場合は，離婚判決をする際，子の養育費（監護費用）の支払を命じることができ（771条・766条2項，人訴32条1項），実際にも養育費の支払が命じられることが多い。その場合，離婚後の養育費のみならず，別居から離婚までの期間の養育費についても，民法771条・766条1項が類推適用され，裁判所は，離婚請求を認容するに際し，その支払を命ずることができる（最判平成9・4・10民集51巻4号1972頁。同旨，最判平成19・3・30家月59巻7号120頁）。このように，別居中に負担した子の監護費用の請求は認められるのであるが，婚姻中に妻が夫以外の男性と性的関係を持ち，その結果出産した子について，妻が別居している夫にその監護費用を請求することは，権利の濫用として認められないとした判例がある（最判平成23・3・18家月63巻9号58頁）。

親権者の決定については，民法には準用規定が欠けているが，協議上の離婚の場合と同様，決定を要する（人訴32条3項，我妻187頁）。子の引渡し，金銭の支払もあわせて命ずることもできる（人訴32条2項）。家庭裁判所は，子の利益のために必要があるときは，子の親族の請求によって，親権者を他の一方に変更することができる（819条6項）。

裁判所は，申立てにより，離婚の請求を認容する判決において，子の監護者の指定その他子の監護に関する処分についての裁判をしなければならない（人訴32条1項）。事情の変更による処分の変更が認められる（766条3項）。

第6節 内縁と同棲

I 内 縁

1 判例の変遷

夫婦の実質がありながら，法律的には婚姻の届出をしていない男女関係と

第6節　内縁と同棲

して内縁関係がある（二宮周平「内縁」民法講座755頁以下，川井健「内縁の保護」現代大系2巻1頁参照）。たとえば，A男とB女が婚姻の儀式をあげて同棲をするが，婚姻の届出をしていない。このような場合に，このいわゆる内縁の夫が，妻を不当に追い出してしまう。そのときに内縁の妻は夫に対して損害賠償を請求することができるのであろうか。昔の古い学説は，内縁の効力を否定した。内縁というのは，法的には認められない男女関係で，いわば下等社会で行われる関係であるという見方がとられ（梅謙次郎・法典調査会民法議事速記録六（復刻版）186頁，212頁［昭和59年］），判例は，この場合に不当に内縁関係を破棄された女性は，世間では出戻り者とか傷ものと称され，それによって損害を受けるが，それは自業自得であって，自ら進んで内縁関係に入った以上，損害賠償の請求はできないとして不法行為の成立を否定していた（大判明治44・3・25民録17輯169頁）。

　しかし，大正4年の婚姻予約有効判決は，女性側から男性に対する損害賠償の請求を認めるに至った（大連判大正4・1・26民録21輯49頁―川井健「婚姻予約有効判決」民法判例と時代思潮89頁［昭和56年］参照）。本件の男女は媒酌人の立会いの下に，見合いをして同棲生活を始めたが，3日くらいして女性が実家に戻り，その後，夫が病気で入院したが，妻は見舞いにも行かなかった。そして内縁関係が解消した後，女性は，男性に対し，709条および710条に基づき慰謝料の請求をした。東京控訴院は，この請求を認めて不法行為が成り立つとした。しかし大審院は，従来の判例に従い不法行為を否定した。つまり，進んでそのような男女関係に入ったのだから不法行為は成立しないとしたが，従来の判例と異なって，この場合には婚姻の予約があるとした。つまり内縁関係に入ったのは将来婚姻関係に入ろうという予約があったはずなので，この予約を不当に破棄した場合には，債務不履行の責任が成立すると述べた。ただ，この事件では，不法行為の請求しかされていなかったので，判決は，不法行為は成立しないとして原告の請求を棄却した。

　このように，明治民法の下でもある程度，女性の人権が尊重されたといえる。その後の判例は，この傍論に従って債務不履行の責任を認めた。一例として，昭和6年の大審院の判決は，当時15歳の男性と当時20歳であった女性が情交関係を結んで子供が生まれた後，10年ぐらい女性は婚姻を待って

いたが，男性は別の女性と生活を共にしているので，女性から男性に対し婚姻予約不履行に基づく損害賠償を請求したところ，大審院は，男女が誠心誠意をもって将来に夫婦となるべき予約の下に契約をした場合には，契約違反の責任が生じると述べた（大判昭和 6・2・20 新聞 3240 号 4 頁）。この判決は，むしろ前述した婚約に関する判例であるが，大正 4 年判決の影響がみられる。

このようにして内縁は予約関係にあるというのであるが，実際には予約といいながら夫婦は同棲生活をしているのであるから，学説はむしろこれを婚姻に準ずる関係，いわゆる準婚とみて，婚姻の規定を準用ないし類推適用した方がよいと述べてきた（中川（善）333 頁ほか）。

最高裁判所は，昭和 33 年に新しい立場を示し，内縁破棄につき，婚姻予約不履行も不法行為も成り立ちうるとした。すなわち，内縁関係の不当破棄を準婚関係の破棄とみて，不法行為を理由とする損害賠償を認めうるとしたのである（最判昭和 33・4・11 民集 12 巻 5 号 789 頁）。さらに，判例は，内縁の当事者でない者（内縁の夫の父親）が，内縁関係に不当な干渉をしてこれを破綻させたときは，不法行為の損害賠償の責任を負うとした（最判昭和 38・2・1 民集 17 巻 1 号 160 頁）。

以上の内縁保護の傾向に対して，それが法的安定性を害するとの反省を説く学説もある（武井正臣「内縁の法的保護の再検討」婚姻法の研究上 168 頁［昭和 51 年］，不破勝敏夫「これからの内縁保護」広島法学 2 巻 2 = 3 号 139 頁［昭和 53 年］）。

2　内縁の要件

内縁とされるには，夫婦同様の生活関係を成立させる合意に基づいて，夫婦同様の共同生活が存在することを必要とする。婚姻における年齢その他の実質的要件を満たす必要はない（中川（善）321 頁，中川良延「内縁の成立」大系 II 298 頁ほか。反対，柚木・親族 157 頁）。近親婚の場合も，内縁の効果は生ずる（反対，大原長和「内縁の概念」大系 II 269 頁）。判例は，これまで近親婚的内縁には，遺族厚生年金など社会保障給付の受給資格は認められないとしてきたが（最判昭和 60・2・14 訴月 31 巻 9 号 2204 頁），近時，当該内縁関係の反倫理性・反公益性が著しく低いと認められる場合には，例外的に肯定することを認めた（最判平成 19・3・8 民集 61 巻 2 号 518 頁）。

判例も，婚姻適齢の要件を満たしていない場合（大判大正 8・4・23 民録 25 輯

693頁），待婚期間の要件を満たしていない場合（大判昭和6・11・27新聞3345号15頁），明治民法の下で女性が24歳で父母の同意を得る可能性がなかった場合（最判昭和28・6・26民集7巻6号766頁。同旨，大判大正8・6・11民録25輯1010頁）でも内縁の成立を認めている。

ただし，配偶者のある者の内縁（重婚的内縁）の効力を認めてよいかどうかは問題である（佐藤良雄「重婚的内縁」講座2巻71頁参照）。重婚の禁止（732条）の趣旨からみて，原則的には重婚的内縁には婚姻に準じた効力を認めるべきではない。しかし，個々の問題に即して婚姻に準じた扱いをすることはできる。財産分与（広島高松江支決昭和40・11・15高民集18巻7号527頁）や重婚的内縁の夫が交通事故で死亡したときの内縁の妻の損害賠償請求権（東京地判昭和43・12・10判時544号3頁）などについてである。農林漁業団体職員共済組合法（昭和46年法85号による改正前のもの）24条1項に定める遺族給付を受けるべき「配偶者」に重婚的内縁の配偶者が該当し，事実上の離婚状態にある戸籍上の配偶者はこれにあたらないとした判例（最判昭和58・4・14民集37巻3号270頁），私立学校教職員共済法上の遺族年金につき，法律上の婚姻関係が形骸化していた場合に，重婚的内縁の妻を受給権者とした判例（最判平成17・4・21判時1895号50頁）がある。

3 内縁の効果

内縁は準婚とみられるので，婚姻の身分上，財産上の効果に関する諸規定が類推適用される。たとえば，同居・協力・扶助義務を定める752条，婚姻費用分担義務を定める760条（最判昭和33・4・11民集12巻5号789頁），日常家事債務の連帯責任を定める761条，夫婦の財産の帰属を定める762条，離婚の際の財産分与を定める768条などである。貞操義務も夫婦の場合と同様である（大判大正8・5・12民録25輯760頁）。夫婦間の契約取消権に関する754条が類推適用されるかについては争いがある。

なお，内縁の配偶者に相続権はない。そこで相続の場合に，内縁の保護を図るため，これを内縁の死亡解消として離婚の財産分与の規定（762条）を類推適用しようという立場もあるが，最高裁はこれを認めていない（最決平成12・3・10民集54巻3号1040頁）。

4 内縁の解消

内縁は，当事者の一方または双方の死亡によるほか，当事者の合意によって解消する。合意による内縁解消の場合には，離婚の財産分与請求権（768条．42頁）が類推適用される（傍論として最決平成12・3・10民集54巻3号1040頁）。当事者の一方が正当な理由なく内縁関係を破棄したときは，前述したように他方の者は損害賠償請求権を行使することができる。死亡による内縁の解消の場合には，財産分与請求権は類推適用されない（前掲最決平成12・3・10）。

5 立法の扱い

（1）　社会立法　　明治44年に制定された工場法以来，労働災害補償や社会保険に関する社会立法のうえで，遺族扶助料や保険金の受給権者につき，内縁の妻を法律上の妻と同様に扱うものが多い。一例として，労働者災害補償保険法は，遺族補償年金の受給権者として，「婚姻の届出をしていないが，事実上婚姻関係と同様の事情にあつた者」を妻と同様に扱うこととしている（労災16条の2第1項）。

（2）　借家権の承継　　借地借家法36条は，居住の用に供する建物の賃借人が相続人なしに死亡した場合において，その当時婚姻または縁組の届出をしていないが，建物の賃借人と事実上夫婦または養親子と同様の関係にあった同居者があるときは，その同居者は，建物の賃借人の権利義務を承継する。ただし，相続人なしに死亡したことを知った後1月以内に建物の賃貸人に反対の意思を表示したときは，この限りでないと定める。詳細は債権各論に譲るが（4巻272頁），死亡した賃借人と同居していた内縁の妻は借家権を承継できる。ただし，賃借人に相続人があるときには，内縁の妻の借家権の承継は認められない。今後立法上，検討すべき問題である（171頁参照）。

（3）　特別縁故者への相続財産の分与　　958条の3は，たとえば内縁の夫が相続人なくして死亡したような場合について，内縁の妻は特別縁故者として，相続財産の全部または一部の分与を請求することができると定めている。このような相続人のいない人の財産は最終的には国庫に帰属するはずだが，その前に特別縁故者の分与の対象となるということが認められる（209頁）。

II 同　　棲

　近時，内縁と区別すべき，いわゆる同棲問題が登場している。欧米で非常に多い現象であり，契約による同棲関係が行われる（二宮周平・事実婚［平成14年］，同・基本法親族37頁，大村233頁）。長年にわたって婚姻の届出はしないというのであるが，わが国でもこういう問題が今後生ずる可能性があると思われる。実情は必ずしもはっきりしながら，内縁関係と違って将来の婚姻を予約するものではなく，法律婚によらないで財産その他の生活関係を合意によって規律するという意味での契約的な関係であるから，たとえば解消のときの損害賠償は，内縁と異なって原則としては認められない。判例では，同棲はしていないが，16年間にわたる婚姻外の男女関係（2人の子がいる）を男が一方的に解消した場合に，不法行為責任を否定した事例がある（最判平成16・11・18判時1881号83頁）。こうした同居のないパートナー関係は，観念的には，内縁と区別すべき同棲に近い関係についての判例とみることができる。また離婚と異なって，財産分与の請求も通常は認められない。さらに財産の分割は，特に協力して築いたものを除くほかは，認められないであろう。要するに上記の意味での契約的な関係で処理されるものと思われる。ただし，ヨーロッパでは，これに法律婚に近い効果を認めようとする動きがあり，日本でも，今後検討の必要がある。

第3章 親　　子

第1節 総　　説

　ここにいう親子とは，父母とその間の未成年の子との関係を意味する。親子法には変遷があり，かつては子は家の利益のためにという思想があったが，ついで親の利益が重視され，現在では子の利益が重視されるという傾向を示している。一方，社会的には児童の福祉という要請があり，児童福祉法が児童の幸福のための政策をとることを定めている。さらに国連においても，国連総会の決議により，昭和54年は国際児童年とされ，児童の福祉のための対策が講じられるべきものとされた。民法が制定された当時に比べて，子の利益が重視され，さらにその福祉が増進されるという傾向にある。昭和22年に追加された2条は，この法律は，個人の尊厳と両性の本質的平等を旨としてこれを解釈しなければならないと定めているが，個人の尊厳の一内容として，子の利益が重視されるべきである（石川稔「親子法の課題」講座3巻3頁，樋口範雄「『子どもの権利』思潮の展開」講座3巻3頁参照）。

第2節 実　　子

第1款 嫡　出　子

I　嫡　出　推　定

1　嫡出推定とは

　親子関係では，実子の問題と養子の問題がある。まず実子の問題について，民法は嫡出子と嫡出でない子を区別する（出生届にも，この区別の記載が義務づけられているが〔戸49条2項1号〕，合憲とされる。最判平成25・9・26民集67巻6号1384頁）。嫡出子とは夫婦間に生まれた子であり，嫡出でない子とは婚姻外

第2節　実　子

の男女間に生まれた子である。嫡出子かどうかにつき，たとえば，A・B夫婦の間でCが生まれたときに，一般に母子関係は分娩の事実により明白だが，父子関係の存否は必ずしも明白とはいえない。772条は，嫡出の推定を定め，「妻が婚姻中に懐胎した子は，夫の子と推定する（1項）。婚姻成立の日から200日を経過した後又は婚姻の解消若しくは取消しの日から300日以内に生まれた子は，婚姻中に懐胎したものと推定する（2項）」としている。つまり，一定期間内に生まれた子は，まず婚姻中懐胎と推定する。これが2項であり，婚姻成立の日から200日後，婚姻解消もしくは取消しの日から300日以内に生まれた子は婚姻中に懐胎した可能性が強いから，婚姻中の懐胎と推定する。そして妻が婚姻中に懐胎した子は，1項によって夫の子と推定する。妻が婚姻中に懐胎した場合に夫の子という蓋然性が強いからである。婚姻して200日後に出生した子には，父母が別居していてもこの間性交渉の機会があったほか，夫婦間に婚姻の実態が存しないことが明らかであったとまでは言いがたいような場合には，この推定が及ぶ（最判平成10・8・31家月51巻4号33頁）。

　前婚の解消後，再婚した妻が後婚の夫との間の子を，前婚の解消の日から300日以内に早く分娩した場合等には，その子は前婚の夫の子と推定されるという不都合が生じている。従来は，婚姻解消後300日以内に出生した子が，婚姻解消後に懐胎した子であると医学上明白とされても，嫡出でない子としての出生届は認められなかった（前夫との間の嫡出子として出生届を出すほかなかった）。そのため，子の母が意図的に出生届を出さず，「戸籍のない子」が生じるなど社会的な問題となった。そこで，平成19年にこの取扱いが変更され，子の懐胎時期に関する医師の証明書によって，婚姻解消後に懐胎したと認められれば，民法772条の嫡出推定が及ばす，前の夫の子としない出生届をすることができるようになった（平成19年5月7日法務省民一1007号局長通達）。

　平成15年に制定された「性同一性障害者の性別の取扱いの特例に関する法律」（平成15年法111号）によって，性同一性障害者は，家庭裁判所の審判を受けて性別を変更することができるようになったが，性別を女性から男性に変更した者が，女性と婚姻し，その女性が人工授精（AID）によって，子

を出産した場合にも，判例は，民法772条により，その性別を女性から男性に変更した夫の子と推定されるとした（最決平成25・12・10民集67巻9号1847頁—ただ5名中2名の反対意見がある）。この場合，自然的血縁関係がないことは外観上も明白ではあるので，後述の「推定の及ばない子」において判例が採用する外観説との関係が問題となる。

さて，772条の推定は強い推定である（阿部徹「民法七七二条・七七四条（嫡出推定・嫡出否認）」百年53頁参照）。本来，推定というのは，反対の証明があれば覆るはずだが，民法は，嫡出否認の訴えによってしかこの推定を覆すことはできないとしている。そして，その訴えを提起することのできるのは，夫だけである。774条は，「第772条の場合において，夫は，子が嫡出であることを否認することができる」と定めている。この否認は，訴えによらなくても，前述した家庭裁判所の調停における合意に相当する審判（家事277条）によってすることもできる（19頁）。777条は，「嫡出否認の訴えは，夫が子の出生を知った時から1年以内に提起しなければならない」と定めている。さらに，夫は，子の出生後において，その嫡出であることを承認したときは，その否認権を失うとされる（776条）。

このように，夫の立場が重視されるのは，沿革的には嫡出否認が夫の権利という夫権に由来するのであるが，今日では，たとえ真実の親子関係に反する事実があるとしても，なるべく早く親子関係を安定させようという趣旨から，夫のみの否認権が認められる。

嫡出推定における嫡出否認の訴えとは別に，一般的に親子関係存否確認の訴えがある。嫡出否認の訴えと親子関係不存在確認の訴えとの関係については問題がある。これについては後述（64頁）する。

2 父を定める訴え

733条1項（再婚禁止期間）の規定に違反して再婚をした女が出産した場合において，772条（嫡出推定）の規定によりその子の父を定めることができないときは，裁判所が，これを定める（773条）。

3 嫡出否認の訴えの被告

774条（嫡出否認）による否認権は，子または親権を行う母に対する嫡出否認の訴えによって行う。親権を行う母がないときは，家庭裁判所は，特別代

理人を選任しなければならない（775条）。

4 成年被後見人の夫からの嫡出否認の訴え

夫が成年被後見人であるときは，777条（嫡出否認の訴えの提起期間）の期間は，後見開始審判の取消しがあった後夫が子の出生を知った時から，起算する（778条）。

II 推定されない嫡出子

婚姻届の後に数日して生まれた子は，内縁関係が先行しているとしても民法によれば婚姻中懐胎とは推定されない。しかし実質的には夫婦の間の子となるはずである。そこで判例は，内縁関係が先行している夫婦の間に生まれた子は，772条2項の要件を満たしていないとしても，当然嫡出子となるとしている（大連判昭和15・1・23民集19巻54頁）。すなわち，およそまだ婚姻の届出をしていないが，すでに事実上の夫婦として同棲し，いわゆる内縁関係の継続中に内縁の妻が懐胎し，しかもこの内縁の夫婦が適式に法律上の婚姻をした後に出生した子は，たとえ婚姻の届出とその出生との間に200日の期間が存在しない場合であっても，これを民法上非嫡出子とみるべきものではなく，このような子は，特に父の認知の手続を要しないで出生と同時に当然に父の嫡出子の身分を有するという。

戸籍の届出の窓口では，内縁関係が先行しているかどうかは審査の対象とならないから，婚姻中に出生した夫婦の子は，つねに嫡出子として扱い，問題があればあとで裁判所で争わせるという扱いとしている。このように772条2項の要件を満たさないまま婚姻中出生した子は，戸籍のうえでも嫡出子扱いとされるのであり，このような子のことを推定されない嫡出子と称する。学説も上記の判例に賛成している（我妻215頁，中川（善）359頁）。

ただし，この場合の推定につき，772条を類推適用し，その推定が同条にいう推定と同義かどうかについては，学説上争いがある。

① 772条類推適用説　内縁が婚姻に先行していて，その内縁中に懐胎し，婚姻届後に出生した子については，婚姻届出から200日を超えていなくても，内縁成立の時から通算して200日を超える場合には，嫡出推定があるという（中川（善）359頁，外岡茂十郎「推定されない嫡出子」大系Ⅳ1頁）。

② 事実上の推定説　準正に関する789条との権衡上，このような出生子は

出生と共に嫡出子であるが，772条の推定は受けないから，その嫡出性を争おうとする者は，嫡出否認の訴えによることを要せず，通常の親子関係不存在確認の訴えによってこれをすることができるという（柚木・親族166頁）。この学説は，上記の推定が772条にいう推定ではなく，事実上の推定を意味するという理解である。

判例は，事実上の推定説の立場である。すなわち，772条2項にいう婚姻成立の日とは，婚姻の届出の日を指称すると解するのが相当であるから，婚姻の成立後200日以内に出生した子は，同条により，嫡出子としての推定を受ける者ではなく，たとえ，出生の日が挙式あるいは同棲開始の時から200日後であっても同条の類推適用はないという（最判昭和41・2・15民集20巻2号202頁）。

事実上の推定説によってよいと考えられる。その結果，父が子の嫡出性を争う手段は，前述した嫡出否認の訴えによるのではなくて，親子関係不存在の確認の訴えによる。この訴えは，利害関係を有する者は誰でも提起することができ，また1年以内というような期間の制限を受けることはない。この親子関係不存在確認は，訴えによらなくても，家庭裁判所の調停における合意に相当する審判（家事277条）によってもすることができる。

III 推定の及ばない子

たとえば，夫が海外に数年間単身赴任して帰国してみたら，妻が子を分娩していたような場合には，子は，形のうえでは民法772条によって夫の子と推定されるはずだが，客観的に父子関係が成立しないことが明白である。たとえ父がこの出生を知って1年以上放置しておいても，親子関係不存在の確認の訴えによって父子関係を争うことができるかどうかが問題とされる。

① 772条適用肯定説　子の父が明らかに母の夫ではない場合に，嫡出否認が可能なのであり，少しでも母の夫の可能性がある場合には，嫡出否認は成り立たないとして，772条適用否定説は，現行制度の不合理を救済するための便宜的な解釈であるという（平賀健太「親子関係と戸籍訂正」大系I 285頁）。これは少数説である。

② 772条適用否定説　多数説は772条適用否定説であるが，その根拠ないし基準をめぐって学説に違いがある。

ⓐ 外観説　夫婦の同棲の欠如という外観的に明白な事実があれば，772

条の適用が排除されるという（我妻221頁）。こうした観点より、①夫が失踪宣告を受けて失踪中の場合、②夫が出征・在監・外国滞在中の場合、③事実上の離婚の場合には、推定が及ばないとし、これに反し、①夫が生殖不能の場合、②血液型の検査の結果父子関係がありえないとされた場合には、推定は及ぶという。

　ⓑ　血縁説　行方不明、別居、生殖不能等、受胎可能性が完全に存在しない場合には、772条の適用がないという（中川（善）364頁）。この学説の立場からすると、DNA鑑定による親子関係の存否が可能な今日、血縁説によると、772条の適用範囲は限定されるであろう。

　③　中間説　家庭の平和という観点から、真実主義の血縁説によることもあり、そうでない場合もありうるという（松倉耕作［判評］法時45巻14号133頁以下、梶村太市「婚姻共同生活中の出生子の嫡出推定と親子関係不存在確認」ジュリ631号128頁［昭和52年］）。また、家事審判法23条［現・家事事件手続法277条参照］の活用により、子と母とその夫の三者の合意が推定排除の根拠となるという学説もある（福永有利「嫡出推定と父子関係不存在確認」加藤一郎ほか編・家族法の理論と実務252頁［昭和55年］）。

　判例は、772条適用否定説のうち外観説である。すなわち、Xは婚姻解消の日から300日以内に出生した子であるが、夫婦関係は、離婚の届出に先だち約2年半以前から事実上の離婚をして以来夫婦の実態は失われ、単に離婚の届出が遅れていたにとどまるという場合には、Xは実質的には民法772条の推定を受けない嫡出子というべきであるという（最判昭和44・5・29民集23巻6号1064頁。同旨、最判平成12・3・14家月52巻9号85頁。なお、夫婦が9か月余り前から別居し、別居後子の出生までの間に、性交渉の機会があった事案において、同条の推定を受けない嫡出子にはあたるとはいえないとされたものとして、最判平成10・8・31家月51巻4号33頁）。また、判例は、たとえ科学的証拠（DNA鑑定）により、夫と子との間に生物学上の父子関係がないことが明白とされても、加えて、夫と妻がすでに離婚して別居しているとしても、同条の嫡出の推定が及び、親子関係不存在確認の訴えでこの父子関係を争うことはできないとした（最判平成26・7・17民集68巻6号547頁）。ここでも外観説が維持されている。

　上記の学説のうち、後述の人工受精子等の問題とも関連するが、血縁説を徹底することは、772条の趣旨に合致しない。嫡出否認の訴えの提起がなければ、真実の血縁関係がなくても親子関係は確定するとされるからである。

外観説ないし中間説によりつつ，特に未成年の子の利益の保護，出生を知る権利の尊重等を考慮しつつ，慎重に親子関係不存在確認の訴えを認めるほかはないであろう。

IV 親子関係存否確認の訴え
1 親子関係存否確認の訴えの意義

一般的に，人と人との身分関係の存否につき，身分関係存否確認の訴えが認められるが，これについては嫡出否認におけるような制約は定められていない。嫡出否認の訴えがある以上，親子関係存否確認の訴えは認められないとする少数説（平賀健太「親子関係と戸籍訂正」大系Ⅰ297頁以下）があるが，認めるのが通説（兼子一「親子関係の確認」民事法研究Ⅰ343頁［昭和15年］，福永有利「嫡出否認の訴と親子関係不存在確認の訴」大系Ⅲ20頁）・判例（大判昭和11・6・30民集15巻1281頁）である（なお，村重慶一「親子関係存否確認事件の紛争処理手続」講座3巻147頁参照）。

2 親子関係存否確認の訴えの性質

親子関係存否確認の訴えは通常の民事訴訟ではなく，人事訴訟事件であるとみるのが通説（兼子・前掲民事法研究Ⅰ365頁）・判例（前掲大判昭和11・6・30，最判昭和39・3・17民集18巻3号473頁）である。また，この訴えを形成訴訟とみる学説がある（小石寿夫「戸籍上の嫡出親子関係が真実に合致しない場合と戸籍訂正」法曹9巻7号13頁［昭和32年］）が，一般的には確認訴訟と解されている。

なお，親子関係存否確認は，必ずしも訴えによる必要はなく，家事事件手続法277条の合意に相当する審判によってもすることができる。

3 親子関係存否確認の訴えと嫡出否認の訴えとの関係

嫡出否認の訴えによって父子関係を否認できる場合には，親子関係不存在の訴えの提起は許されない。嫡出否認の訴えの提起期間を徒過した後，親子関係不存在の訴えを提起できない（前掲最判平成12・3・14）。

4 当事者死亡の場合

父母の両者または子のいずれか一方が死亡した後でも，生存する一方は，検察官を被告として死亡した一方との親子関係存否確認の訴えを提起することができる（最大判昭和45・7・15民集24巻7号861頁）。親子の一方が死亡した後は，第三者は，生存者を被告に親子関係存否確認の訴えを提起でき，検察

官を被告に加える必要はない（最判昭和56・10・1民集35巻7号1113頁）。

第2款　嫡出でない子

I　嫡出でない子とは

AとBとが婚姻をしていないのに二人の間でCという子が生まれた場合には，後述（74頁）の代理母のような特殊な場合は別として，通常，母子関係の存否は分娩の事実によって明白である。これに対して，父子関係は不明確である。AとBが内縁関係にあるときでも同じである。このように，前述した嫡出推定がされない子が嫡出でない子である（ただし，前述の「推定されない嫡出子」の問題がある [61頁]）。かつてはその社会的地位が低かったが，今日では法的にかなり改善されている。

II　任意認知

1　任意認知の意義

嫡出でない子の父子関係について779条は，「嫡出でない子は，その父又は母がこれを認知することができる」と定めている。これを任意認知という。父が進んで認知の戸籍の届出をすると，それによって出生の時にさかのぼって父子関係が生ずる（784条）。このように嫡出でない子の父子関係は，まずはその父の認知という意思表示を待ってはじめて生ずる。

2　母の認知

779条は，父だけでなく母の認知も必要だと定めているが，母子関係は子の分娩という事実によって客観的に明白であるから，原則として母の認知は不要と解されている（最判昭和37・4・27民集16巻7号1247頁）。学説もこの判例を支持している。

3　認知の性質

認知は，通常の法律行為と同様の意思表示か，それとも父子関係の事実についての観念の通知にすぎないかが論じられる。前説が通説（中川（善）380頁）だが，後説も有力である。785条は，認知をした父または母は，その認知を取り消すことができないと定めている。父子関係が客観的に存在するとき，詐欺・強迫による任意認知をこの規定によって取り消せないと解するならば，上の議論はあまり実益をもたないであろう。もっとも785条は任意認

知の撤回を定めているだけで，詐欺・強迫による認知の取消しは許されるという学説もある（於保不二雄「親子——近代家族法の基礎理論」法律学体系第2部法学理論篇30頁［昭和25年］）。

4 認知能力

認知をするには，父または母が未成年者または成年被後見人であるときであっても，その法定代理人の同意を要しない（780条）。認知をするには意思能力があれば足りるという趣旨である。

5 認知の方式

(1) 認知届出　認知は，戸籍法の定めるところにより届け出ることによってする（781条1項）。

(2) 出生届による認知　認知届そのものがされなくても，嫡出でない子につき，父がした嫡出子出生届または非嫡出子出生届が受理されたときは，認知届としての効力が生ずるとされる（最判昭和53・2・24民集32巻1号110頁）。学説もこれに賛成する（中川（善）385頁，川崎秀司「認知の無効・取消」大系IV 66頁）。

(3) 養子縁組届による認知の成否　実父が非嫡出子を代諾縁組（797条）によって養子とした場合に，真実の代諾権者の承諾がないと縁組は無効だが，その縁組届に認知の効力を認めうるであろうか。判例はこれを否定し（大判昭和4・7・4民集8巻686頁），これに賛成する学説もあるが，多数説は，これを肯定している（我妻236頁，川崎・前掲大系IV 66頁）。出生届による認知と同様，これを肯定してよい。

(4) 認知届出時における意思能力喪失　他人に認知届を委託した者が認知届出時に意識を喪失していた場合に，認知の効力は生ずるであろうか。委託時に意思能力があれば，その後意思能力を喪失しても認知届は有効である。判例も，血縁の親子関係にある父が，子を認知する意思を有し，かつ，他人に対し認知の届出の委託をしていたときは，届出が受理された当時父が意識を失っていたとしても，その受理の前に翻意したなど特段の事情のない限り，届出の受理によって認知は有効に成立するという（最判昭和54・3・30家月31巻7号54頁）。

(5) 遺言による認知　認知は，遺言によっても，することができる

(781条2項)。遺言の方式を欠くために遺言が無効な場合に，認知が無効かどうかという問題がある。有効とみてよいと思われる。前述したように，認知が，意思表示ではなく父子関係について観念の通知とみるべきだからである（公正証書遺言につき仙台高決昭和55・1・25家月33巻2号169頁）。

6 成年の子の認知

成年の子は，その承諾がなければ，これを認知することができない（782条）。子が成年に達した後に父が認知をしてその子から扶養を受けるのは妥当でないからである。承諾を欠く認知届が誤って受理された場合に，認知の取消しを認める学説（太田272頁）と，認知の取消しを認めない785条との関係上認知を有効とみる学説（中川（善）397頁）がある。後説によってよいと思われる。なお，成年の子は後述の認知無効の訴え（68頁）により争うことができる。

7 胎児または死亡子の認知

父は，胎内にある子でも，認知することができる。この場合には，母の承諾を得なければならない（783条1項）。母の名誉の尊重と認知の真実性の確保が立法理由である。父または母は，死亡した子でも，その直系卑属があるときに限り，認知することができる。この場合に，その直系卑属が成年者であるときは，その承諾を得なければならない（同条2項）。死亡した子の認知は，直系血族関係を生じさせるという意味をもち，そのため782条と同旨とされている。

8 認知の取消しの禁止

認知をした父または母は，その認知を取り消すことができない（785条）。ここにいう取消しが，文字通りの取消しを意味するか，それとも自由意思による撤回を意味するかにつき，学説が分かれる。

① 取消肯定説　795条にいう取消しは撤回を意味し，任意認知をした以上，たとえその認知が父子関係の事実に反するとしても，被認知者の利益を重視して撤回を許さないという趣旨だと解し，詐欺・強迫による取消しは認められるという（兼子・前掲民事法研究Ⅰ350頁）。

② 取消否定説　785条は，一切の取消しを禁ずる趣旨だという（中川（善）396頁）。

認知が真実の父子関係に合致する限り，撤回はもとより，詐欺・強迫による認知であっても，その取消しは許されないとする取消否定説が妥当である。前述したように，認知が，意思表示ではなく父子関係について観念の通知とみるべきだからである。

9 認知の無効

(1) **認知の無効** 子その他の利害関係人は，認知に対して反対の事実を主張することができる（786条）。これは，認知無効の主張を許す趣旨である。血縁上の父子関係がないことを知りながら認知した者（不実認知者）も，認知無効の主張することができる（最判平成26・1・14民集68巻1号1頁）。

(2) **認知無効の訴えの性質** 認知の無効は，認知無効の訴えに基づく判決によってはじめて生ずる（形成無効説）のか，それとも無効事由があれば当然無効であり，判決はそれを確認するだけ（当然無効説）なのかについて学説が分かれる。

① **形成無効説** 認知の無効をだれでも，いつでも主張できるのは適当でないことを理由に，認知は無効事由があるとしても一応有効であり，無効を認める判決によって遡及的に無効となるという（山木戸克己・人事訴訟手続法74頁［昭和33年］，鈴木＝唄I23頁）。

② **当然無効説** 認知判決に特別の効力を認める必要はなく，認知に無効事由があれば当然無効であって，判決はそれを確認するだけだという（我妻236頁，川崎・前掲大系Ⅳ70頁，石川稔・判例コン7・238頁）。

判例は形成無効説の立場である（大判大正11・3・27民集1巻137頁）。786条は訴えを前提とした規定であること，および被認知者の利益を重くみて形成無効説が妥当と思われる。

(3) **承諾を欠く認知の効力** 前述した一定の者の承諾を必要とする認知（782条・783条）につき，承諾を欠く認知の効力が問題となる。

① **無効説** 法律が承諾を要件とする以上，承諾を欠く認知は無効とみる学説がある（我妻＝立石180頁）。

② **有効説** 認知が真実に反しない限り，承諾を欠く認知が誤って受理されれば有効となるとする学説がある（中川（善）397頁）。

③ **取消説** 承諾を欠く認知は一応有効であり承諾権者は承諾がないことを理由に認知を取り消せるという（我妻237頁，石川稔・判例コン7・231頁）。

取消説が，承諾のもつ役割を重視しつつ，中庸を得た解決を図るものであって妥当と思われる。

（4） 認知者死亡の場合　認知者が死亡した後は，被認知者は検察官を相手方として認知無効の訴えを提起できる（最判平成元・4・6民集43巻4号193頁）。父が非嫡出子を相手方として提起した認知無効の訴えは，父の死亡により終了する（最判昭和57・12・17家月35巻12号61頁）。

（5） 認知意思の不存在の場合　認知者に認知意思が欠けたときにも認知は無効となりうるが，前述したように任意認知の性質上，これを修正する余地がある。

（6） 認知無効の訴えと信義則違反・権利濫用　認知無効の訴えが信義則違反・権利濫用として許されないことがありうる（その否定事例として最判昭和53・4・14家月30巻10号26頁がある）。

III　強制認知

1　認知の訴え

もし父が進んで子を認知しない場合はどうであろうか。昔は，父権が重視され，父は認知するかどうかは自由だとされていて，「子が父を探すことは許されない」という法諺もあったが，今日では子から認知の訴えをすることが許されている。これを強制認知という。すなわち，父の認知という意思表示がなくても，父子関係の存在が客観的に認められるときには，子の側から父子関係の存在を主張することができる。787条は，「子，その直系卑属又はこれらの者の法定代理人は，認知の訴えを提起することができる。ただし，父又は母の死亡の日から3年を経過したときは，この限りでない」と定める。

認知の訴えは形成の訴えの性質をもつ（最判昭和29・4・30民集8巻4号861頁）。人事訴訟法に従って認知訴訟の提起が認められるが（人訴2条2号・42条），前述した家庭裁判所の調停における合意に相当する審判（家事277条）を活用することもできる。

戸籍には他人の嫡出子として記載されている子でも，その子が772条の推定を受けないときは，戸籍の訂正をしないまま，真実の父に対して認知の訴えを提起できる（最判昭和44・9・4判時572号26頁）。

法定代理人が認知の訴えを提起する場合に，訴訟上の代位とみる学説もあ

るが，法定代理と解するのが多数説（我妻242頁ほか）・判例（最判昭和43・8・27民集22巻8号1733頁）である。

法定代理人は，子に意思能力がある場合でも，法定代理人による認知の訴えを認める（前掲最判昭和43・8・27）。子に意思能力がある限り，子からの訴えができるので，法定代理人による訴えを認めない裁判例があるが（東京控判大正14・12・8新聞2532号9頁），一般的に認知は子に有利なので，法定代理人による訴えを認めてよい（我妻243頁，利谷信義・新版注民(23)419頁ほか）。

2 父子関係の証明

問題なのは，父子関係の証明である。父子関係があるということは，原告である子が立証の責任を負うことになる。そこで，前例でいうと，BとAとの間に性的交渉があったこと，およびBと他の男性との間の子でないことについて原告が立証しなくてはならない。この場合に被告であるAはしばしば，不貞の抗弁ないし多数当事者の抗弁をすることが，かつては許されていた。すなわち，認知請求があると，Aは「Bが不貞な人である。多数の男性との性的交渉があった。そこで父子関係があるというためには，Bと他の男性との関係がないことを証明せよ」という抗弁をすることが許されていた（大判明治45・4・5民録18輯343頁）。一般的にいって，ある事実が存在するという証明は証拠により立証することは比較的容易であるが，ある事実がないと証明することは，その存在の可能性が無限にありうるから，それを全部覆すことはきわめて困難である。無の証明は悪魔の証明といわれ不能な事柄に属するといわれている。そこで不貞の抗弁ないし多数当事者の抗弁を認めることは，子にとってきわめて不利であり，最高裁判所は昭和30年頃に判例を変更して，父子関係の蓋然性が高いときには，父子関係があるという事実の推定をするという考え方をとっている。

昭和32年の最高裁判所の判決は，大正時代にカフェーで働いていた女性と医科大学に在学していた男性との関係があり，昭和5年にその女性が子を分娩し，その子から男性に対して認知の請求がされた場合につき，原告である子が父子関係の事実について立証責任を負うことは当然ではあるが，母親が懐胎したと認められる期間中に母が被告と継続的に情交を結んだ事実があり，かつそれ以外の男性と母親と情交関係があった事情が認められず，血液

型のうえでの背馳がないような場合には，原告は，被告の子だと推認されると述べて，認知請求を認めた（最判昭和32・6・21民集11巻6号1125頁）。このようにして，嫡出でない子の保護が図られてきた。

なお，内縁の妻が内縁関係成立の日から200日後，解消の日から300日以内に分娩した子は，772条の趣旨（59頁）を類推し，内縁の夫の子と事実上推定するのが判例である（最判昭和29・1・21民集8巻1号87頁）。

3　認知の訴えの提起期間

787条但書は，「父又は母の死亡の日から3年を経過したときは，この限りでない」と定めている。昔は死後認知はおよそ認められなかったが，昭和17年に出征軍人の場合を考慮して死後3年間の認知請求を認めることにした。しかし，父母が内縁関係にあったという場合に，子は父子関係があることは当然だとして，あえて認知を求めなかったところ，父の死後3年を経過した後には父子関係を主張できなくなるのであって（父性の推定を受ける子につき最判昭和44・11・27民集23巻11号2290頁），この点ではなお問題が残されている。判例も多少例外を認め，父の死亡の日から3年以内という出訴期間の起算点は，父の死亡が客観的に明らかになった時としている（最判昭和57・3・19民集36巻3号432頁）。

検察官を被告とする認知の訴えが原告以外の亡父の子が関与しないまま追行されて請求認容の判決が確定した場合にも，その子に確定判決に対する再審の訴えの原告適格を認めることはできない（最判平成元・11・10民集43巻10号1085頁）。なお，人事訴訟法28条は，利害関係人に訴訟が係属したことを通知することとしている。

4　認知請求権の放棄

嫡出でない子に対し，その父が相当の金銭を支払って，認知請求をしないと約束させることがある。判例は認知請求権の放棄は許さないとしている（最判昭和37・4・10民集16巻4号693頁，賛成・我妻242頁ほか）。しかし，学説の中には，認知請求権の放棄が金銭の給付を伴うことによりかえって子の利益になるとして，判例に反対するものがある（谷口知平・親子法の研究［増補版］家族法の研究別巻107頁［平成3年］）。

第1部 親族法　第3章 親　子

IV　認知の効果

　認知には遡及効がある。すなわち，認知は，出生の時にさかのぼってその効力を生ずる。ただし，第三者がすでに取得した権利を害することができない（784条）。かつて非嫡出子の日本国籍取得との関係で，この認知の遡及効が問題となり，母が外国人で父が日本人の非嫡出子を，父が出生後に認知した場合に，子は出生の時点にさかのぼって日本国籍を取得するかどうかが議論されたが，今日では，父が日本人であれば，子は日本国籍を取得することができるとされている（国籍法3条。最大判平成20・6・4民集62巻6号1367頁）。

　認知により父子関係が発生するので父子間に扶養義務が生じ，また相続権が認められる。扶養義務については，認知前に子を扶養してきた母は，父に対して父が負担すべきであった過去の扶養料の求償をすることができる。父母の協議が調わないときは，家庭裁判所の審判によって行うことができる（最判昭和42・2・17民集21巻1号133頁）。

　相続については，かつては900条4号本文が子の相続分を平等としながら，その但書で，嫡出でない子の相続分は嫡出である子の相続分の2分の1とすると定めていた。これは憲法で保障されている法の下の平等とは異なって不平等であり，憲法違反ではないかという議論があるが，判例（最大決平成7・7・5民集49巻7号1789頁）は多数意見で違憲ではないとした（その後も，合憲とする判決が続いていた。最判平成12・1・27家月52巻7号78頁，最判平成15・3・28家月55巻9号51頁，最決平成21・9・30家月61巻12号55頁など）。一方では健全な婚姻を保護する必要があるので，ある程度子が不平等に扱われてもやむをえないという考え方がある。しかし，そのようなしわ寄せを子にしてよいのかどうかは問題であり，これを平等に扱うことが望ましいと思われ，諸外国では，平等に扱うという傾向を示していて，これを違憲とする見解が有力になってきていた。ついに平成25年に，最高裁大法廷は，全員一致で，これを違憲とする決定をくだした（最大決平成25・9・4民集67巻6号1320頁）。これを受けて，平成25年12月に民法が改正され（法94号），嫡出でない子の法定相続分は嫡出子と同等になった。

　認知の場合に監護者を決定する必要がある場合がある。766条（離婚の際における子の監護者の決定）の規定は，父が認知する場合について準用する（788

第2節　実　　子

条)。

V　準　正

嫡出でない子が，子の父母の婚姻によって嫡出子となることを準正という。認知後に婚姻した場合と婚姻後認知があった場合が区別され，それに応じて嫡出子の身分を取得する時点が異なる。

1　婚姻準正

父が認知した子は，その父母の婚姻によって嫡出子の身分を取得する（789条1項）。この規定は，子がすでに死亡していた場合について準用する（同条3項）。

婚姻準正につき，準正の効果がいつ生ずるかにつき，学説が分かれる。

　①　婚姻時説　　準正の効果が婚姻時に生ずるというのが通説である（我妻253頁，久貴194頁）。

　②　出生時説　　準正の効果が子の出生時にまでさかのぼって生ずるという（中川（善）406頁）。

子の出生時にはまだ婚姻していない男女間において，子が嫡出子たる身分を取得するというのは困難であって，婚姻時説が正当と思われる。

2　認知準正

婚姻中父母が認知した子は，その認知の時から，嫡出子の身分を取得する（789条2項）。父母の婚姻中，子が未認知のまま死亡したときも同様である（同条3項）。

認知準正についても，準正の効果がいつ生ずるかにつき，学説が分かれる。

　①　認知時説　　789条2項の文字通り，認知の時から準正の効果が生ずるというのが，かつての通説であった。

　②　出生時説　　準正の効果が子の出生時にまでさかのぼって生ずるという（舟橋諄一・注釈親族法上361頁，中川（善）406頁）。

　③　婚姻時説　　準正の効果が婚姻時までさかのぼって生ずるという（我妻253頁，久貴194頁）。

出生時説は，上記婚姻準正について述べたのと同じ難点があり，認知時説によると，死後認知の場合に，嫡出子としての相続分の主張ができなくなるので，婚姻時説が妥当である。戸籍実務もこの立場が採用されている（民事

局長回答昭和42・3・8民事甲373号)。

第3款　人工授精子・体外受精子

I　人工授精子

　実子に関して，人工授精子の問題が生じており，この場合の親子関係の存否について，かなり困難な問題が生ずる。人工授精子については，夫の精液を用いた場合 (AIH) はもちろん，第三者の精液を用いた場合 (AID) であっても，夫がこれに同意している場合には，前述した夫の嫡出否認が制限されるので，嫡出子扱いが認められる (東京高決平成10・9・16家月51巻3号165頁。事前，事後の承認がないとして夫の嫡出否認の訴えを認容した大阪地判平成10・12・18家月51巻9号71頁)。ただし，この場合に，子が真実の親を知る権利を認めるべきかどうか，夫の親子関係不存在確認の訴えをつねに否定すべきかどうかなどの問題がある。

　なお，すでに嫡出推定のところで述べたことだが (60頁)，このAID (非配偶者間人工授精) に関しては，生物学的な血縁関係が存しえない夫についても，夫の子であるとの嫡出推定が及ぶとした判例がある (最判平成25・12・10民集67巻9号1847頁)。すなわち，「性同一性障害者の性別の取扱いの特例に関する法律」によって，性別を女性から男性に性別の変更をした者が女性と婚姻した場合，この婚姻相手の女性がAIDにより懐胎した子は，民法772条により，当該夫の子と推定されるとした。

II　体外受精子

　体外受精子については，夫または第三者の精子と妻または第三者の卵子を結合させ，他人の子宮を借りて出産させる場合には，親子関係の存否について困難な問題が生じ，諸外国の立法もまちまちであるが，わが国でも今後の検討を待たなければならない (受精卵につき1巻25頁参照)。夫の精子と妻の卵子を結合させ，他人 (代理母) の子宮を借りて出産させる代理出産でも，母子関係は分娩によって生ずるので (最決平成19・3・23民集61巻2号619頁)，夫婦の子とするためには，特別養子制度を活用するほかはない (その例として，神戸家姫路支審平成20・12・26家月61巻10号72頁)。

　保存された男性の精子を用いて男性の死亡後の人工生殖により女性が懐胎

第 2 節 実　　子

出産した子（死後懐胎子）とその死亡した男性との間に，認知による法律上の親子関係の形成は認められないとする判例がある（最判平成 18・9・4 民集 60 巻 7 号 2563 頁）。

第 4 款　子　の　氏

I　嫡出子の氏

嫡出である子は，父母の氏を称する。ただし，子の出生前に父母が離婚したときは，離婚の際における父母の氏を称する（790 条 1 項）。

婚姻中の夫婦につき，夫の死亡後，妻が嫡出子を出生し，妻が婚姻前の氏に復したときは，子は，父の氏を称すべきである（民事局長回答昭和 23・3・4 民甲 246 号）。

II　嫡出でない子の氏

嫡出でない子は，母の氏を称する（790 条 2 項）。

III　子の氏の変更

父母の離婚によるその一方の復氏，父母の一方の死亡後における他方の復氏，父の認知などの場合には，子は，父または母と氏を異にすることになる。民法は，そのような場合の氏の変更をつぎのように認めている。

1　子が父または母と氏を異にする場合

子は，家庭裁判所の許可を得て，戸籍法の定めるところにより届け出ることによって，その父または母の氏を称することができる（791 条 1 項）。

父母の死亡後にも死亡した者の氏に変更できるかどうかについては，生存必要説（我妻 313 頁）と生存不要説（青山道夫・注釈親族上 367 頁）の議論があるが，後者は家名承継の機能をもつものであり妥当でなく，前説を支持したい。

子が婚姻をして婚姻により氏を改めた場合には，婚姻による氏が優先し，氏の変更が許されない。これに対して，婚姻によって自己の氏を称するとした場合については，氏の変更が許されないという限定説（昭和 35・2・23 身分法研究会・家月 12 巻 5 号 237 頁参照）と非限定説（民事局長回答昭和 23・5・6 民甲 520 号）とがあるが，前説は，氏の変更をしても戸籍の変動がないことを理由とする。しかし，氏と戸籍とを直結する考え方は疑問であり，後説が妥当である。

非嫡出子は母の氏を称するが，認知した父の氏に変更できるかどうかについては，裁判例が分かれているが（沼田幸雄・基本法親族146頁），家庭裁判所は母および嫡出子の意向を無視して変更の許可をすべきでない。

親権者変更の場合には，当然に氏の変更を許すべきではなく，子が親権者と同居しているかどうかを考慮すべきである。

2　父または母が氏を改めたことにより子が父母と氏を異にする場合

父または母が再婚した場合に，この問題が生ずる。子は，父母の婚姻中に限り，家庭裁判所の許可を得ないで，戸籍法の定めるところにより届け出ることによって，その父母の氏を称することができる（791条2項）。これは昭和62年に追加された条文である（法101号）。

3　子が15歳未満の場合

子の法定代理人が，これに代わって，791条1項および2項の行為をすることができる（791条3項）。

子が15歳以上だが意思能力を有しない場合には，法定代理人が届出をするほかはない。

4　監護権者がいる場合

子の父母が離婚して，父母の一方を親権者，他方を監護権者と定めた場合における氏変更の申立人は誰であろうか。監護権者を法定代理人とみる審判例がある（釧路家北見支審昭和54・3・28家月31巻9号34頁）。監護権者，親権者ともに申立権があり，家庭裁判所は諸事情を考慮して変更すべきかどうかを判断するのが妥当であろう。

5　氏を改めた未成年の子が成年に達した場合

791条1項から3項までの規定によって氏を改めた未成年の子は，成年に達した時から1年以内に戸籍法の定めるところにより届け出ることによって，従前の氏に復することができる（791条4項）。

第3節 養　子

第1款　総　説

I　養子制度

　わが国では昔から養子縁組が行われてきたが，家の跡取りとしての養子が多く行われてきた。そのために，成年に達した人を養子として跡を継がせるという成年養子が多かった。民法も養子縁組の要件をきわめてゆるやかに扱っていて，792条は，「成年に達した者は，養子をすることができる」と定めている。そこで20歳に達しさえすれば養子を迎えられる。さらに後述するように，793条は，「尊属又は年長者は，これを養子とすることができない」と定めているので，年長者でなければ，つまり1日でも年下の人であればこれを養子にすることができる。このように，養子縁組の要件は，きわめてゆるやかである。そして中には，養子を食いものにする例もあり，労働力を得るための養子も行われてきた。芸妓養子はその一例であり，芸妓の雇用関係を養子縁組として形成するという例があった。このような養子に不利な縁組をチェックするために，現行798条本文は，未成年養子につき許可制を導入し，未成年者を養子とするには，家庭裁判所の許可を得なければならないと定める。

　外国では，第1次大戦が終わった頃から嫡出でない子が増加して，こうした子を家庭で育てるための養子が次第に増えてきた。近時も養子を迎えたい人が非常に多いが，出生率が一般に低下しているので，養子のなりてが少なくなっている。しかも嫡出でない子の地位が高まって，それは決して恥ずべきものではないとされているので，このような子を養子とすることも困難となった。そこで，海外から養子をいわば輸入するという，人身売買的な縁組の例もあったことから，今日，縁組の斡旋を規制し，あわせて養子を実子と完全に同じように扱うという考え方が生まれてきた。これを完全養子というが，ヨーロッパでは，1967年（昭和42年）に，欧州養子条約が成立し，これに基づいてヨーロッパ諸国では養子を実子と同じように扱うという国内法が

整備されている。わが国でも子を実子に近い形で育てるための養子制度が必要とされ、昭和62年の民法の一部改正により、特別養子制度が導入された。

II 事実上の養子・養子縁組の予約

内縁（52頁）と同じように、縁組の届出はしていないが事実上の養親子関係が継続していることがある。その不当破棄についての責任が認められるほか、借家権の承継（借地借家36条）や特別縁故者の財産分与請求（958条の3）が認められる（久貴忠彦「未認知の非嫡出子と事実上の養子」太田武男編・現代の親子問題109頁以下［昭和50年］参照）。

なお、児童福祉法上の制度として里親委託がある（児福6条の4・27条1項3号）。保護者のいない児童や保護者に監護させることが不適当であると認められる児童（要保護児童。里子）を、養育者（里親）が預かり、その家庭で原則18歳まで養育するものである。里親が将来的に養子縁組をすることを希望する場合（養子縁組里親）もあるが、養育者である里親と里子の間には、法律上の親子関係は成立しない。

第2款　縁組の要件

I　縁組の形式的要件（届出）

縁組の形式的成立要件としては、これまで述べた婚姻、協議上の離婚と同様、縁組の合意に基づく戸籍の届出が必要である。

738条（成年被後見人の婚姻）および739条（婚姻の届出）の規定は、縁組に準用するとし（799条）、縁組の届出は、その縁組が792条から799条までの規定（縁組の成立要件）その他の法令の規定に違反しないことを認めた後でなければ、受理することができない（800条）。

法律上親子でない子につき虚偽の出生届の後、事実上親子としての生活が続いても、出生届を養子縁組届に転換して縁組の成立を認めることはできないというのが判例である（最判昭和25・12・28民集4巻13号701頁、最判昭和50・4・8民集29巻4号401頁）。学説では、縁組届に転換を認めるべきだとするものがあるが（我妻280頁）、今日では、後述の特別養子を活用すればよいのでこれを否定する学説が有力である。のみならず、出生届には医師等の出生証明書の添付が必要なので（戸49条3項）、虚偽の出生届が行われることは

少なくなった。ただし，判例では，戸籍上の父母とその嫡出子として記載されている者との間で 55 年間も存続した事実上の実親子関係について，父母の子による親子関係不存在確認請求が権利の濫用にあたりうるとしたものがある（最判平成 18・7・7 民集 60 巻 6 号 2307 頁。同旨最判平成 20・3・18 判時 2006 号 77 頁）。

認知の届出が事実に反するため無効な場合には，認知者が被認知者を養子とする意図を有し，その後被認知者の法定代理人と婚姻した事実があっても，認知届を養子縁組届とみなすことはできないとされる（最判昭和 54・11・2 判時 955 号 56 頁）。

在外日本人間の縁組については特則がある。外国にある日本人間で縁組をしようとするときは，その国に駐在する日本の大使，公使または領事にその届出をすることができる。この場合には，799 条が準用する 739 条（婚姻の届出）および 800 条の規定を準用する（801 条）。

II 縁組の実質的要件

縁組には，当事者間に縁組をする合意があることが必要だが，以下の要件を満たすことを要する。

1 養子をする能力

成年に達した者は，養子をすることができる（792 条）。

成年擬制者，すなわち，婚姻によって成年に達したものとみなされる者が養子をすることができるかどうかという問題がある。

① 縁組否定説　成年擬制者は養子をすることができないという（我妻 265 頁）。婚姻前の非嫡出子を養子とすることが考えられるが，それは準正で処理すればよいとされる。

② 縁組肯定説　成年擬制の効果を制限する必要はなく，成年擬制者も養子をすることができるという（柚木・親族 190 頁，中川高男・新版注民(24)156 頁，久貴 207 頁）。

成年擬制者が実子につき親権者となれることを考えると，成年擬制の効果を制限する必要はなく，縁組肯定説に従ってよいであろう。戸籍先例でこの縁組肯定説の立場を述べたものがある（民事局長回答昭和 23・10・23―ただし，年長者を養子にすることはできないとした）。

2 尊属・年長者養子の禁止

尊属または年長者は，これを養子とすることができない（793条）。尊属の中には傍系尊属も含まれるが，姻族尊属は含まれない（中川（善）429頁）。

3 後見人・被後見人間の縁組

後見の不正を隠蔽するための養子を制限する定めがある。すなわち，後見人が被後見人（未成年被後見人および成年被後見人）を養子とするには，家庭裁判所の許可を得なければならない。後見人の任務が終了した後，また管理の計算が終わらない間も，同様とする（794条）。

4 配偶者のある者の未成年者縁組

（1） 夫婦共同縁組の必要　　未成年者を養子とする場合には，養親につき夫婦共同縁組にすることが養子の利益に適する。そこで，配偶者のある者が未成年者を養子とするには，配偶者とともにしなければならない。ただし，配偶者の嫡出である子を養子とする場合，または配偶者がその意思を表示することができない場合は，この限りでない（795条）。かつては，成年者を養子とする場合にも，夫婦共同縁組が必要とされていたが，昭和62年の民法改正により，その必要はないとされるに至った。

（2） 共同名義冒用の場合　　夫婦の一方が他方に無断で夫婦共同縁組の届出をした場合における縁組の効力をめぐって学説が分かれる。

　① 全面無効説　　縁組は全面的に無効となるという（山畠正男「養親子関係の成立および効力」総合判例研究叢書・民法(15)35頁以下［昭和35年］）。

　② 一部有効説　　縁組をした者については，縁組の効力が生ずるという（山本正憲・養子法の研究Ⅰ252頁［昭和54年］）。

　③ 類型説　　養親について無効事由があるときは全面無効となるが，養子について無効事由があるときは意思のある者につき縁組の効力が生じ，他方につき縁組は無効となるという（我妻267頁以下，品川孝次・判例コン7・275頁）。

判例は，原則として全面無効説としながら，特段の事情があるときに一部有効説とする立場である（最判昭和48・4・12民集27巻3号500頁）。すなわち，「夫婦の一方の意思に基づかない縁組の届出がなされた場合でも，その他方と相手方との間に単独でも親子関係を成立させる意思があり，かつ，そのような単独の親子関係を成立させることが，一方の配偶者の意思に反しその利

益を害するものでなく，養親の家庭の平和を乱さず，養子の福祉をも害するおそれがないなど，前記規定の趣旨にもとるものではないと認められる特段の事情が存する場合には，夫婦の各縁組の効力を共通に定める必要性は失われ……，縁組の意思を欠く当事者の縁組のみを無効とし，縁組の意思を有する他方の配偶者と相手方との間の縁組は有効に成立」するという。この判例は，当事者の利益を尊重しつつ，限定的に一部有効説を採用するものであって妥当と思われる。

(3) 無効な夫婦共同縁組の追完　夫婦共同縁組とすべきなのに単独縁組の届出が誤って受理された場合には，追完が許されるというのが学説（我妻268頁）・実務（民事局長回答昭和31・1・24民甲37号）である。

(4) 夫婦の一方に取消原因がある共同縁組の効力　夫婦の一方につき，年長者養子の禁止（793条）の取消原因がある共同縁組については，瑕疵のある一方の縁組のみを取り消せば足りるという（最判昭和53・7・17民集32巻5号980頁）。すなわち，「年長の養子と年少の養親との間の縁組だけを取り消せば足りるものと解するのが相当である。……民法793条が年長者を養子とすることができないと定めるのは，身分上の秩序を尊重する趣旨に出たものであり，養子夫婦の一方が養親夫婦の一方より年長であるような夫婦共同縁組がされた場合には，年長の養子と年少の養親との間の縁組だけを取り消し年長の関係にない養子と養親との間のその余の縁組はその存続を認めたとしても，民法795条本文の規定の趣旨に反しないと思われるからである」という。この判例に賛成してよい。

(5) 795条但書の「配偶者がその意思を表示することができない場合」

長期不在のような場合がこれに該当し，夫婦共同縁組とする必要はない。一時不在はこれに該当せず，行方不明のときも復帰の見込みがないような場合にのみ但書の適用がある（中川（善）431頁，久貴215頁）。

5　配偶者のある者の縁組

配偶者のある者が縁組をするには，その配偶者の同意を得なければならない。ただし，配偶者とともに縁組をする場合または配偶者がその意思を表示することができない場合は，この限りでない（796条）。昭和62年の改正前は，養親，養子とも夫婦共同縁組とされていたのを緩和し，配偶者の同意の

下に単独縁組ができることとした。

6 代諾縁組——15歳未満者の養子

(1) **代諾縁組の意義** 養子となる者が15歳未満であるときは，その法定代理人が，これに代わって，縁組の承諾をすることができる（797条1項）。養子となる者本人が自らその意思を決定することができないからである。法定代理人がこの承諾をするには，養子となる者の父母でその監護をすべき者である者が他にあるときは，その同意を得なければならない（同条2項前段）。2項前段の部分は，養子の利益のため，昭和62年の改正によって追加された。また，養子となる者の父母で親権を停止されているものがあるときも，同様に，その同意が必要である（同条2項後段）。この2項後段は，平成23年の改正によって，親権停止の制度が導入されたことに対応して追加された。

(2) **代諾の法的性質** 代諾が代理か代諾者固有の行為かをめぐり学説が分かれる。

① 代理説 代諾は法定代理人による代理だという（中川（善）426頁，中川良延・新版注民(24)212頁）。

② 代諾者固有行為説 代諾は代諾者固有の行為だという（平賀健太発言・我妻ほか・戸籍セミナーⅢ857頁［昭和34年］）。

③ 複合行為説 代諾は代理の面と代諾者固有の身分行為の面を含む複合的行為だという（川井健「代諾縁組」大系Ⅳ181頁）。

判例は，後述のように代理説だが，代諾者固有の責任においてする身分行為の側面を否定することはできず，単なる代理ではなく複合行為とみるべきものと思われる。

(3) **無効な代諾縁組の追認** 代諾縁組に関連して，虚偽出生届の問題がある。A女が分娩した子をB・C夫婦の子として出生届を出すという虚偽の出生届が従来から行われてきた。このときにB・CとA女が分娩した子との間に親子関係が生じないかどうかが問題となった。菊田医師事件（宮城県で産婦人科の菊田医師が妊娠中絶を依頼された女性が分娩した赤ちゃんを虚偽の出生届により，子を欲しがっている他人の子として出生届をさせていたという事件）もその例だが，判例は従来からA女が分娩した子とB・Cとの間に親子関係は生じないと述べてきた。何年経ってからでも親子関係不存在の確認をすることが

できるとし，A 女が分娩した子と B・C との間に養子縁組が成立することもないとしてきた（最判昭和 50・4・8 民集 29 巻 4 号 401 頁）。前述したように，事実上の養親子関係が長年継続した場合には，B・C の子からの親子関係不存在確認請求が権利の濫用として許されないことがある（前掲最判平成 18・7・7，前掲最判平成 20・3・18）。

これに対し，前例で A 女が分娩した子がいったん B・C 間の子として出生届がされたうえで，D・E 夫婦間の養子として縁組がなされた場合はどうであろうか。前述したように，797 条は，「養子となる者が 15 歳未満であるときは，その法定代理人が，これに代わって，縁組の承諾をすることができる」と定めている。つまり，子は自ら縁組の意思表示ができない幼児であるから，それに代わってその法定代理人が縁組の承諾をすることができるとする。そこで前例でいえば，D・E の養子となるについて B・C が代わって縁組の承諾をしたところ，B・C は真実の親権者ではないので，無権代理で承諾したことになる。そうだとすると，この養子縁組は無効となる。A が承諾をする場合は有効だが，B・C が承諾した縁組は無効となるはずである。昔はこのような縁組は，つねに無効だとされていたが，最高裁判所は，昭和 27 年に判例を変更して，確かに無効な縁組ではあるが，116 条の規定等の類推により子が満 15 歳に達した後にこれを追認し，これを有効とすることができるとした（最判昭和 27・10・3 民集 6 巻 9 号 753 頁）。このようにして養子の地位を保障する立場を示した。もっとも，取引の安全のための 116 条但書の規定は，養子縁組の追認の場合に類推適用することはできないとされた（最判昭和 39・9・8 民集 18 巻 7 号 1423 頁）。そうでなければ，事実関係を重視する身分関係の本質に反することになるからである。

7 未成年の養子

未成年者を養子とするには，家庭裁判所の許可を得なければならない。ただし，自己または配偶者の直系卑属を養子とする場合は，この限りでない（798 条）。前述したように，本文は，養子の利益のため許可を必要とするが，但書は，縁組の濫用の危険がないときに，許可を不要とする趣旨である。

養親の老後を慰める目的（熊本家御船支審昭和 34・10・30 家月 11 巻 12 号 140 頁），半身不自由な者が世話をしてもらう目的（高松家審昭和 38・8・29 家月 15 巻 12

号164頁）のための養子縁組は，もっぱら養親の利益のみを目的とするものであって，縁組は許可されない。

8 その他の問題

(1) 元配偶者養子　離婚後，配偶者であった者を養子とすることができるであろうか。90条違反を理由とする否定説があるが（中川高男・新版注民(24)161頁），これを禁ずる規定がないため，肯定説（民事局長回答昭和24・9・9民甲2034号）によるほかはないであろう。

(2) 嫡出子養子　自己の嫡出子を養子とすることができるであろうか。

① 嫡出子養子否定説　自己の嫡出子を養子とすることはできないという（柚木・親族191頁，品川孝次・判例コン7・272頁）。

② 嫡出子養子肯定説　制限規定がない故，自己の嫡出子を養子とすることはできるという（中川親族逐条257頁，久貴209頁）。

嫡出子養子肯定説によると，①異なる氏の嫡出子を自己と同じ氏とする場合，②異なる氏の嫡出子を自己と同じ戸籍とする場合，③父を親権者として離婚した後父が死亡して後見が開始したとき，母が親権を取得する場合，④養子縁組前に生まれていた嫡出子を縁組後，養親およびその血族との間に法定血族関係を生じさせる場合などに嫡出子養子の実益があるという。現行民法の下での判例はなく，学説も優劣をつけ難いが，上記の場合に，あえて嫡出子養子を否定する必要はなく，嫡出子養子肯定説に従ってよい。

第3款　縁組の無効および取消し

養子縁組が無効であったり，それが取り消されることがある。それは前述した婚姻の無効・取消し（16頁）とほぼ同様である。

I　縁組の無効

1　無効事由

縁組はつぎの場合に限り，無効とする（802条）。

(1) 縁組意思の不存在　人違いその他の事由によって当事者間に縁組をする意思がないときには，縁組は無効である（802条1号）。

婚姻届の場合（18頁）と同様，縁組届書作成時に意思能力があれば，届出の受理当時当事者が意識を失っていても，特段の事情がなければ縁組は有効

である（最判昭和45・11・24民集24巻12号1931頁）。また，過去に情交関係のあった女性を男性が養子とする場合でも，その女性の家事・家業等の世話に対する感謝をこめてした縁組は有効とされる（最判昭和46・10・22民集25巻7号985頁）。これに対して仮装縁組の場合には，縁組の意思がないので無効とされる。明治時代に兵役を免れる目的でした仮装縁組（大刑判明治39・11・27刑録12輯1288頁）や，主として芸妓稼業をさせるためにした縁組（大判大正11・9・20民集1巻448頁）がそうである。

（2）届出の不存在　当事者が縁組の届出をしないとき（802条2号本文）は，縁組は無効である。ただし，その届出が799条において準用する739条2項に定める方式を欠くだけであるときは，縁組は，そのためにその効力を妨げられない（802条2号但書）。

2　縁組無効確認の手続

縁組の無効の確認は，婚姻の無効の確認（19頁）と同様の手続による。

II　縁組の取消し

前述した縁組の実質的要件を欠くときは，その取消しが認められる。婚姻の取消し等の規定の準用がある。すなわち，747条（詐欺または強迫による婚姻の取消し）および748条（婚姻の取消しの効力）の規定は，縁組について準用する。この場合に，747条2項中「3箇月」とあるのは，「6箇月」と読み替えるものとする（808条1項）。

離婚による復氏の際の権利の承継（769条）および離縁による復氏の際の権利の承継（816条）の規定は，縁組の取消しについて準用する（同条2項）。

縁組は，804条から808条までの規定によらなければ，取消しができない（803条）。

1　養親が未成年者である場合の縁組の取消し

792条の規定（養親となる者の年齢）に違反した縁組は，養親またはその法定代理人から，その取消しを家庭裁判所に請求することができる。ただし，養親が，成年に達した後6ヵ月を経過し，または追認をしたときは，この限りでない（804条）。

2　養子が尊属または年長者である場合の縁組の取消し

793条の規定に違反した縁組は，各当事者またはその親族から，その取消

しを家庭裁判所に請求できる（805条）。この違反については出訴期間の制限はない。古く民法126条を適用して取消権の時効消滅を認めた判例があったが（大判明治32・10・3民録5輯9巻12頁），後に判例が変更され，縁組の取消権には126条（行為時から12年の期間内での5年の消滅時効）の適用はないとされるに至った（大連判大正12・7・7民集2巻438頁）。学説では，取消権の行使を制限すべきだとするものもあるが（山畠・前掲総合判例研究叢書162頁），多数説は判例に同調している（我妻287頁）。

3　後見人と被後見人との間の無許可縁組の取消し

794条に違反した縁組は，養子またはその実方の親族から，その取消しを家庭裁判所に請求することができる。ただし，管理の計算（870条）が終わった後，養子が追認をし，または6ヵ月を経過したときは，この限りでない（806条1項）。この追認は，養子が，成年に達し，または行為能力を回復した後にしなければ，その効力を生じない（同条2項）。養子が，成年に達せず，または行為能力を回復しない間に，管理の計算が終わった場合には，6ヵ月の期間は，養子が，成年に達し，または行為能力を回復した時から起算する（同条3項）。

4　配偶者の同意のない縁組等の取消し

配偶者のある者の縁組には配偶者の同意を要するという796条に違反した縁組は，縁組の同意をしていない者から，その取消しを家庭裁判所に請求できる。同意権を担保するためである。ただし，その者が，縁組を知った後6ヵ月を経過し，または追認をしたときは，この限りでない（806条の2第1項）。詐欺または強迫によって796条の同意をした者は，その縁組の取消しを家庭裁判所に請求できる。ただし，その者が，詐欺を発見し，もしくは強迫を免れた後6ヵ月を経過し，または追認をしたときは，この限りでない（同条2項）。

5　子の監護をすべき者の同意のない縁組等の取消し

797条2項の規定に違反した縁組は，縁組の同意をしていない者から，その取消しを家庭裁判所に請求できる。ただし，その者が追認をしたとき，または養子が15歳に達した後6ヵ月を経過し，もしくは追認をしたときは，この限りでない（806条の3第1項）。806条の2第2項の規定は，詐欺または

第3節 養　子

強迫によって797条2項の同意をした者について準用する（806条の3第2項）。

6　養子が未成年者である場合の無許可縁組の取消し

798条の規定に違反した縁組は，養子，その実方の親族または養子に代わって縁組の承諾をした者から，その取消しを家庭裁判所に請求できる。ただし，養子が，成年に達した後6ヵ月を経過し，または追認をしたときは，この限りでない（807条）。

第4款　縁組の効力

I　嫡出親子関係の発生

養子と養親およびその血族との間においては，養子縁組の日から，血族間におけるのと同一の親族関係を生ずる（727条）。

養子は，縁組の日から，養親の嫡出子の身分を取得する（809条）。

養子の子が，養親と縁組をしていない場合には，養親との間に親族関係が生じ，養親の孫の身分を取得するのであろうか。肯定説もあるが（谷口知平［判評］民商22巻2号119頁［昭和23年］），否定説が有力である（中川（善）445頁以下，品川孝次・判例コン7・323頁）。養子縁組が養子と養親との合意により身分関係を形成するものであって，養子の血族には身分的効果を及ぼすものではないとみて否定説を支持したい。

II　養子の氏

養子は，養親の氏を称する。ただし，婚姻によって氏を改めた者については，婚姻の際に定めた氏を称すべき間は，この限りでない（810条）。但書は，昭和62年の民法改正により夫婦共同縁組が要件とされなくなったために追加された。たとえば，C女がB男と婚姻してBの氏を称した後，C女のみがAの養子になった場合には，C女は養親Aの氏を称すべきか，Bの氏を称すべきかが問題となる。養親の氏と夫婦の氏のいずれを優先させるべきかにつき，夫婦同氏の原則（750条。22頁）を優先させるとしたものである。もし，上の例で，B男がAの養子になったのであれば，C女はBの氏を称する婚姻をしたのであるから，Bが養親の氏を称するのに伴ってCも養親の氏を称することになる。

第5款　離　縁

I　協議上の離縁
1　協議上の離縁の意義
　離婚の場合に準じて協議上の離縁と裁判上の離縁がある。協議上の離縁については，縁組の当事者は，その協議で離縁をすることができる（811条1項）。すなわち，協議上の離縁は，離縁の合意に基づく戸籍の届出によってその効力を生ずる。婚姻の方式に関する739条の規定が準用される（812条）。成年被後見人の婚姻に関する738条の規定も準用される（812条）。

2　協議上の離縁の手続
　(1)　養子が15歳未満の場合　　養子が15歳未満であるときは，その離縁は，養親と養子の離縁後にその法定代理人となるべき者との協議でする（811条2項）。この場合において，養子の父母が離婚しているときは，その協議で，その一方を養子の離縁後にその親権者（親権を有する者をいう。以下同じ）となるべき者と定めなければならない（811条3項）。親権者決定の協議が調わないとき，または協議をすることができないときは，家庭裁判所は，離婚した父もしくは母または養親の請求によって，協議に代わる審判をすることができる（811条4項）。養子の離縁後に法定代理人となるべき者がないときは，家庭裁判所は，養子の親族その他の利害関係人の請求によって，養子の離縁後にその未成年後見人となるべき者を選任する（811条5項）。

　(2)　夫婦である養親と未成年者との離縁　　養親が夫婦である場合において未成年者と離縁をするには，夫婦が共にしなければならない（811条の2）。ただし，夫婦の一方がその意思を表示することができないときは，この限りでない。

　(3)　離縁の届出の受理　　離縁の届出は，その離縁が届出の要件（812条・739条2項）および協議上の離縁等（811条）ならびに夫婦である養親と未成年者との離縁（811条の2）の規定その他の法令の規定に違反しないことを認めた後でなければ，受理できない（813条1項）。離縁の届出がこれらの規定に違反して受理されたときでも，離縁は，そのためにその効力を妨げられない（同条2項）。

3 協議上の離縁の無効・取消し

協議上の離縁の無効・取消しは，協議離婚の場合（34頁）に準じて認められる。

II 死後離縁

養親子死亡後の離縁（死後離縁）を民法は認めている（811条6項）。死後離縁により，縁組によって発生した法定血族関係が消滅し（729条），養子は縁組前の氏に復する（復氏。816条）。

昭和62年の法改正以前は，「養親が死亡した後に養子が離縁をしようとするときは，家庭裁判所の許可を得て，これをすることができる。」と規定され，養親が死亡した場合のみを定めていたため，養子が死亡した場合に，養親からの離縁ができるかについて学説は分かれていたが，昭和62年の法改正により，養親からの死後離縁も認められることが明文上明らかとされた。

家庭裁判所の許可を要するが，死後離縁は単独行為であると解されるので，協議離縁でも，裁判離縁でも，審判離縁でもなく，特別の離縁であるとされる（深谷松男・注民(24)427頁）。

III 調停・審判による離縁

離婚の場合（45頁）に準じて認められる。

IV 裁判上の離縁

1 離縁原因

縁組の当事者の一方は，つぎに掲げる場合に限り，離縁の訴えを提起することができる（814条1項）。(1)他の一方から悪意で遺棄されたとき（1号），(2)他の一方の生死が3年以上明らかでないとき（2号），(3)その他縁組を継続し難い重大な事由があるとき（3号）。

770条2項（裁判所の裁量による離婚請求の棄却）の規定は，(1)および(2)に掲げる場合に準用する（814条2項）。

2 養子が15歳未満である場合の離縁の訴えの当事者

養子が15歳に達しない間は，811条の規定により養親と離縁の協議をすることができる者から，またはこれに対して，離縁の訴えを提起できる（815条）。

V 離縁の効果

1 離縁による復氏等

養子は，離縁によって縁組前の氏に復する。ただし，配偶者とともに養子をした養親の一方のみと離縁をした場合は，この限りでない（816条1項）。縁組の日から7年を経過した後に縁組前の氏に復した者は，離縁の日から3ヵ月以内に戸籍法（19条3項）の定めによる届出によって，離縁の際に称していた氏を称すること（縁氏続称）ができる（同条2項）。

2 離婚による復氏の際の権利の承継の規定の準用

769条（離婚復氏の際の権利の承継）の規定は，離縁について準用する（817条）。

第6款　特別養子

I　特別養子の意義

これまで述べてきた養子を普通養子というが，普通養子にあっては，養子を実子と同じように扱うには限界がある。前記のように虚偽の出生届がされ，事実上親子関係が長期に及んでいても，法律上の親子関係は生じないとされる。そこで昭和62年の改正法は，特別養子制度を導入した（817条の2〜817条の11）。諸外国の近時の動向と同じく，家庭裁判所の審判によって，原則として25歳以上の養親と6歳未満の子との間で縁組を成立させ，実子と同じような地位を養子に与えることにした。これを特別養子と称する。普通養子にあっては，養子は養親と実親との両方の子という地位をもったのであるが，養子の地位を徹底させるために，実親との間の権利義務を消滅させ，養親との間にのみ親子関係が生ずるという扱いとした。しかし，戸籍の記載も，必要なときには真実の身分関係がわかるような措置を講じておくことが必要である。近親婚を防ぐ目的のためや，養子が後に真実の身分関係を知りたい場合のために，何らかの真実の記載をみることが可能とされている。このように，普通養子のほか，特別養子を認めて養子の福祉を図ることとした。

特別養子にあっては，通常の養子の場合と異なり，なるべく実親子関係に近づけるために養親夫婦が共同で縁組をすることを原則とし，養親らしい一定の年齢を必要とし，原則として6歳未満の子を特別養子とすることができ

第3節 養　子

るとしている。そのほか，特別養子は子の利益のため必要がある場合に認められ，養子となる者の父母の同意を原則として必要とし，また一定の試験養育期間を経て縁組を成立させることにしている。離縁については，特別養子は実子に近い扱いとされるので通常の離縁は否定され，きわめて厳格な要件の下にのみ離縁が認められる。以下の通りである。

II　特別養子縁組の成立要件

1　特別養子縁組の成立

家庭裁判所は，817条の3から817条の7までに規定する要件があるときは，養親となる者の請求により，実方（養親を通しての親族を意味する養方に対して，養子からみて自己の自然血族関係にある親族を実方という）の血族との親族関係が終了する縁組を成立させることができる（817条の2第1項）。この請求をするには，794条（後見人が被後見人を養子とする縁組についての家庭裁判所の許可）または798条（未成年者を養子とする縁組についての家庭裁判所の許可）の許可を得ることを要しない（同条2項）。

2　養親の夫婦共同縁組

養親となる者は，配偶者のある者でなければならない（817条の3第1項）。夫婦の一方は，他の一方が養親とならないときは，養親となることができない。普通養子縁組の場合には，単身者も養親となれるが，特別養子縁組は，実子同様に家庭で養子を養育する必要があるからである。ただし，夫婦の一方が他の一方の嫡出である子（特別養子縁組以外の縁組による養子を除く）の養親となる場合は，この限りでない（同条2項）。連れ子を養子とする場合がこれにあたる。

3　養親となる者の年齢

25歳に達しない者は，養親となることができない。ただし，養親となる夫婦の一方が25歳に達していない場合においても，その者が20歳に達しているときは，この限りでない（817条の4）。養親には養育能力が要求され，また，特別養子を実子と同様に扱うためには，親子らしさが必要とされるからである。

4　養子となる者の年齢

817条の2に規定する請求の時に6歳に達している者は，養子となること

ができない（817条の5本文）。特別養子を実子同様に養育するには，就学年齢に達する前に縁組を成立させることが望ましいからである。ただし，その者が8歳未満であって6歳に達する前から引き続き養親となる者に監護されている場合は，この限りでない（817条の5但書）。

5 父母の同意

特別養子縁組の成立には，養子となる者の父母の同意がなければならない。ただし，父母がその意思を表示することができない場合または父母による虐待，悪意の遺棄その他養子となる者の利益を著しく害する事由がある場合は，この限りでない（817条の6）。実方との親族関係の終了（817条の9）をもたらす特別養子縁組にあっては，原則として，養育義務を負っていた父母の同意を必要とする趣旨である。

6 特別の事情等——要保護性

特別養子縁組は，父母による養子となる者の監護が著しく困難または不適当であることその他特別の事情がある場合に，子の利益のため特に必要があると認めるときに，これを成立させるものとする（817条の7）。実務では，特別の事情は厳格に解されている（高松高決平成元・2・20判タ699号235頁，大阪高決平成2・4・9家月42巻10号57頁）。

7 監護の状況

特別養子縁組を成立させるには，養親となる者が養子となる者を6ヵ月以上の期間監護した状況を考慮しなければならない（817条の8第1項）。この期間は，817条の2に規定する請求の時から起算する。ただし，その請求前の監護の状況が明らかであるときは，この限りでない（同条2項）。

III 特別養子縁組の効果——実方との親族関係の終了

養子と実方の父母およびその血族との親族関係は，特別養子縁組によって終了する。ただし，夫婦の一方Aが他の一方Bの嫡出子である子（連れ子）を特別養子する場合における他の一方およびその血族との親族関係については，この限りでない（817条の9）。子を第三者の特別養子とする審判が確定した後は，子の血縁上の父と子との間に親子関係が存在しないことの確認を求める訴えの利益は消滅するが，この審判に準再審の事由が認められるときは，将来認知が可能になるので，上記の訴えの利益は失われない（最判平成

7・7・14民集49巻7号2674頁)。

IV 特別養子縁組の離縁

つぎのいずれにも該当する場合に，養子の利益のため特に必要があると認めるときは，家庭裁判所は，養子，実父母または検察官の請求により，特別養子縁組の当事者を離縁させることができる（817条の10第1項）。(1)養親による虐待，悪意の遺棄その他養子の利益を著しく害する事由があること（1号），(2)実父母が相当の監護をすることができること（2号）。離縁は，上記の場合のほかは，することができない（817条の10第2項）。

V 離縁の効果——離縁による実方との親族関係の回復

養子と実父母およびその血族との間においては，離縁の日から，特別養子縁組によって終了した親族関係と同一の親族関係を生ずる（817条の11）。

第4章 親　　権

第1節　総　　則

I　親権の意義

　未成年者に対する父母の権利義務を親権という。たとえば，AとBとの間で生まれた未成年の子Cがいるとき，父母は，未成年の子に対する監護・教育の権利義務を有し，また，子の財産の管理の権利義務を有する。親権という言葉には，親の権利という響きがあるが，その内容は義務性を帯びている。かつては，父の権威が強調され，明治民法の下では，父の親権だけが認められていたが，昭和22年に民法2条が両性の本質的平等を定めるとともに，父母の共同親権が認められるに至った。そして今日，親権の内容として，子の利益が重視されている。外国法の中には，親権という言葉を廃止して監護権という言葉を用いるものもあるが，わが国でも内容的には義務性を強く認めるべきである。818条が親権者について定め，「成年に達しない子は，父母の親権に服する（1項）。子が養子であるときは，養親の親権に服する（2項）。親権は，父母の婚姻中は，父母が共同して行う。ただし，父母の一方が親権を行うことができないときは，他の一方が行う（3項）」としている（久貴忠彦「親権後見統一論について」講座4巻参照）。

　一方，児童の権利に関する条約（平成6年条約2号）は，人権の保護の観点から児童の権利を尊重すべきことを定めている（日本国政府は一部の留保を付してこれを批准している（平成6年5月22日発効））。親権との関係においても，この条約の趣旨が尊重されなければならない。平成23年の改正では，親権は，子の利益を図るために認められる権利ないし義務であることが明記された（820条）。

II　親権者の決定

　離婚に際しては，すでに述べたように（38頁），未成年者の親権者を決定

する必要がある。婚姻中の共同親権を単独親権とするためである。また，認知の場合にも親権者の定めが問題となる。以下の通りである。

1 父母の離婚の場合

父母が協議上の離婚をするときは，その協議で，その一方を親権者と定めなければならない（819条1項）。裁判上の離婚の場合には，裁判所は，父母の一方を親権者と定める（同条2項）。子の出生前に父母が離婚した場合には，親権は，母が行う。ただし，子の出生後に，父母の協議で，父を親権者と定めることができる（同条3項）。

2 認知の場合

父が認知した子に対する親権は，父母の協議で父を親権者と定めたときに限り，父が行う（819条4項）。

3 協議に代わる審判

父母が協議離婚するときに父母の協議で親権者を定める場合（819条1項），子の出生前に父母が離婚し子の出生後に父母の協議で親権者を定める場合（同条3項），父が認知した子に対する親権者を父母が協議で定める場合（同条4項）に，協議が調わないとき，または協議ができないときは，家庭裁判所は，父または母の請求によって，協議に代わる審判をすることができる（819条5項）。

III 親権者の変更

上記のようにして決定された親権者につき，その変更の必要が生ずることがある。819条6項は，「子の利益のため必要があると認めるときは，家庭裁判所は，子の親族の請求によって，親権者を他の一方に変更することができる」と定めている。たとえば，離婚に際して父を親権者としたところが，事実上母親が子を監護してきたようなときに，実態に合わせて親権者を母親に変更することが認められる。

離婚によって母が親権者とされたが，その母が再婚して，母の代諾で，再婚した男性と子との養子縁組がされた場合には，母とその男性との共同親権になると解される（818条1項・2項）が，この再婚相手の男性が子を虐待したとして，実父から，親権者を自分にするように親権者変更が申し立てられた事案において，判例は，「子が実親の一方及び養親の共同親権に服する場

合，民法819条6項の規定に基づき，子の親権者を他の一方の実親に変更することはできない」とする（最決平成26・4・14民集68巻4号279頁）。同条はそのような場合を予定していないからである。このような場合は，親権喪失の審判（834条の2）等で子の保護を図ることができる。

第2節 親権の効力

I 身上監護権

1 身上監護権の意義

　親権の内容の一つは，身上監護権であり，もう一つは財産管理権である。820条は「親権を行う者は，子の利益のために子の監護及び教育をする権利を有し，義務を負う」と定めている。このように，財産管理を除き，子の一身を監護する権利義務を身上監護権という。たとえば，子が病気にかかったようなときには，親は子を看病する義務がある。監護・教育が「子の利益のために」行われなければならないことは明示されていなかったが，平成23年の改正で，これが明示された。

　民法は具体的に身上監護権の内容として，以下の義務を定めているが，これらにとどまらず，子の監護をする包括的な権利・義務がある（戒能民江「親の教育権」講座4巻25頁参照）。

　（1）　居所指定権　　子は，親権を行う者が指定した場所に，その居所を定めなければならない（821条）。その濫用が許されないことは当然である（1条3項）。監護・教育上ふさわしくない場所を居所として指定するなど，それが濫用された場合には，親権の喪失事由（834条）や親権の停止事由，（834条の2）また親権者変更事由（819条6項）となる。子が親権者の居所の指定に従わないときは，居所の指定に従うべき旨の訴えを提起できるが，勝訴判決を得てもその強制履行の請求はできない（山木戸克己・注釈親族下52頁ほか）。なお，居所に関連するが，子の住所は特別の事情がない限り，親権者の住所にあると解されている（大判昭和2・5・4民集6巻219頁）。

　（2）　懲戒権　　親権を行う者は，子の利益のために監護・教育を行うのに必要な範囲内で自らその子を懲戒することができる（822条）。子の非行や

過ちに対して，監護教育上の必要から，子を善導するために，苦痛を与えることができるということであるが，それもあくまで子の利益のために必要な範囲に限られる。これを逸脱した過度の懲戒は虐待（834条，児童虐待2条参照）となる。

かつては懲戒場に入れることができる旨の規定があったが，平成23年の改正で削除された。

(3) **職業許可権**　子は親権を行う者の許可を得なければ職業を営むことができない（823条1項）。

(a) **職業**　「職業」とは，6条にいう営業と異なり雇用される場合を含み，継続的な業務を意味する。

(b) **許可**　親権を行う者は，6条2項（未成年者の営業許可の取消し・制限）の場合には，上記の許可を取り消し，またはこれを制限することができる（823条2項）。許可は，親権者である父母が共同してしなければならないが，父母の一方が共同名義でした許可については825条の類推適用があると解されている。許可は，黙示にされてもよいが（6条の営業の許可に関する大判明治34・3・22刑録7輯3号37頁），未成年者が自己の名で先代の営業を継いでいるという事実だけでは営業の許可があったとはいえない（大判大正6・10・25民録23輯1604頁）。

労働法との関係では，15歳に達した日以降の最初の3月31日が終了していない児童を使用する使用者は，親権者または後見人の同意書を事業所に備え付けなければならないとされる（労基57条2項）。

商法との関係では，許可された職業が営業であるときは，これを商業登記簿に登記しなければならない（商5条）。その登記の申請にあたっては，申請書に法定代理人の記名押印がある場合を除き，法定代理人の許可を得たことを証する書面の添付が必要とされる（商登37条1項）。

親権者の許可があれば，その職業が営業に該当するときは，未成年者は，その営業に関する行為につき行為能力を有することになる（6条1項）。営業に該当しない職業についても同様に解する学説が有力である（山木戸克己・注釈親族下58頁）。

(4) **子の命名権**　親権者は子に名前を付ける権利（命名権）を有する。

命名権について，明文の規定はなく，それが誰の権利かについて，親権者の権限ないし作用とする説（中川淳〔判評〕判評429号67頁〔平成6年〕）や子自身の固有の権利（固有権）ないし人格権であるとする説（戒能通孝「子を命名する権利と義務」穂積先生追悼・家族法の諸問題329頁〔昭和27年〕）が対立している。いずれにせよ，自分の子にどんな名前でも命名できるわけではなく，社会通念に照らして不適切な命名は許されず，出生届を受ける戸籍事務管掌者は，戸籍への記載・受理を拒むことができる場合がある（一例として，「悪魔」の命名を命名権の濫用であるとした東京家八王子支審平成6・1・31判時1486号56頁―悪魔ちゃん事件）。また，戸籍法は名に使用できる文字は，常用平易な文字を用いなければならないとしているが（戸50条1項），これをめぐって争いになることもある（その例として，最決平成15・12・25民集57巻11号2562頁）。具体的に使用できる文字は，戸籍法施行規則60条で定められている。

2 子の引渡請求

（1） 子の引渡請求の意義　親権に関して重要なのは，親権に基づく子の引渡請求である。親権は義務性を帯びるので，子が第三者の下で親権者の同意なくして養育されているようなときには，親権に基づく引渡請求が認められる。判例は，このような引渡請求は，親権の妨害の排除の性質に基づくものとしている（最判昭和35・3・15民集14巻3号430頁）。親権と監護権が分離しているときには，監護権に基づく引渡請求も認められる。引渡請求は，特に離婚後の子の奪い合い事件として問題となることが多い。原則として，親権者あるいは監護権者から他方に対する子の引渡請求が認められるが，その濫用は許されないので，引渡請求が認められないこともある（島田充子「子の奪い合い紛争　その1」講座3巻179頁，篠田悦和「子の奪い合い紛争　その2」同197頁参照）。

（2） 引渡しの強制執行　子の引渡しを命ずる判決が下された場合における強制執行の方法をめぐって判例・学説が分かれるが，この問題については，債権総論で論じたので（3巻62頁），ここでは省略する。

（3） 人身保護法に基づく引渡請求　一方，人身保護法により，人身が不当に拘束を受けているときには，人権の迅速な回復の処理が行われることになり，司法裁判によって人身の解放を求めるという手続が認められている。

同法は，拘束に顕著な違法性がある場合に拘束からの解放を認めるのであり，民法上の占有訴権と同様，暴力的に子が連れ去られたような場合には，とりあえず原状回復を認める。

人身保護法をめぐる事件として争われた例として，いわゆる未婚の母事件がある。これは幼稚園の教諭をしていた女性（母）が園児の父との間で子を出産し，その母は子の出産前からこれを他人の子として養子にすることを了承していたため虚偽の出生証明書によって他人の子として出生届がされ，その他人の下で子は養育されていたが，その後真実の母親は，子を取り返したいと考え，種々いきさつがあった後，子供が3歳になったときに力ずくで子を奪った。そこで，その育ての親から，真実の母に対して人身保護法に基づく引渡請求がされた。最高裁判所は，真実の母が子女を養育する人から力ずくで子を奪い去るのは許されないとして，引渡請求を認めた（最判昭和49・2・26家月26巻6号22頁）。その後，子は結局真実の母親の下に引き渡すという話合いがついた。

その後の判例では，親権ないし監護権を有する者から，それらを有しない者に対する引渡請求を認めた事例としては，幼児を認知し，かつ，審判によりその親権者と定められた父の幼児を拘束する母に対する引渡請求が認められるとしたもの（最判昭和53・4・7家月30巻10号27頁），子の監護権を有する者から監護権を有しない者に対する引渡請求を認めたものがある（最判平成6・11・8民集48巻7号1337頁）。

ほかに，離婚調停手続中，夫婦の合意に基づく面接の機会に妻の監護する夫婦間の子を夫が実力を行使して連れ去った場合に，夫婦の一方から他方に対する人身保護法に基づく幼児の引渡請求を認めた事例がある（最判平成11・4・26家月51巻10号109頁）。

これと異なり，別居中の夫婦間での子の引渡請求についての判例は，事実上の監護を重視するという現状維持的傾向を示している。すなわち，夫婦の一方が他方に対し，人身保護法に基づき，共同親権に服する幼児の引渡しを請求した場合に，その拘束に顕著な違法性があるとして請求権を認容するためには，幼児が拘束者の監護の下に置かれるよりも，請求者に監護されることが子の幸福に適することが明白であること，換言すれば，拘束者が当該幼

児を監護することが子の幸福に反することが明白であることを要するとした判例（最判平成5・10・19民集47巻8号5099頁），他方の配偶者の幼児に対する処遇が親権の行使という観点から容認できないような例外的場合でない限り，幼児が他方の配偶者に監護されることが一方の配偶者による監護に比べて子の幸福に反することが明白であるとはいえないとした判例（最判平成6・4・26民集48巻3号992頁）などがある。

（4） 引渡請求の許否の基準　　以上のように，子の引渡請求は，親権に基づいてのみでなく，人身保護法に基づいても認められる。この場合に引渡しを認めるべきかどうかの実質的な基準について，従来，親の利益が重視される傾向にあったが，むしろ子の利益が尊重されなければならないとし，そのためには現状の維持の方が子にとって利益になるという考え方が登場している。しかし，親権が子に対する義務の性格をもつものであることを考慮し，また子の将来にわたる幸福ということを考えると，原則としては親権者からの引渡請求を認めるのがよいと思われる。このことは，親権に基づく場合はもちろん，人身保護法に基づく場合でも同様である。上記の人身保護法に基づく上記の判例もそのような傾向を示している。もとより親権や監護権に基づく引渡請求が権利の濫用にあたるようなときは別である。また後述の離婚した父母の間で親権者を変更するという処理も可能である。

（5） 国際離婚における子の奪取　　国際結婚した夫婦が子を奪い合う事例に対処するものとして「国際的な子の奪取の民事上の側面に関する条約（ハーグ条約）」があり，日本は，平成26年1月にこれを批准した（4月1日発効）。子が他国に連れ去られた場合，その国の中央当局（日本では外務省）に対してその子が居住していた国への返還義務を負わせるものである。

II　財産管理権

1　財産管理権の意義

親権のもう一つの内容として，財産の管理権がある。たとえば，父Aと母Bとの間に，子のCとDがいるとき，父Aが死亡するとB, C, Dは相続をする。子C, Dが相続した財産について処分の必要がある場合に，子が未成年者だとすると，母Bが子に代わって処分をするほかはない。つまり，母は，法定代理権をもって子を代理して処分をすることが可能である。民法

824条本文は「親権を行う者は，子の財産を管理し，かつ，その財産に関する法律行為についてその子を代表する」と定めている。父母は共同して親権を行使するはずだが，父母の一方が死亡した後は，他方が単独で子を代理する。さらに，父母の一方の残した財産を遺産分割で分けるとき，同様の問題が生ずる。

親権者が権限を濫用して法律行為をした場合は，93条但書が類推適用されるが，親権者が子の所有する不動産を第三者の債務のため担保に供した代理行為が代理権の濫用となるとはいえないとした判例がある（最判平成4・12・10民集46巻9号2727頁）。

2 利益相反行為

(1) 特別代理人の選任　「親権を行う父又は母とその子との利益が相反する行為については，親権を行う者は，その子のために特別代理人を選任することを家庭裁判所に請求しなければならない」(826条1項)。子の利益を保護するためである。この場合の特別代理人というのは，子の利益を保護するために家庭裁判所が選任する代理人をいう（有地亨「親子の利益相反行為の成否の判断基準」講座4巻45頁，沖野眞已「民法八二六条（親権者の利益相反行為）」百年103頁参照）。

親権者が826条に違反して特別代理人を選任しないで親権者が子を代理してした行為の効力については定めがないが，それは無権代理行為となり，子が成年に達した後追認できると解されている（大判昭和11・8・7民集15巻1630頁，最判昭和46・4・20家月24巻2号106頁）。

(2) 利益相反の有無

(a) 利益相反非該当例　利益相反かどうかは，取引の相手方にわかるものでなければならないので，行為の動機を問わず，行為の外形によって判断される。その結果，行為の動機が子を害するものであっても，外形的にそれが現われていなければ利益相反行為には該当しない（最判昭和42・4・18民集21巻3号671頁）。たとえば，子の所有財産を親が代理して売るのは，その代金を親が遊興費にあてるためであっても利益相反行為とはならない（我妻342頁）。判例では，親権者が自己と共同所持人の関係にある未成年の子を代理して手形を他人に譲渡する行為は利益相反行為とはならないとしたもの

（最判昭和33・12・11民集12巻16号3313頁），親権者の母が，夫（子の継父）が他人から借金をするにつき，子の法定代理人として子を債務者として子の不動産に抵当権を設定する行為は利益相反行為とはならないとしたもの（最判昭和35・7・15家月12巻10号88頁），親権者が子を代理して銀行から貸付けを受け，自ら連帯保証人となるとともに，その債務の支払のために子と共同名義の約束手形を振り出す行為は利益相反行為とはならないとしたもの（最判昭和42・4・18民集21巻3号671頁），株式が未成年者の子とその親権者を含む数人の共有に属する場合に，親権者が未成年の子を代理して商法203条2項（現・会社法106条参照）にいう株主の権利を行使すべき者を指定する行為は，これを親権者自身と指定するときでも，利益相反行為とはならないとしたもの（最判昭和52・11・8民集31巻6号847頁）がある。

　(b)　利益相反該当例　　これと異なり，外形的に子と利益が反する行為は，それが子の利益のための行為であるかどうかを問わず，利益相反行為に該当する。たとえば，子のために必要な資金を得るため，親が他人から借金して子の所有不動産に抵当権を設定するのは利益相反行為になる。親権者が自己の借入金債務のために未成年の子を代理して子の不動産に抵当権を設定する行為は，借入金を子の養育費にあてる意図であっても利益相反行為になるとされ（最判昭和37・10・2民集16巻10号2059頁），親権者が他人の金銭債務について自ら連帯保証人となるとともに，子を代理して連帯保証契約を締結し，かつ，自己が子と共有する不動産に抵当権を設定する行為は利益相反行為になるとされる（最判昭和43・10・8民集22巻10号2172頁）。

　(3)　父母の一方とのみ利益相反の場合　　父母の一方とのみ利益相反となる行為については，その子の特別代理人と利益相反関係にない父母の他方とが共同して代理行為をすることになる（最判昭和35・2・25民集14巻2号279頁）。

　(4)　単独行為の場合　　相続の放棄（915条・938条）は，相手方のない単独行為ではあるが，実質的にみて利益相反行為となる場合がありうる（後見に関する860条につき最判昭和53・2・24民集32巻1号98頁。119頁参照）。

　(5)　数人の子の間の利益相反の場合　　親権を行う者が数人の子に対して親権を行う場合において，その一人と他の子との利益が相反する行為につ

いては，その一方のために，特別代理人を選任することを裁判所に請求しなければならない（826条2項）。遺産分割の場合に，母が当然未成年の子を代理して遺産分割をすることができるかどうかは問題である。前例でいうと，子のC，Dと親との利害関係およびCとDとの利害関係が対立するはずであるから，このような遺産分割については，母親は子を代理する権限をもたない。C，Dのために特別代理人を選任してもらい，母親とその特別代理人とが協議をして遺産を分けるほかはない（最判昭和48・4・24家月25巻9号80頁。同旨，最判昭和49・7・22家月27巻2号69頁）。

(6) 特別代理人と未成年者との利益相反の場合 特別代理人と未成年者との利益が相反する代理行為については，826条1項が類推適用されて無権代理行為となり，新たに選任された特別代理人または成年に達した本人の追認がない限り無効である（最判昭和57・11・18民集36巻11号2274頁）。未成年者が担保提供したのと同一の債務につき連帯保証人となっている特別代理人が，その担保提供を追認する行為は，利益相反行為になる（最判昭和57・11・26民集36巻11号2296頁）。

3 父母共同名義の行為

父母の共同名義の行為があったが，真実はその一方のみの行為のとき，相手方の信頼の保護のため行為は有効とされる。表見代理と同じ根拠に基づく。すなわち，父母が共同して親権を行う場合において，父母の一方が，共同の名義で，子に代わって法律行為をし，または子がこれをすることに同意したときは，その行為は，他の一方の意思に反したときであっても，そのためにその効力を妨げられない。ただし，相手方が悪意であったときは，この限りでない（825条）。

825条は，共同名義の行為を前提とするので，父または母が共同代理を無視して単独で子を代理した行為は無権代理となる。共同の同意を無視して単独で子の行為に同意した場合も，取消しの対象となる。これらの場合に，代理または同意をしなかった父または母の追認は認められる。

4 財産管理に関するその他の問題

(1) 親権者の財産管理権の制限 親権を行う者は，子の行為を目的とする債務を生ずべき場合には，本人の同意を得なければならない（824条但

(2)　**親権者の注意義務**　親権を行う者は，自己のためにするのと同一の注意をもって，その管理権を行わなければならない（827条）。親権の範囲が広いことおよび親子関係にあることを考慮して，他人の事務を処理する場合に通常要求される善管注意義務を軽減した。注意義務の証明責任は，親権者が負担する（大判大正10・3・24民録27輯595頁）。注意義務を欠いた場合には，不法行為責任（我妻＝立石284頁）または債務不履行責任を負う。

　(3)　**財産管理の計算**　子が成年に達したときは，親権を行った者は，遅滞なくその管理の計算をしなければならない。ただし，その子の養育および財産の管理の費用は，その子の財産の収益と相殺したものとみなす（828条）。

　(4)　**第三者が子に与えた財産**　子の養育および財産の管理の費用をその子の財産の収益と相殺したものとみなすという規定（828条但書）は，無償で子に財産を与える第三者が反対の意思を表示したときは，その財産については，これを適用しない（829条）。この場合には，必ず管理の計算をしなければならない。

　無償で子に財産を与える第三者が，親権を行う父または母にこれを管理させない意思を表示したときは，その財産は，父または母の管理に属しないものとする（830条1項）。この財産につき父母が共に管理権を有しない場合において，第三者が管理者を指定しなかったときは，家庭裁判所は，子，その親族または検察官の請求によって，その管理者を選任する（同条2項）。第三者が管理者を指定したときであっても，その管理者の権限が消滅し，またはこれを改任する必要がある場合において，第三者がさらに管理者を指定しないときも，同様とする（同条3項）。27条から29条までの規定（不在者の財産管理人の権利義務）は，上記の管理者の場合について準用する（同条4項）。

　(5)　**委任の規定の準用**　654条（委任の終了後の処分）および655条（委任の終了の対抗要件）の規定は，830条の場合について準用する（831条）。

　(6)　**管理に関する親子間の債権の消滅時効**　親権を行った者とその子との間に財産の管理について生じた債権は，その管理権が消滅した時から5年間これを行使しないときは，時効によって消滅する（832条1項）。子がま

だ成年に達しない間に管理権が消滅した場合において子に法定代理人がないときは，この期間は，その子が成年に達し，または後任の法定代理人が就職した時から起算する（同条2項）。

（7）　子の親権の代行　　親権を行う者は，その親権に服する子に代わって親権を行う（833条）。親権者Aの子B女が19歳で，B女には嫡出でない子Cがいるようなときには，AがBに代わってCに対し親権を行うという趣旨である。親権に服するBには，十分な親権の行使が期待できないからである。Bが婚姻していれば，Bは成年に達したものとみなされるので（753条），Bは完全な親権を行使できる。

第3節　親権の喪失および停止

I　親権の喪失

親権は義務性を強くもつので，もし親権の濫用があるようなときには親権の喪失が認められる。834条は，「父又は母による虐待又は悪意の遺棄があるときその他父又は母による親権の行使が著しく困難又は不適当であることにより子の利益を著しく害するときは，家庭裁判所は，子，その親族，未成年後見人，未成年後見監督人又は検察官の請求により，その父又は母について，親権喪失の審判をすることができる。ただし，2年以内にその原因が消滅する見込みがあるときは，この限りでない。」と定める。平成23年の改正前は，親権喪失の要件は「親権を濫用し，又は著しく不行跡であるとき」とされ，その意味内容が必ずしも明確ではなかったが，改正によってより明確となった（文言が変更されたが，それは内容を明確化しただけで，その内容に実質的な変更をしたものではないと解される）。また，申立権者も「子の親族又は検察官」に限定されていたが，改正によってその範囲も拡げられた（なお，児童福祉法によって，児童相談所長もこの審判の申立てをすることができるとされている。児福33条の7参照）。

この親権喪失の審判がされると，当該親権者は，親権者として身上監護権・財産管理権は一切行使することができなくなる。この審判によって，親権のうち一部だけを制限することはできない。

第1部 親族法　第4章 親　権

　父母の一方が親権を喪失すると，他方が親権を行い，親権を行う者がいなくなったときには，後に述べる後見人を付することになる。

1　虐待または悪意の遺棄

　第1に，父または母による虐待や悪意の遺棄があるときは，当然に親権喪失の審判が下される。

　「虐待」とは，子を身体的または精神的に苛酷な扱いをすることであり，「悪意の遺棄」とは，なすべき監護養育の義務を不当に著しく怠ることである。

　虐待には，身体的虐待，精神的ないし心理的虐待，性的虐待，経済的虐待，ネグレクト（育児放棄や無視）など，さまざまなものがある（児童虐待2条参照）。

　悪意の遺棄は，扶養義務の放棄に限らず，教育を受けさせないなど監護教育の義務を果たさない場合も含む。

　なお，児童虐待に対しては，児童虐待防止法や児童福祉法によって，児童相談所長や施設長らが，さまざまな対応をとることができることを定めている。一時保護の措置，施設入所（強制入所）の措置，面会や通信の制限の措置などである（児童虐待12条1項・12条の2第1項・12条の4第1項，児福28条・33条・33条の2など）。こうした措置に対して親権者が繰り返して不当な主張をしたり，その妨害をしたりすることがあって，子の利益が害されることがある（児福33条の2第3項参照）。このような場合に，平成23年の民法改正によって導入された親権喪失の審判や次に述べる親権停止の審判を利用することによって，これに対処対応することができるようになった。

2　親権の行使が著しく困難・不適当

　第2に，父または母による親権の行使が著しく困難または著しく不適当であることにより，子の利益を著しく害するときに，親権喪失の審判が下される。

　たとえば，心神喪失の常況にあるとか，身体的故障等のため，適切な親権の行使が不可能な場合や通常子の養育に必要な措置がほとんどとられていないような場合である。

　「著しく不適当」かどうかは，道徳的な観点からではなく，子の利益の観点からみて親権を喪失させるにふさわしいかどうかが決め手となる。旧規定

の「著しい不行跡」についての判例に，常磐御前判決と呼ばれるものがある（大判昭和4・2・13新聞2954号5頁）。すなわち，父親が死亡した後に母親が子供2人の面倒をみていたが，後に歯科医の妾になったところ，亡くなった父親の親族から，妾になるというのは著しい不行跡だから，親権を喪失させるべきであるという訴えがされた。その母親が上告し，昔，源義朝が平家に討たれた後，その妾の常盤御前が，貞女両夫にまみえずという教えにそむいて敵方の平清盛の妾となったが，立派に牛若丸たち幼い3人の子供を育てたという故事を引用し，妾になることが必ずしも著しい不行跡になるとはいえないという主張をした。大審院はその主張を認めて，諸事情を考慮する必要があると述べ，子の利益という観点から「著しく不行跡」という言葉を解釈するという態度を示した（大判昭和4・2・13新聞2954号5頁）。平成23年に改正された現規定では，その要件に「子の利益」が明記されて，この判決の解釈態度がとられることが明確となった。

3　2年以内の親権喪失の見込みの不存在

親権喪失の原因がある場合でも，2年以内にその原因が消滅する見込みがあるときは，親権喪失の審判をすることができないとされた。平成23年の改正で但書として追加された。このような場合には，親権喪失の審判ではなく，親権停止の審判をするのが適当であると考えられたことによる。具体的には，未成年の子に輸血や手術などの治療が必要であるにもかかわらず，親権者が正当な理由もなくこれを拒否するといういわゆる医療ネグレクトのような事案が，2年以内にその原因が消滅する見込みがある例として想定されている。

II　親権の停止

父または母による親権の行使が困難または不適当であることにより，子の利益を害するときは，家庭裁判所は，子，その親族，未成年後見人，未成年後見監督人または検察官の請求により，その父または母について，親権停止の審判をすることができる（834条の2第1項。児童相談所長もこの審判を申し立てることができる。児福33条の7参照）。平成23年の民法改正で，新たに創設された親権停止の制度であり，親権を一時的に喪失させるものである。

親権停止の審判を受けた父または母は，家庭裁判所で定められた一定期間

（最長2年），親権を行うことができなくなる。

1 親権喪失との審判との違い

虐待と悪意の遺棄の場合には，親権停止の審判ではなく，前述の親権喪失の審判をすることになる点は注意しておく必要がある。

また，親権喪失では，親権の行使が「著しく」困難または不適当であって，子の利益を「著しく」害することが必要とされたが，親権停止ではいずれも「著しく」である必要はない。

2 親権停止期間

家庭裁判所は，親権停止の審判をするときは，その原因が消滅するまでに要すると見込まれる期間，子の心身の状態および生活の状況その他一切の事情を考慮して，2年を超えない範囲内で，親権を停止する期間を定める（834条の2第2項）。

親権停止期間は，審判のときに，2年以内の範囲で定められることになっている。そして，この期間が満了すると，親権停止を受けていた父または母は，当然に親権を行うことができるようになる。この期間の延長は認められていない（再度の申立てによる審判は可能）。反対に，親権停止期間の短縮は，親権停止事由が消滅したときに，親権停止審判の取消しを求めることで可能である（836条）。

なお，親権喪失の場合も同様であるが，親権が停止されている間であっても，法律上の親子関係がなくなるわけではないから，未成年者の婚姻の同意をすること（737条）や相互に相続することはできる。ただし，15歳未満の子を養子とする縁組についての同意権に関しては，親権喪失の場合は，この同意権はなく，その同意は不要であるが，親権が停止されている父母には，この同意権があるとされている（797条2項後段）。こうした区別の合理性や妥当性には，異論もあるところである。

III 管理権の喪失

父または母による管理権の行使が困難または不適当であることにより，その子の利益を害するときは，子，その親族，未成年後見人，未成年後見監督人または検察官の請求によって，その父または母の管理権喪失の審判をすることができる（835条）。監護権は残して，管理権だけを喪失させるという趣

旨である。具体的には，管理が失当であったことによってその子の財産を危うくさせた場合（平成23年の改正前はこの場合に限定していた）のほか，子が第三者と契約（たとえば，子が自立して生活するためのアパートの賃貸借契約や必要な携帯電話の利用契約など）をするについて，合理的な理由がないのにこれに同意しないために，その子の利益が害されていると評価することができるような場合である。

なお，管理権については，親権と異なり，管理権停止の制度はない。

IV　失権宣告の取消し

834条本文，834条の2第1項または835条に規定する原因が消滅したときは，家庭裁判所は，本人またはその親族の請求によって，これらの規定による親権喪失，親権停止または管理権喪失の審判を取り消すことができる（836条）。

V　親権・管理権の辞任と回復

親権を行う父または母は，やむをえない事由があるときは，家庭裁判所の許可を得て，親権または管理権を辞することができる（837条1項）。やむをえない事由による親権の辞任には，親権者の重病，服役，長期不在などによって子の利益が害される場合が該当する。やむをえない事由による管理権の辞任には，親権者に知識や能力が著しく欠けて子の財産の管理が危うくなることを意味する。

親権・管理権の辞任は戸籍の届出が必要である（戸80条）。親権・管理権の辞任の審判だけでは，その効力が生じないというのが通説だが（我妻351頁，山木戸克己・注釈親族下128頁），審判によってその効力が生じ，戸籍の届出は対抗要件と解すべきであろう。

上記の事由が消滅したときは，父または母は，家庭裁判所の許可を得て，親権または管理権を回復することができる（837条2項）。

第5章　後見・保佐・補助等

第1節　後　見

第1款　後見の意義

　未成年者に親権を行使する者がいない場合や精神上の障害により事理を弁識する能力を欠く常況にある者の保護の機関として後見制度が設けられている。実際には，未成年後見制度は，不動産所有権の移転登記などの法的な手続の処理のために必要があるときには活用されるが，みなしごになった子を親族が引き取るような形で，事実上の後見が行われるにとどまることが多い。

　一方，高齢者の財産管理，残余能力の活用，本人決定の尊重，ノーマライゼーションと本人保護の調和等のため，平成11年に民法の一部改正により成年後見制度が導入され（法149号），成年被後見人，被保佐人および被補助人のために成年後見人，保佐人および補助人についての規定が整備された。また，これらの法定制度に対し，本人が将来にそなえて委任契約により後見を依頼する任意後見制度も特別法の任意後見契約に関する法律により導入された（新井誠・成年後見法と信託法［平成17年］参照）。

第2款　後見の開始

I　後見開始事由
　未成年者に対する場合と成年者に対する場合とで異なる。

II　未成年後見の場合
　未成年者に対して親権を行う者がないとき，または親権を行う者が管理権を有しないときに，後見が開始する（838条1号）。

1　未成年者に対して親権を行う者がないとき
　たとえば，Aという父とBという母との間に未成年の子Cがいるところ，

第1節　後　　見

AとBが交通事故で死亡したような場合に，子の監護の必要が生ずるが，この場合には，「未成年者に対して親権を行う者がないとき」に該当し，後見が開始する。「未成年者に対して親権を行う者がないとき」の要件に関しては，以下の諸問題がある。

(1)　父母が離婚した後，父母の一方の親権者が死亡した場合　後見開始とみるか，それとも父母の他方が当然に親権を行うことになるかどうかが論じられる。後見開始とみるべきである。生存する父母の他方が親権者としてふさわしいかどうか疑問だからである。後見開始事由とみる学説（田山輝明・基本法親族234頁），裁判例（大阪高決昭和28・9・3高民集6巻9号530頁）に従ってよい。

(2)　養親の一方が死亡した後，他方の親権者が死亡した場合　実父母の親権が復活するかどうかについても，上記の場合と同様後見が開始するとみるべきである（民事局長回答昭和23・11・12民甲3585号）。

(3)　未成年者の養子が離縁した場合　後見開始としないで，実父母の親権が復活するとするという多数説（中川（善）489頁ほか）を支持してよい。

(4)　養親の一方が死亡した後，他方の親権者と離縁した場合　上記(3)の場合と同様に，親権が復活するという多数説（我妻322頁，中川（善）489頁ほか）を支持してよいと思われるが，実務は後見開始説である（民事局長回答昭和25・3・30民甲859号）。

(5)　実親と養親が共同親権者の場合　未成年者Aの実親BとCが離婚し，Cが，その後Dと再婚し，DがAと養子縁組をした場合には，CとDが共同親権者となる（民事局長回答昭和23・4・21民甲967号）。Cが親権者であった場合には，Cの親権は存続し，Bが親権者であった場合には，Bの親権は消滅する。その後以下の場合につき諸問題がある。

(a)　Dが死亡した場合　後にDが死亡すると，Cが単独親権者となる。

(b)　Cが死亡した場合　後にCが死亡すると，Dが単独親権者となる。

(c)　AとDが離縁した場合　Cが単独親権者となる。

(d)　CとDが離婚した場合　CとDの協議または審判によりいずれ

111

かが親権者となる（民事局長回答昭和25・9・22民甲2573号）。

2　親権を行う者が管理権を有しないとき

管理権の喪失審判があった場合（835条）および管理権の辞任があった場合（837条1項）がこれに該当する。管理権のみを有する者は，親権者がいなくなると，身上監護権を行使できると解してよい（民事局長回答昭和25・2・3民甲154号）。

III　成年後見の場合

後見開始の審判があったときに後見が開始する（838条2号）。平成11年の民法改正により，禁治産制度に代えて成年後見制度が導入された。7条は，精神上の障害により事理弁識能力を欠く常況にある者については，家庭裁判所は，本人，配偶者，4親等内の親族，未成年後見人，未成年後見監督人，保佐人，保佐監督人，補助人，補助監督人または検察官の請求により，後見開始の審判をすることができると定める。たとえば，妻が精神病にかかったというときには，後見開始の審判が可能であり，その妻のために，成年後見人が付せられる。

第3款　後見の機関

I　後見人

1　未成年後見人の指定・選任

（1）　未成年後見人の指定　　未成年に対して最後に親権を行う者は，遺言で未成年後見人を指定できる（839条1項）。親権を行う父母の一方が管理権を有しないときは，他の一方は，遺言によって未成年後見人を指定できる（同条2項）。

（2）　未成年後見人の選任　　839条の規定によって，未成年後見人となるべき者がないときは，家庭裁判所は，未成年被後見人またはその親族その他の利害関係人の請求によって，未成年後見人を選任する。未成年後見人が欠けたときも同様である（840条1項。選任する際の考慮事情につき，同3項参照）。未成年後見人がすでにいる場合でも，家庭裁判所は，必要があると認めるときは，当該未成年者やその親族，未成年後見人の請求により，あるいは職権で，未成年後見人を追加的に選任することができる（840条2項）。

第1節　後　　見

　未成年後見人を選任するには，次述の成年後見人と同様に，一切の事情を考慮しなければならないが，未成年後見人の場合には，成年後見人の場合（843条4項）と異なり，「未成年被後見人の年齢」がその考慮要素としてあげられていることが注目される（840条3項）。成年被後見人の年齢は，成年後見人の選任にとってはそれほど重要な考慮要素ではないが，未成年後見人の場合は，その未成年者が乳幼児であるか，成人目前であるかなど年齢によって，未成年後見人に求められる職務の内容等が大きく影響されると考えられたことによるものである。

　父または母が親権もしくは管理権を辞し，または親権喪失，親権停止もしくは管理権喪失の審判があったことによって未成年後見人を選任する必要が生じたときは，その父または母は，遅滞なく未成年後見人の選任を家庭裁判所に請求しなければならない（841条）。

　(3)　未成年後見人の数　　未成年後見人は，1人でなければならないとする842条は，平成23年の改正で削除された。成年後見人と同様に（859条の2），複数であってよく（857条の2），法人でもよい（840条3項括弧書）。

　未成年後見人が数人あるときは，その権限を共同して行使する（857条の2第1項）のが原則であるが，家庭裁判所は，職権で，複数の未成年後見人のうち一部の者に，財産に関する権限のみを行使すべきことを定めることができ（857条の2第2項），また，家庭裁判所は，職権で，この財産に関する権限について，各未成年後見人が単独で権限を行使すべきこと（単独行使の定め）や複数の未成年後見人が事務を分掌して権限を行使すべきこと（事務分掌の定め）を定めることができる（857条の2第3項。これらの定めの取消しにつき，同第4項参照）。こうした例外が認められるのはあくまで財産に関する権限のみであって，身上監護権は必ず共同行使によらなければならないことは注意を要する。また，遺言で複数の未成年後見人を選任することもできるが，この場合は，共同してその権限を行使することになり（857条の2第1項），その権限を財産に関する権限のみとしたり，財産に関する権限の単独行使や事務分掌を定めることはできないと解される（857条の2第2項・3項参照）。

　未成年後見人が数人あるときは，第三者の意思表示は，その一人に対してすれば足りる（857条の2第5項）。

数人の未成年後見人のうちの一人が権限の範囲を超えて法律行為をした場合には，無権代理となるが，この場合に110条の表見代理が成立するかが問題となる。

2　成年後見人の選任

家庭裁判所は，後見開始の審判をするときは，職権で，成年後見人を選任する（843条1項）。成年後見人が欠けたときは，家庭裁判所は，成年被後見人もしくはその親族その他の利害関係人の請求によって，または職権で，成年後見人を選任する（同条2項）。成年後見人が選任されている場合にも，家庭裁判所は，必要があると認めるときは，上記の請求権者もしくは成年後見人の請求によって，または職権で，さらに成年後見人を選任できる（同条3項）。成年後見人を選任するには，成年被後見人の心身の状態ならびに生活および財産の状況，成年後見人となる者の職業および経歴ならびに成年被後見人との利害関係の有無（成年後見人となる者が法人であるときは，その事業の種類および内容ならびにその法人およびその代表者と成年被後見人との利害関係の有無），成年被後見人の意見その他一切の事情を考慮しなければならない（同条4項）。法人も後見人に選任できるというのは，平成11年の改正の重要な眼目の一つである。社会福祉法人等が考えられている。

すでに後見人が選任されている未成年者につき，禁治産宣告（現・後見開始の審判）がされるときは，従来の禁治産者（現・成年被後見人）につき，先の後見人が引き続き後見人になるという先例がある（民事局長回答昭和28・12・25民甲2465号）。未成年後見人と禁治産者後見人との併存となるという少数説があるが（青山道夫・注釈親族下164頁），多数説（山畠正男・註解親族301頁）は先例に賛成である。改正民法のもとでは，成年後見人は複数であってもよいので，未成年後見人と成年後見人の併存を認めてよいと思われる。

なお，夫婦の一方が禁治産の宣告を受けたときは，他の一方は，その後見人となるという旧規定（840条）は，配偶者が高齢者の場合を考えると適当とはいえないので平成11年改正により廃止された。

3　後見人の辞任と後見人の選任請求義務

後見人は，正当な事由があるときは，家庭裁判所の許可を得て，その任務を辞することができる（844条）。

第1節 後 見

後見人がその任務を辞したことによって新たに後見人を選任する必要が生じたときは，その後見人は，遅滞なく新たな後見人の選任を家庭裁判所に請求しなければならない（845条）。

4 後見人の解任

後見人に不正な行為，著しい不行跡その他後見の任務に適しない事由があるときは，家庭裁判所は，後見監督人，被後見人もしくはその親族もしくは検察官の請求によって，または職権で，これを解任することができる（846条）。

5 後見人の欠格事由

つぎに掲げる者は，後見人となることができない（847条）。(1)未成年者(1号)，(2)家庭裁判所で免ぜられた法定代理人，保佐人または補助人(2号)，(3)破産者(3号)，(4)被後見人に対して訴訟をし，またはした者およびその配偶者ならびに直系血族(4号)，(5)行方の知れない者(5号)。

II 後見監督人

1 後見監督人の意義

後見人が権限を濫用して，後見される者の不利に後見事務が行われることがないようにするため，民法は，後見人の監督機関として後見監督人を設けることができるとしている。それは必須の機関ではない。

2 後見監督人の指定・選任

（1） 未成年後見監督人の指定　　未成年後見人を指定することができる者は，遺言で，後見監督人を指定できる（848条）。

（2） 後見監督人の選任　　家庭裁判所は，必要があると認めるときは，被後見人，その親族もしくは後見人の請求によって，または職権で，後見監督人を選任することができる（849条）。未成年後見監督人と成年後見監督人では，その選任の要件に相違はない。

（3） 後見監督人の欠格事由　　後見人の配偶者，直系血族および兄弟姉妹は，後見監督人になることができない（850条）。これらの者によっては，適正な監督が行われないおそれがあるからである。

3 後見監督人の職務

後見監督人の職務は，つぎの通りである（851条）。(1)後見人の事務を監

督すること（1号），(2)後見人が欠けた場合に，遅滞なくその選任を家庭裁判所に請求すること（2号），(3)急迫の事情がある場合に，必要な処分をすること（3号），(4)後見人またはその代表する者と被後見人との利益が相反する行為について被後見人を代表すること（4号）。

なお，複数の未成年後見監督人がいる場合に，その権限行使について，平成23年の改正前は，単独行使を原則としていたが，改正によって，共同行使が原則とされた（852条による未成年後見監督人について857条の2の準用）。身上監護権を単独行使とすると，それぞれの方針が異なった場合に，子の利益が害されることになるおそれがあるからである。

4 委任・後見人等の規定の準用

644条（善管注意義務），654条（委任終了後の処分），655条（委任終了の対抗要件），844条（後見人の辞任），846条（後見人の解任），847条（後見人の欠格事由），861条2項（後見事務の費用）および862条（後見人の報酬）の規定は，後見監督人について準用する（852条）。

また，840条3項（未成年後見人の選任基準）および857条の2（未成年後見人が数人ある場合）の規定は，未成年後見監督人について準用する（852条）。

さらに，843条4項（成年後見人の選任基準），859条の2（成年後見人が数人ある場合）および859条の3（成年後見人による居住建物等の処分）の規定は，成年後見監督人について準用する（852条）。

第4款 後見の事務

I 後見の事務

後見人は，被後見人の身上監護および財産管理等を行う。以下の通りである。

1 財産調査・財産目録作成等

(1) 財産調査・財産目録作成　　後見人は，遅滞なく被後見人の財産の調査に着手し，1ヵ月以内に，その調査を終わり，かつ，その目録を作成しなければならない。ただし，この期間は，家庭裁判所が伸長できる（853条1項）。財産の調査およびその目録の作成は，後見監督人があるときは，その立会いでしなければ，その効力がない（同条2項）。後見人は，目録の作成を

終わるまでは，急迫の必要がある行為のみをする権限を有する。ただし，これを善意の第三者に対抗できない（854条）。

(2) 被後見人に対する後見人の債権債務の申出　後見人が被後見人に対し，債権を有し，または債務を負う場合において，後見監督人があるときは，財産の調査に着手する前に，これを後見監督人に申し出なければならない（855条1項）。後見人が，被後見人に対し債権を有することを知ってこれを申し出ないときは，その債権を失う（同条2項）。

(3) 被後見人が包括財産を取得した場合への準用　(1)(2)に挙げた規定は，後見人が就職した後，被後見人が包括財産を取得した場合にこれを準用する（856条）。

2　未成年被後見人の身上に関する権利義務

未成年後見人は，820条から823条まで（親権の効力）に規定する事項について，親権を行う者と同一の権利義務を有する。ただし，親権を行う者が定めた教育の方法および居所を変更し，営業を許可し，その許可を取り消し，またはこれを制限するには，未成年後見監督人があるときは，その同意を得なければならない（857条）。

3　成年後見人の配慮義務

成年後見人は，成年被後見人の生活，療養看護および財産の管理に関する事項を行うにあたっては，成年被後見人の意思を尊重し，かつ，その心身の状態および生活の状況に配慮しなければならない（858条）。

4　財産管理権と代理権等

(1) 財産管理権・代理権　後見人は，被後見人の財産を管理し，また，その財産に関する法律行為について被後見人を代表する（859条1項）。ただし，成年被後見人の行為を目的とする債務を生ずべき場合には，本人の同意を得なければならない（859条2項）。未成年者の事実上の後見人が，後見人と称して未成年者を代理してした売買契約は無権代理行為だが，財産の管理につき何びとからも異議がなく，未成年者との間にその売買につき利益相反の関係もなかったときは，後にその者が後見人に就職するとともに，売買契約が有効となるとした判例がある（最判昭和47・2・18民集26巻1号46頁）。未成年者Aの養父の死亡後，戸籍上後見人と記載された実父母2名が，自ら

を正当な後見人となったものと考えAを代理して締結した売買契約の効力を，Aが成年に達した後否定することは信義則上許されないとした判例（最判平成3・3・22家月43巻11号44頁）がある。これに対し，意思能力のないAの2人の姉B・CのうちBがAを無権代理してA所有の建物につき第三者と賃貸借の予約をし，後にAが禁治産の宣告（現・成年後見の審判）を受けこの予約契約書の作成に関与したもう1人の姉Cが後見人に就職した場合に，Cは諸般の事情から予約を拒絶できるとした事例がある（最判平成6・9・13民集48巻6号1263頁）。

　後見人は，被後見人の財産管理権・代理権をもつので，後見人が横領するなど不正行為で本人の財産権を侵害する事例が少なくない。後見人の不正行為を防止するため，平成24年から，後見制度支援信託が導入された。被後見人の財産のうち，日常的な支払をするのに必要十分な金銭を後見人が管理し，それ以外の通常使用しない金銭を信託銀行等に信託する仕組みで，後見人が信託財産を払い戻したり，信託契約を解約するには，家庭裁判所の指示書を必要とするものである。特に親族後見人による不正行為対策として，今後の活用が期待される。

　(2)　取消権　　民法総則で述べたように（1巻36頁），日用品の購入その他日常生活に関する行為は別として，成年被後見人の法律行為は，取り消すことができる（9条）。

　(3)　成年後見人が数人ある場合　　成年後見人が数人あるときは，家庭裁判所は，職権で，数人の成年後見人が，共同してまたは事務を分掌して，その権限を行使すべきことを定めることができる（859条の2第1項）。家庭裁判所は，職権でこの定めを取り消すことができる（同条2項）。成年後見人が数人あるときは，第三者の意思表示は，その一人に対してすれば足りる（同条3項）。同じく後見人が数人あるときでも，成年後見人の場合は，未成年後見人の場合と異なり，財産に関する権限（財産管理権）に限定されず，また，成年後見人では単独での権限行使が原則であり，共同行使での権限行使が例外の扱いとなっているなど違いがある。未成年後見人の後見事務は主に身上監護権が中心であって，子の安定的な監護のために適当な処理は，財産管理権を権限とする成年後見人の場合とは異なる判断が必要だと考えられたこと

(4) 成年後見人による居住建物等の処分　　成年後見人は，成年被後見人に代わって，その居住の用に供する建物またはその敷地について，売却，賃貸，賃貸借の解除または抵当権の設定その他これらに準ずる処分をするには，家庭裁判所の許可を得なければならない（859条の3）。

(5) 後見人と被後見人の利益相反行為　　826条（親権者と子の利益相反行為と特別代理人の選任）の規定は，後見人にこれを準用する。ただし，後見監督人がある場合は，この限りでない（860条）。共同相続人の一人が他の共同相続人の全部または一部の者を後見している場合に，後見人が被後見人を代理してする相続の放棄は，後見人みずからが相続の放棄をしたのちにされたか，またはこれと同時にされたときは，利益相反行為にあたるとはいえない（最判昭和53・2・24民集32巻1号98頁）。

(6) 法定代理権および同意権　　後見人が被後見人に代わって営業もしくは13条1項（保佐人の同意を要する行為）に掲げる行為をし，または未成年後見人がこれをすることに同意するには，後見監督人があるときは，その同意を得なければならない。ただし，元本の領収については，この限りでない（864条）。後見人が，この規定に違反してし，または同意を与えた行為は，被後見人または後見人が取り消すことができる。この場合には，制限行為能力者の相手方の催告権（20条）の規定を準用する（865条1項）。この規定は，取り消すことができる法律行為の取消しの効果・追認の規定（121条から126条まで）の適用を妨げない（865条2項）。

(7) 被後見人からの財産等の譲受け　　後見人が被後見人の財産または被後見人に対する第三者の権利を譲り受けたときは，被後見人は，これを取り消すことができる。この場合には，制限行為能力者の相手方の催告権（20条）の規定を準用する（866条1項）。この規定は，取り消すことができる法律行為の取消しの効果・追認の規定（121条から126条まで）の適用を妨げない（866条2項）。

5　未成年被後見人の親権の代行

未成年後見人は，未成年被後見人に代わって親権を行う（867条1項）。婚姻をしていない未成年被後見人が子をもうけたときは，未成年後見人が未成

年被後見人に代わって親権を行うというのであり，親権に関する833条（子に代わる親権の行使）と同趣旨である。後見の事務に関する諸規定（853条から857条までと861条から966条まで）が準用される（同条2項）。財産管理に関する859条や利益相反行為に関する860条の準用はないが，これらは代行する親権に含まれている。

6　財産に関する権限のみの後見人

親権を行う者が管理権を有しない場合には，未成年後見人は，財産に関する権限のみを有する（868条）。未成年者の親権者が管理権の喪失の審判を受けたり（835条），管理権を辞した（837条）場合には，親権者はなお身上監護権を有するが，管理権を失うので，未成年後見人は財産に関する権限のみを有するという趣旨である。

7　委任・親権の規定の準用

善管注意義務（644条）および第三者が子に与えた財産の管理（830条）の規定は，後見について準用する（869条）。善管注意義務を怠った後見人は被後見人に対して損害賠償責任を負う（東京地判平成11・1・25判タ1042号220頁）。

8　費用・報酬

(1)　**支出金額の予定・費用の支弁**　後見人は，その就職の初めに，被後見人の生活，教育または療養看護および財産の管理のために毎年支出すべき金額を予定しなければならない（861条1項）。後見人が後見の事務を行うために必要な費用は，被後見人の財産の中から支弁する（同条2項）。

(2)　**後見人の報酬**　家庭裁判所は，後見人および被後見人の資力その他の事情によって，被後見人の財産の中から相当な報酬を後見人に与えることができる（862条）。家庭裁判所は，家事事件手続法（家事別表第一13項）に基づき，後見人・被後見人の資料，後見事務の難易度等の事情を勘案して相当額の報酬を定める（大阪家決昭和46・9・25家月24巻8号62頁）。

II　後見事務の監督

後見監督人または家庭裁判所は，いつでも，後見人に対し後見の事務の報告もしくは財産の目録の提出を求め，または後見の事務もしくは被後見人の財産の状況を調査できる（863条1項）。家庭裁判所は，後見監督人，被後見人もしくはその親族その他の利害関係人の請求によりまたは，職権で，被後

見人の財産の管理その他後見の事務について必要な処分を命ずることができる（同条2項）。

第5款　後見の終了

I　管理の計算

後見人の任務が終了したときは，後見人またはその相続人は，2ヵ月以内にその管理の計算をしなければならない。ただし，この期間は，家庭裁判所において，これを伸長できる（870条）。後見の計算は，後見監督人があるときは，その立会いでこれをする（871条）。

II　未成年被後見人・未成年後見人間の契約の取消し

未成年被後見人が成年に達した後後見の計算の終了前に，その者と未成年後見人またはその相続人との間にした契約は，その者が取り消すことができる。その者が未成年後見人またはその相続人に対してした単独行為も，同様とする（872条1項）。制限行為能力者の相手方の催告権（20条）および取消しの効果・追認（121条から126条）の規定は，この場合に準用する（872条2項）。

III　利息の付加

後見人が被後見人に返還すべき金額および被後見人が後見人に返還すべき金額には，後見の終了した時から，利息を付さなければならない（873条1項）。後見人が自己のために被後見人の金銭を消費したときは，その消費の時から，利息を付さなければならない。この場合に，なお損害があるときは，その賠償の責任を負う（同条2項）。

IV　委任の規定の準用

654条（委任終了後の処分）および655条（委任終了の対抗要件）の規定は，後見について準用する（874条）。

V　後見に関する債権の消滅時効

832条（財産管理に関する親子間の債権の消滅時効）に定める時効は，後見人または後見監督人と被後見人との間において後見に関して生じた債権にこれを準用する（875条1項）。この時効は，872条の規定によって法律行為を取り消した場合には，その取消しの時から起算する（同条2項）。

第2節 保　　佐

　保佐は，精神上の障害により事理を弁識する能力が著しく不十分である者（11条）につき，保佐開始の審判によって開始する（876条）。家庭裁判所は，保佐開始の審判をするときは，職権で，保佐人を選任する（876条の2第1項）。従来の準禁治産者に代えて，平成11年の民法の改正により，規定が整備された。

　保佐人またはその代表する者と被保佐人との利益が相反する行為については，保佐人は，臨時保佐人の選任を家庭裁判所に請求しなければならない。ただし，保佐監督人がある場合は，この限りでない（876条の2第3項）。家庭裁判所は，必要があると認めるときは，被保佐人，その親族もしくは保佐人の請求によって，または職権で，保佐監督人を選任できる（876条の3第1項）。

　家庭裁判所は，11条本文に掲げる者または保佐人もしくは保佐監督人の請求によって，被保佐人のために特定の法律行為について保佐人に代理権を付与する旨の審判ができる（876条の4第1項）。本人以外の者の請求によって代理権付与の審判をするには，本人の同意がなければならない（同条2項）。家庭裁判所は，1項に掲げる者の請求によって，代理権付与の審判の全部または一部を取り消すことができる（同条3項）。

　保佐人は，保佐の事務を行うにあたっては，被保佐人の意思を尊重し，かつ，その心身の状態および生活の状況に配慮しなければならない（876条の5第1項）。

　以上のほか，委任・後見の諸規定が準用される（876条の2第2項，876条の3第2項，876条の5第2項・3項）。

第3節 補　　助

I　補助制度

　補助は，精神上の障害により事理を弁識する能力が不十分な者（15条）につき，補助開始の審判によって開始する（876条の6）。家庭裁判所は，補助

開始の審判をするときは、職権で、補助人を選任する（876条の7第1項）。平成11年の民法の改正によって新設された補助制度は、後見・保佐開始事由にまでには至らない程度の精神状態にある者につき、本人の能力を尊重しつつ、必要な限度で、本人の財産管理等を簡易に行わせるものである。従来は、共同相続人の一人に精神上の障害のある者があれば、遺産分割をするには、常に禁治産・準禁治産宣告の手続を必要とし、それには日数を要し、鑑定費用の負担もあったが、補助制度の導入により、手軽な手続で処理ができることになった。

II 利益相反行為の場合

補助人またはその代表する者と被補助人との利益が相反する行為については、補助人は、臨時補助人の選任を家庭裁判所に請求しなければならない。ただし、補助監督人がある場合は、この限りでない（876条の7第3項）。家庭裁判所は、必要があると認めるときは、被補助人、その親族もしくは補助人の請求によって、または職権で、補助監督人を選任できる（876条の8第1項）。

III 補助人への代理権の付与

家庭裁判所は、15条本文に掲げる者または補助人もしくは補助監督人の請求によって、被補助人のために特定の法律行為について補助人に代理権を付与する旨の審判ができる（876条の9第1項）。

IV 委任・後見の規定の準用

委任・後見の規定が準用される（876条の7第2項、876条の8第2項、876条の9第2項、876条の10）。

第4節　任　意　後　見

I 任意後見制度

法定の成年後見制度と異なり、本人が委任契約に基づき後見人を依頼するという任意後見は、契約の自由により認められるが、その濫用により、本人の利益が害されないようにするため、公的機関の監督を伴う任意代理制度に関し、任意後見契約に関する法律が制定された（平成11年法150号）。この法律は、任意後見契約の方式、効力等に関し特別の定めをするとともに、任意

後見人に対する監督に関し必要な事項を定める（任意後見1条）。その内容は，以下のとおりである。

II 定　義

任意後見契約とは，委任者が，受任者に対し，精神上の障害により事理を弁識する能力が不十分な状況における自己の生活，療養看護および財産の管理に関する事務の全部または一部を委託し，その委託に係る事務について代理権を付与する委任契約であって，4条1項により任意後見監督人が選任された時からその効力を生ずる旨の定めのあるものをいう（任意後見2条1号）。

本人とは，任意後見契約の委任者をいい（任意後見2条2号），任意後見受任者とは，4条1項により任意後見監督人が選任される前における任意後見契約の受任者をいい（同3号），任意後見人とは，4条1項により任意後見監督人が選任された後における任意後見契約の受任者をいう（同4号）。

III 任意後見契約の方式

任意後見契約は，法務省令で定める様式の公正証書によってしなければならない（任意後見3条）。

IV 任意後見監督人の選任

任意後見契約が登記されている場合に，精神上の障害により本人の事理を弁識する能力が不十分な状況にあるときは，家庭裁判所は，本人，配偶者，4親等内の親族または任意後見受任者の請求により，任意後見監督人を選任する。ただし，つぎに掲げる場合は，この限りでない（任意後見4条1項）。(1)本人が未成年者であるとき，(2)本人が成年被後見人，被保佐人または被補助人である場合に，当該本人に係る後見，保佐または補助を継続することが本人の利益のために特に必要であると認めるとき，(3)任意後見受任者が①民法847条各号（4号を除く）に掲げる者，②本人に対して訴訟をし，またはした者およびその配偶者ならびに直系血族，③不正な行為，著しい不行跡その他任意後見人の任務に適しない事由がある者であるとき。

任意後見監督人を選任する場合に，本人が成年被後見人，被保佐人または被補助人であるときは，家庭裁判所は，当該本人に係る後見，保佐または補助の開始の審判を取り消さなければならない（任意後見4条2項）。本人以外の者の請求により任意後見監督人を選任するには，あらかじめ本人の同意が

なければならない。ただし，本人がその意思を表示できないときは，この限りでない（同4条3項）。任意後見監督人が欠けた場合には，家庭裁判所は，本人，その親族もしくは任意後見人の請求により，または職権で，任意後見監督人を選任する（同4条4項）。任意後見監督人が選任されている場合においても，家庭裁判所は，必要があると認めるときは，本人，その親族もしくは任意後見人の請求により，または職権で，さらに任意後見監督人を選任できる（同4条5項）。

V 任意後見監督人の職務等

任意後見人は，2条1号に規定する委託に係る事務（以下「任意後見人の事務」という）を行うには，本人の意思を尊重し，かつ，その心身の状態および生活の状況に配慮しなければならない（任意後見6条）。

任意後見監督人の職務は，(1)任意後見人の事務を監督すること，(2)任意後見人の事務に関し，家庭裁判所に定期的に報告をすること，(3)急迫の事情がある場合に，任意後見人の代理権の範囲内において，必要な処分をすること，(4)任意後見人またはその代表する者と本人との利益が相反する行為について本人を代表することである（任意後見7条1項）。

任意後見監督人は，いつでも，任意後見人に対し任意後見人の事務の報告を求め，または任意後見人の事務もしく本人の財産の状況を調査することができる（同条2項）。家庭裁判所は，必要があると認めるときは，任意後見監督人に対し，任意後見人の事務に関する報告を求め，任意後見人の事務もしくは本人の財産の状況の調査を命じ，その他任意後見監督人の職務について必要な処分を命ずることができる（同条3項）。委任，後見等の規定を任意後見監督人について準用する（同条4項）。

VI 任意後見の終了

1 任意後見人の解任

任意後見人に不正な行為，著しい不行跡その他その任務に適しない事由があるときは，家庭裁判所は，任意後見監督人，本人，その親族または検察官の請求により，任意後見人を解任できる（任意後見8条）。

2 任意後見契約の解除

4条1項により任意後見監督人が選任される前は，本人または任意後見受

任者は，いつでも，公証人の認証を受けた書面によって，任意後見契約を解除できる（任意後見9条1項）。4条1項により任意後見監督人が選任された後においては，本人または任意後見人は，正当な事由がある場合に限り，家庭裁判所の許可を得て任意後見契約を解除できる（同条2項）。

3 任意後見人の代理権の消滅の対抗要件

任意後見人の代理権の消滅は，登記をしなければ，善意の第三者に対抗できない（任意後見11条）。

VII 後見，保佐および補助との関係

任意後見契約が登記されている場合には，家庭裁判所は，本人の利益のため特に必要があると認めるときに限り，後見開始の審判等ができる（任意後見10条1項）。この場合における後見開始の審判等の請求は，任意後見受任者，任意後見人または任意後見監督人もすることができる（同条2項）。4条1項により任意後見人監督人が選任された後に本人が後見開始の審判等を受けたときは，任意後見契約は終了する（同条3項）。

第5節 後見登記等

I 後見登記等の制度

後見等（後見，保佐または補助）および任意後見制度の導入に伴い，従来，戸籍に記載されていた禁治産・準禁治産の宣告を改め，新たな登記制度が導入された（後見登記等に関する法律。平成11年法152号）。被後見人等のプライバシーを尊重しつつ家庭裁判所の審判を公示する趣旨である。後見等および任意後見契約が法務大臣の指定する登記所（後見登記2条）において，磁気ディスクで調製する後見登記等ファイルに登記される（同4条・5条）。登記事項証明書の交付を請求できるのは，成年後見人等，成年被後見人等に限定される（同10条）。

II 後見等の登記・任意後見契約の登記

1 後見等の登記

後見等の登記は，嘱託または申請により，磁気ディスクで調製する後見登記等ファイルに，一定事項の記録によって行う（後見登記4条1項）。

第5節　後見登記等

　記録事項は，以下のとおりである。(1)後見等の種別等，(2)成年被後見人等の氏名等，(3)成年後見人等の氏名等，(4)成年後見監督人等の氏名等，(5)保佐人・補助人の同意を要する行為，(6)保佐人・補助人の代理権の範囲，(7)数人の成年後見人等・成年後見監督人等の共同または分掌による権限行使の定め，(8)後見等終了事由・年月日，(9)保全処分（家事105条1項・175条1項）に関する事項，(10)登記番号。

　後見等開始の審判前の保全処分の登記も嘱託または申請により後見登記等ファイルに記録する（後見登記4条2項）。

2　任意後見契約の登記

　任意後見契約の登記は，嘱託または申請により，後見登記等ファイルに一定事項の記録によって行う（後見登記5条）。

　記載事項は，以下のとおりである。(1)任意後見契約に係る公正証書に関する事項（1号），(2)任意後見契約の本人（委任者）の氏名等（2号），(3)任意後見受任者等の氏名および住所（3号），(4)任意後見受任者等の代理権の範囲（4号），(5)数人の任意後見人の共同代理権行使の定め（5号），(6)任意後見監督人の氏名等（6号），(7)数人の任意後見監督人の共同による権限行使の定め（7号），(8)任意後見契約の終了事由等（8号），(9)保全処分に関する事項（9号・10号），(10)登記番号（11号）。

III　登記事項証明書の交付等

1　成年被後見人等からの交付請求

　何人も，登記官に対し，つぎに掲げる事項について登記事項証明書（後見登記等ファイルに記録されている事項。記録がないときはその旨）の交付の請求ができる（後見登記10条1項）。(1)自己を成年被後見人等，任意後見契約の本人とする登記記録（1号），(2)自己を成年後見人等または成年後見監督人等，任意後見受任者，任意後見人または任意後見監督人（退任したこれらの者を含む）とする登記記録（2号），(3)自己の配偶者または4親等内の親族を成年被後見人等または任意後見契約の本人とする登記記録（3号），(4)自己を成年後見人等，成年後見監督人等または任意後見監督人の職務代行者（退任したこれらの者を含む）とする登記記録（4号），(5)自己を後見命令等の本人とする登記記録（5号），(6)自己を財産の管理者（退任した者を含む）とする登記記録（6

号),(7)自己の配偶者または4親等内の親族を後見命令等の本人とする登記記録(7号)。

2 成年後見人等からの交付請求

つぎに掲げる者は,登記官に対し,それぞれ当該各号に定める登記記録について登記事項証明書の交付を請求できる(後見登記10条2項)。(1)未成年後見人または未成年後見監督人は,その未成年被後見人を成年被後見人等,後見命令等の本人または任意後見契約の本人とする登記記録(1号),(2)成年後見人等または成年後見監督人等は,その成年被後見人等を任意後見契約の本人とする登記記録(2号),(3)登記された任意後見契約の任意後見受任者は,その任意後見契約の本人を成年被後見人等または後見命令等の本人とする登記記録(3号)。

IV その他

登記官(後見登記3条),後見登記等ファイルの記録の編成(後見登記6条),変更の登記(後見登記7条),終了の登記(後見登記8条),登記記録の閉鎖(後見登記9条),閉鎖登記記録の交付(後見登記10条3項・4項・5項),手数料(後見登記11条)等についての定めがある。

第6章 扶　　養

第1節　扶養の意義

I　扶養とは

人々は本来は自らの生計を自分でたてていくのが建前である。しかし，どうしても，自ら生計をたてていけない人がいる場合には，親族間で扶養をするという問題が生ずる。このように，一定の親族間で，自ら生計をたてられない者に対し，他の者が経済的な給付をすることを扶養という。

II　生活保持義務と生活扶助義務

877条以下に定める扶養義務は，夫婦間でも生ずるのであろうか。夫婦間では前に述べたように，夫婦は互いに婚姻費用を分担すべきことになる（29頁）。760条は「夫婦は，その資産，収入その他一切の事情を考慮して，婚姻から生ずる費用を分担する」と定めているが，この婚姻費用の分担は，未成年の子に対する養育費も含む。

①　生活保持義務・生活扶助義務区別肯定説　　夫婦間およびその間の未成年の子の扶養を生活保持義務といい，乏しいものであってもこれを分かち，互いが同レベルの生活水準を維持するという意味での扶養関係を意味し，これに対して，成人した子と親との間とか，兄弟姉妹の間での扶養は，一般の親族の間の扶養問題であり，このような場合には人々は原則として自らの財産で生活をたてる建前があるはずだから，相手方に自己と同レベルの生活をさせるという必要はなく，これを生活扶助義務という学説がある（中川（善）596頁以下，我妻401頁）。この学説によると，たとえば，兄が弟を扶養するという場合に，兄が会社の社長でその生活が豊かなのに対し，弟の方は失業中で生活に困窮しているとき，兄と同レベルまで弟の生活水準を高めてやるという必要はなくて，最低限度の生活が営める程度の扶養をすれば足りるとされる。したがって，一般の親族間では，扶養の義務があるとしても，十分その余力がない人は，具体的な扶養の義務は負わないという扱いになる。

第1部 親族法　第6章 扶　養

② 生活保持義務・生活扶助義務区別否定説　①説の生活保持義務と生活扶助義務の区別は，理念型として一応の目安という性質をもつものであって，現実に扶養の給付が問題となるときには，この区別通りの処理は困難なことが多いとして，この区別を疑問視する学説がある（鈴木禄弥・民法の基礎知識(1)190頁以下［昭和39年］，青山道夫・市民社会と家族法92頁［昭和45年］）。また，両者の区別は程度の差異にすぎないという学説もある（西原道雄「扶養」民法演習Ⅴ138頁［昭和34年］）。さらには，明文のない民法のもとでは，両者の区別を否定すべきだとする学説もある（山崎賢一「扶養」新民法演習Ⅴ150頁［昭和43年］，石井健吾「未成熟子の養育費請求の方法について」ジュリ302号59頁［昭和39年］）。

生活保持義務・生活扶助義務区別肯定説は，理念型として，家庭裁判所の実務では定着している。現実には，夫婦が別居しているような場合に，生活保持義務の考え方に基づいて高額の婚姻費用の分担を命ずることは困難とはいえ，一つの理念としてはこの区別は有用であろう（なお，深谷松男「生活保持義務と生活扶助義務」講座4巻187頁参照）。

第2節　扶養の権利義務

I　扶養義務者の範囲
1　直系血族・兄弟姉妹間の扶養義務

直系血族および兄弟姉妹は，互いに扶養をする義務がある（877条1項）。直系血族というのは，祖父母，父母，子というように，血統が直下して連絡する親族をいう。

直系血族間の扶養義務に関して，親の未成熟子に対する養育費等の扶養義務についても877条が根拠となるかどうかの議論がある。前述した生活保持義務・生活扶助義務区別肯定説をとるかどうかという問題に関連するが，親の未成熟子に対する生活保持義務は，887条には含まれないと考えるかどうかである。生活保持義務は，血縁関係を基礎とする親子関係の本質から生じるとみて，887条適用否定説も有力に主張されているが（中川（善）600頁，泉304頁など。親権の規定である820条を根拠とする説として，大村104頁），887条適用説が今日の通説であり（我妻147頁），審判例である（常岡史子［判評］民商134

巻2号284頁)。

兄弟姉妹間の扶養義務につき，比較法的にこれを認めるものはなく，日本でもこれを削除ないし修正すべしという学説が有力である(塙陽子・新版注民(25)770頁)。

2　3親等内の親族間の扶養義務

家庭裁判所は，特別の事情があるときは，直系血族，兄弟姉妹の場合のほか，3親等内の親族間においても扶養の義務を負わせることができる(877条2項)。これはかなり広い範囲での扶養義務を認めるものであり，直系血族に限らず兄弟姉妹の間でも扶養の義務があり，例外的であるが，たとえば嫁姑との間は，姻族(配偶者を通して生ずる親族関係)1親等(4頁・5頁)であるから，3親等内の親族に該当し，特別の事情があれば家庭裁判所が扶養の義務を負わせることができるとされる。おじと甥，姪の間柄は，3親等の血族であるから，これと同様の義務が発生するとされる。しかしこのように広く扶養義務を認めることは問題であり，後に述べるように，社会保障との関係をどのように考えるべきかということが問題となる。

3親等内の親族間の扶養義務は，審判によってのみ発生し(明石三郎・注民(23)394頁ほか)，家事調停でこれを定める合意は，扶養契約の一種に該当する(西原道雄・基本法親族[第3版]180頁[平成元年])という学説に対しては，異論が提起されている(塙陽子・新版注民(25)773頁)。いずれにせよ，それは調停・審判によって形成される。

3　事情の変更

877条2項の規定による審判があった後事情に変更を生じたときは，家庭裁判所は，その審判を取り消すことができる(877条3項)。姻族関係終了の意思表示(728条2項)があった場合のように，親族関係自体が終了したときは，審判を待たないで扶養義務は，当然に消滅する(我妻409頁)。

II　扶養の順位

扶養をする義務のある者が数人ある場合において，扶養をすべき者の順序について，当事者間に協議が調わないとき，または協議をすることができないときは，家庭裁判所が，これを定める。扶養を受ける権利のある者が数人ある場合において，扶養義務者の資力がその全員を扶養するに足りないとき，

扶養を受けるべき者の順序についても，同様とする（878条）。

　父母が離婚した場合には，父母の一方のみが親権者となる（819条1項）。この場合における親権の帰属は，扶養義務と切り離すべきであって，父母は，ともに資力に応じて扶養義務を負うと解すべきである（我妻332頁，中川（善）499頁）。

III　扶養の程度または方法

　扶養の程度または方法について，当事者間に協議が調わないとき，または協議をすることができないときは，扶養権利者の需要，扶養義務者の資力その他一切の事情を考慮して，家庭裁判所が定める（879条）。

1　扶養の程度

　扶養の程度については，婚姻費用におけると同様（29頁），扶養の程度については，いわゆる労研方式（大阪家審昭和41・2・10家月18巻10号57頁），生活保護方式がある。前者によるべきものと考える。ただし，後者も，生活保護基準をベースにしながらこれを修正するのであるから，両者は結果的には，さほど差異を示さない。なお，総務省統計局または地方公共団体の家計調査報告に基づいて算定するという標準家計費方式もある（東京家審昭和38・2・25家月15巻6号75頁）。労研方式に近いものである。

2　扶養の方法

　扶養の方法については，被扶養者を引き取って扶養するという引取扶養と，扶養権利者に扶養義務者が金銭または生活物資を給付するという給付方式がある。いずれによるかは，扶養義務者の選択による（我妻410頁，中川（善）616頁）。審判によるときは，一切の事情を斟酌して決定する。引取扶養においては，義務者の負担が大きい。介護保険法（平成9年法123号）の活用による負担の軽減は図られるべきである。

　金銭の給付方式によるときは，分割払いが原則である（中川親族逐条617頁）。

3　扶養料支払の始期

　扶養料支払の始期については，後述の過去の扶養料におけると同様の議論があり，裁判例・審判例が分かれる。

　① 請求時説　扶養料を請求する意思表示をした時点以降の扶養料が認められるとする決定例・審判例がある（東京高決昭和35・4・19家月12巻12号73頁，

東京家審昭和36・5・6家月14巻5号160頁)。これに近い立場として，調停申立時説（大阪高決昭和37・1・31家月14巻5号150頁），審判申立時説（大阪高決昭和37・10・29家月15巻3号128頁）がある。調停申立時に審判の申立てがあったとみなすという家事審判法26条1項（現・家事事件手続法272条4項・286条7項）の趣旨からすると，審判申立時説は妥当ではないと思われる。

② 要扶養状態発生時説　要扶養状態が発生した時以降の扶養料が認められるとする審判例がある（神戸家審昭和37・11・5家月15巻6号69頁，大阪家審昭和38・3・20家月15巻8号90頁）。

現在および将来の扶養料の始期の問題であるから，いずれの説も成り立ちうる。過去の扶養料の請求が争われない限り，請求時説でよいと思われる。

4　扶養料支払の終期

扶養料支払の終期については，未成熟子の扶養につき審判例が分かれ，①義務教育終了時説（大阪家審昭和35・12・1家月13巻6号157頁），②18歳到達時説（大阪高決昭和33・7・28家月10巻9号71頁），③高校卒業時説（東京高決昭和39・1・28家月16巻6号137頁），④成年到達時説（松山家審昭和32・3・4家月9巻3号39頁），⑤大学卒業時説（東京高決昭和35・9・15家月13巻9号53頁，東京高決平成22・7・30家月63巻2号145頁）などがある。当事者の置かれた事情によって決するべき問題であって，画一的に定めることはできない。

IV　過去の扶養料の請求

将来の扶養料請求が認められることは当然だが，過去の扶養料を請求ができるかについては，前述した婚姻費用の分担（29頁）におけると同様の問題がある。扶養を受けなくてもすでに生活をしてきた事実があるからである。しかし，扶養義務を履行した者に比べ，それを履行しなかった者が負担を免れるのは不公平だから，今日の判例・学説はこれを肯定する。ただし，どの時点からの扶養料を請求できるかにつき，学説が分かれる（日野原昌「過去の扶養料の請求」講座4巻251頁参照）。

① 請求時説　過去の扶養料を請求する意思表示をした時点以降の扶養料が認められるとする学説がある（於保不二雄・注釈親族上242頁，中川（善）619頁）。

② 要扶養状態発生時説　扶養必要性と扶養可能性の発生時以降の扶養料を請求が認められるという（我妻413頁，村崎満「過去の扶養料——請求と求償」大系V 155頁，鈴木＝唄II 231頁）。

③　協議・審判時説　　扶養義務は協議の成立時または審判時に形成されるとし，その時点以降の扶養料を請求が認められるという（村崎満「扶養審判について」ケース研究26号2頁［昭和26年］）。ただし，この学説によりつつも，履行請求時にまでさかのぼって請求権が形成されるとする学説もある（野田愛子「審判による扶養料支払の始期」判タ89号28頁［昭和34年］）。

　古く大審院の判例は請求時説の立場であったが（大判明治37・7・18民録10輯1075頁，大判大正13・1・24民集3巻45頁），最高裁判所の判例は，請求時とはしないまま過去にさかのぼって扶養料の請求ができるというにとどめている（最判昭和42・2・17民集21巻1号133頁，最大決昭和40・6・30民集19巻4号1114頁）。

　要扶養状態発生時説が妥当であろう。これによるほうが，客観的基準により判定が可能だし，公平な処理ができると思われるからである。

V　過去の扶養料の求償

1　過去の扶養料に関する求償権の有無

　過去の扶養料の請求が認められる以上，複数の扶養義務者のうち義務を履行した者からこれを履行していない義務者に対する求償権の行使が認められることは当然である。その根拠を事務管理に求める学説（我妻414頁，村崎・前掲大系V160頁）と不当利得に求める学説（沼正也「過去の扶養料求償」判例演習［親族・相続法］158頁以下［昭和39年］），いずれでもよいと思われる。判例も，その根拠は示さないまま，過去の扶養料の求償を認め，兄夫婦に扶養されていた母を妹が引き取って扶養し，妹が後に兄に対して求償権を行使した場合につき，以下のようにいう。「兄も母に対し相当の扶養を為したであろうのに何等相当の理由もなく妹が無理に母を連れ去ったとか，或いは妹が自己のみで費用を負担することを約束したとか……兄をして全面的に義務を免れしむる相当の理由がなければならない」。妹が兄の意思に反して母を連れ去ったというだけで兄が費用負担義務を完全に免れるのであれば，「冷淡な者は常に義務を免れ情の深い者が常に損をすることになる虞がある」（最判昭和26・2・13民集5巻3号47頁）。

2　過去の扶養料の確定手続

　過去の扶養料の確定手続は，通常裁判所の訴訟手続によるべきか，家庭裁

判所の審判手続によるべきかについては学説が分かれる。

① 訴訟手続説　通常裁判所の訴訟手続によるべきだとする学説がある（村崎・前掲大系Ⅴ165頁）。ただし，この学説も，現在および将来の扶養料の請求とともにされた過去の扶養料の請求は，審判手続によるべきだという。

② 審判手続説　扶養義務は審判等によって形成されるとみて常に審判手続によるとする学説が有力である（西原・前掲民法演習Ⅴ143頁）。

判例は審判手続説である。すなわち，夫婦間の過去の扶養料を婚姻費用分担とみて審判によることができるとした判例があったが（最大決昭和40・6・30民集19巻4号1114頁），子の扶養料を立替払いしたとして母が父に対して過去の扶養料の求償をした事件につき，「民法878条・879条によれば，扶養義務者が複数である場合に各人の扶養義務の分担の割合は，協議が整わないかぎり，家庭裁判所が審判によって定めるべきである。扶養義務者の一人のみが扶養権利者を扶養してきた場合に，過去の扶養料を他の扶養義務者に求償する場合においても同様であって，各自の分担額は，協議が整わないかぎり，家庭裁判所が，各自の資力その他一切の事情を考慮して審判で確定すべきであって，通常裁判所が判決手続で判定すべきではないと解するのが相当である」とした判例がある（最判昭和42・2・17民集21巻1号133頁）。この判例に従い，審判手続説によるのが妥当である。

Ⅵ　扶養関係の変更または取消し

扶養をすべき者もしくは扶養を受けるべき者の順序または扶養の程度もしくは方法について協議または審判があった後事情に変更を生じたときは，家庭裁判所は，その協議または審判の変更または取消しをすることができる（880条）。事情の変更とは，当事者の地位，経済事情，健康状態などのほか，一般の社会・経済状態の変化を意味する。

審判によるほか，協議による変更・取消しができる（於保・前掲注釈親族上254頁）。

事情の変更による扶養関係の変更または取消しの審判の効力は，将来に向かってのみ効力を生ずるという学説（唄孝一・判例コン7・568頁）と，事情変更時に遡及して効力を生ずるとする学説（我妻411頁）があるが，後説によりつつ，審判中でその時点を明示すべきものと思う。

なお，当事者の一方の死亡や親族関係の消滅に伴い，扶養の権利義務は当然に消滅するが，それは，ここにいう事情の変更ではない。

VII 扶養請求権の処分の禁止

扶養を受ける権利は，これを処分することができない（881条）。扶養請求権は，帰属上の一身専属性を有する。処分には，譲渡，担保提供，相殺，放棄が含まれる（ただし，放棄は処分に含まれないとする明山和夫・新版注民(25)[初版]555頁がある）。

第3節 私的扶養と公的扶助との関係

I 私的扶養の優先

人は自らを養っていくというのが原則であって，社会保障の面においても自ら保険料を払って，将来年金を受けるという社会保険制度が近時充実してきている。社会保険制度としては，国民皆保険が目標となっており，厚生年金，公務員共済年金（平成27年10月から厚生年金に一元化された），国民年金などの制度が次第に充実してきている。ただし，高齢化社会を迎えて，しかも出生率の低下に伴い，保険料負担が増えることが予想され，社会保険制度として十分な機能を今後とも発揮するかどうか，またこの制度を従来通り支えうるかどうかについては問題がある。

このような社会保険の利益を受けない人，あるいはそれを十分受けることができない人にとっては，憲法25条に基づく社会保障立法による給付が受けられる。憲法25条1項は，「すべて国民は，健康で文化的な最低限度の生活を営む権利を有する」と定めている。これに基づいて生活保護法が制定されている。

II 朝日訴訟

生活保護法の給付をめぐって争われた著名な事例として朝日訴訟がある。朝日訴訟は，最高裁判所の昭和42年の判決であるが，肺結核にかかって国立岡山療養所に入院した朝日さんが，昭和31年当時，従来音信の途絶えていた実兄から扶養料として毎月1,500円の送金を受けるようになったところ，生活保護法に基づいて，毎月日用品代として受けていた月額600円の給付が

第3節　私的扶養と公的扶助との関係

廃止された。それに対して朝日さんは知事に対する不服を申し立て，さらに厚生大臣に対する不服を申し立てたが，それが却下されたので，厚生大臣の不服申立却下裁決の取消しを求める訴えを提起したものである。すなわち，憲法25条によって健康で文化的な生活を営む権利があるのに，日用品代月額600円の基準は，このような最低限度の生活を維持するに足りるとはいえないとして，厚生大臣の決定の取消しを求めた。

　第一審の東京地方裁判所は，原告の請求を認めたが，第二審の東京高等裁判所は，その基準の当不当というにとどまらず，確定的に違法と断定することは早計であるとして，一審判決を取り消した。これに対して朝日さんが上告をして争ったところ，上告審の係属中に朝日さんが死亡し，その訴訟が相続人に承継されるかどうかが問題になったが，最高裁判所は，生活保護法に基づく国に対する生活保護の請求権は一身専属の権利であり，本人が死亡したときには，それは当然消滅し相続の対象とならないとして，訴訟終了という判決を出した。ただし，この判決は「なお，念のために，本件生活扶助基準の適否に関する当裁判所の意見を付加する」として，このようななお書きの傍論で，第二審の判決が正当であって，直ちに基準が違法とはいえないとした（最大判昭和42・5・24民集21巻5号1043頁）。

　この判決は，私的扶養と公的扶助との関係の問題を扱うのであるが，生活保護法4条2項は，「民法に定める扶養義務者の扶養及び他の法律に定める扶助は，すべてこの法律による保護に優先して行われるものとする」と定めている。つまり私的扶養が公的扶助に優先するという原則が定められている。人が自らを養うのが建前であり，自らを養うことができないときには，民法上の扶養義務によってまずは解決をし，それでも解決ができなければ，国民全体の問題として公的扶助により給付が与えられるという仕組みになる。基本的にはこの生活保護法4条2項の考え方は正当といえる。そういう意味で大法廷判決にはそれなりの理由があるが，ただ当時の生活保護法の基準が果たして妥当であったかどうかは問題であった。その後，この基準は改定され，かなり改善がみられた。

　また，前に述べた（130頁・131頁）ように民法上の扶養義務者の範囲が広すぎるという問題があり，私的扶養の優先が運用の面で重視されないように，

137

第1部　親　族　法　　第6章　扶　養

配慮することが必要である。

# 第2部 相続法

第1章 総　則

第1節 相続の意義

I 相続とは

　ここでは，人が死亡したときの財産その他の権利の承継に関する相続の問題を取り上げる。たとえば，夫Aと妻Bとの間に長男Cと長女Dがいるとき，Aが死亡すると，Aの有する財産は，B，C，Dという相続人に承継される。この場合のB，C，Dという複数の相続人のことを共同相続人という。相続される人のことを被相続人，相続する人のことを相続人と称する。遺言によって相続財産を他人に譲渡することを遺贈といい，遺贈をする者を遺贈者，遺贈を受ける者を受遺者という。

　将来相続が開始すれば相続人となりうる者を推定相続人というが，判例によると，推定相続人は相続についての期待権を有するだけで，被相続人たるべき者の個々の財産に対していまだ権利を有するとはいえないとされる（最判昭和30・12・26民集9巻14号2082頁）。ここにいう期待権は，権利性を有しないのであるから，単なる事実上の期待にとどまるというべきである（中川＝泉42頁，於保不二雄・注釈相続上31頁ほか）。

II 相続の前提としての私有財産制

　相続の前提として，私有財産制がひかえている。本来，私有財産制の下では，人は，その所有する財産を自由に処分することができる。生前におけると同様，人は死後の財産の行方を生前に自由に決定することができる。これが遺言の自由である（211頁）。しかし，他方では，相続人の生活を維持させるという要請がある。一定の相続人が遺言にかかわらず最小限度有する一定の相続分上の権利である後述の遺留分（236頁以下）は，その要請に応える制度である。遺言がないときには，法律は規定を設けて，法律通りの相続が行

われるという扱いをする。これを法定相続という。遺言の自由と法定相続との関係については，前者が原則である。

なお，相続法に関しては，相続税の問題が重要である。国家は相続に際して相続人に相続税を課する。相続は，私有財産制を前提とするが，国の関与が相続税という形であらわれる。

III 相続の役割

相続はどういう役割を果たすであろうか。相続が認められる根拠は，学説の説明がまちまちだが（北川161頁以下，伊藤14頁。学説史につき，伊藤昌司「相続の根拠」民法講座341頁以下），相続の果たす役割は以下のようにまとめることができよう。

第1に，相続は，遺族の生活を保障するという役割を果たす。すなわち，被相続人の遺産を相続人が承継することによって，遺族がたちまち路頭に迷うことがないようにという**機能**である（この役割を指摘するものとして中川＝泉10頁，遠藤浩「相続の根拠」現代大系4巻13頁。これに対する反論として稲子恒夫＝稲子宣子「相続と生活保障」民商40巻6号3頁以下［昭和34年］）。

第2に，相続は，法律関係の安定という役割を果たす。ある人が死亡することによって，その人をめぐる法律関係を根本的に覆すのは，取引にとってきわめて不安定だから，被相続人の債権者の立場などを考慮して，人の死亡にかかわらず，その人をめぐる法律関係が原則的には従来通り続いていくべきだという要請に応える。

第3に，相続は，財産関係の清算という役割を果たす（この役割を指摘するものとして中川＝泉9頁以下，遠藤・前掲現代大系4巻13頁）。たとえば，夫が死亡した場合に，その妻には夫の生前に内助の功があったときに，それを相続に際してある程度清算する必要があるが，それが相続分の中に反映される。

第2節 相続の開始

I 相続開始の原因

相続は，死亡によって開始する（882条）。死亡は，失踪宣告（31条）を含む。

相続には，同時存在の原則がある。相続人は，相続開始時に生存していなければならないという原則である。明文はないが，遺贈は，遺言者の死亡以前に受遺者が死亡したときは，その効力を生じないという受遺能力に関する994条1項は，この原則を前提としている。胎児は，相続については，すでに生まれたものとみなすという胎児の権利能力に関する886条1項の規定は，この原則の例外を法定したものである。後述するように，相続人は相続開始時に相続欠格事由に該当せず（891条），また相続人の廃除（892条以下）を受けていないことを要するというのも，この原則の表れである。

II 相続開始の場所

相続は，被相続人の住所において開始する（883条）。相続をめぐる紛争が生じたときには，被相続人の住所を基準にして裁判管轄が定められる（民訴5条14号・15号・4条2項，家事191条など）。

III 相続財産に関する費用

1 相続財産に関する費用の意義

相続財産の管理・保存等の費用がかかる。民法は，それを相続人全体の負担とするという趣旨から，つぎのように定める。「相続財産に関する費用は，その財産の中から支弁する。ただし，相続人の過失によるものは，この限りでない」（885条1項）。

遺産分割までの管理費用（東京高決昭和54・3・29家月31巻9号21頁）や相続財産に関する固定資産税，土地改良費，管理費等は，上述の費用に含まれる（東京高決昭和54・6・6家月32巻3号101頁）。

2 遺留分減殺の場合

相続財産に関する費用は，遺留分権利者が贈与の減殺によって得た財産をもって支弁することを要しない（885条2項）。遺留分は前述したように，一定の相続人の最小限度の権利であるから，それを行使して得た財産からこの費用を支出する必要はないという趣旨である。

3 具体的問題

以下に述べる費用が相続財産に関する費用かどうかについては，問題がある。

（1）葬式費用　　葬式費用は相続財産に関する費用であろうか。

第2部 相続法 第1章 総則

① 相続財産費用説　葬式費用は共同相続人全員の負担という意味で相続財産の負担とみる立場がある。葬式費用が一般の先取特権の対象となることも、その根拠とされている（於保不二雄・注釈相続上42頁、柚木・相続73頁、中川相続逐条上45頁。仙台家古川支審昭和38・5・1家月15巻8号106頁）。

② 慣習説　葬式費用は相続財産に関する費用ではなく、慣習によって喪主の負担となるという立場がある（泉久雄・新版注民(26)136頁。甲府地判昭和31・5・29下民集7巻5号1378頁、東京地判昭和61・1・28家月39巻8号48頁）。

香典の帰属とも関係する問題だが、責任者を明確にするという意味で慣習説が妥当と思われる。

(2) 相　続　税

① 相続財産費用説　相続税は相続財産に関する費用に属するとする学説が有力である（柚木・相続73頁、中川相続逐条上45頁）。

② 相続人固有債務説　相続税法が相続税を相続財産を取得した相続人個人に課する税金と定めているので（相税1条の3）、相続人固有の債務とする学説がある（泉久雄・新版注民(26)134頁。仙台高決昭和38・10・30家月16巻2号65頁）。

相続税は、形式的には相続人の負担ではあるが、まずは相続財産から支出すべきものであり、相続財産費用説が妥当である。

(3) 相続財産管理費用債務の性質　相続財産の管理費用のための債務は、遺産債務として共同相続人の負担になるのか、相続人の固有債務なのかは、法文上不明確である。相続財産の管理費用は相続財産から支出すべき債務であり、その意味では、相続人の固有債務だが、通常の債務と異なり、共益費用（306条1号）の性質をもち、先取特権を認めるべきである（中川＝泉238頁ほか）。

(4) 共有規定との関係　253条は、各共有者が持分に応じて管理の費用を払い、その他の負担に任じなければならないと定めるので、885条との適用関係が問題となる。相続財産は、共有ではあるが、885条は253条の特則とみて、885条を優先的に適用すべきである（中川＝泉238頁、中川相続逐条上46頁。大阪高決昭和41・7・1家月19巻2号71頁）。

第3節　相続回復請求権

I　相続回復請求権の意義

Aが死亡しBがその相続人であるが，相続人でないCがいかにも相続人らしく遺産を占有しているとき，真正相続人Bは表見相続人ないし僭称相続人Cに対して相続財産の回復を請求することができる。これを相続回復請求権という（副田隆重「民法八八四条（相続回復請求権）」百年163頁参照）。

民法は，表見相続状態の継続による取引の安全を考慮して，相続回復請求権の短期消滅時効を定めた。すなわち，相続回復の請求権は，相続人またはその法定代理人が相続権を侵害された事実を知った時から5年間行使しないときは，時効によって消滅するとする。相続開始の時から20年を経過したときも，同様とする（884条）。20年の期間は除斥期間であり，その期間内で5年の消滅時効が認められる。

II　相続回復請求権の性質

相続回復請求権がいかなる法的性質を有するかにつき，学説が分かれる。

　①　請求権説　　通説は，これを文字通り請求権と解する（加藤一郎「相続回復請求権」民法演習V 182頁［昭和34年］）。

　②　形成権説　　これを一種の形成権とみる学説がある（近藤英吉・相続法論上429頁［昭和11年］）。

　③　訴権説　　包括的承継人の資格を争う特殊な訴権とみる学説がある（伊藤昌司「相続回復請求と受遺者」法時51巻12号26頁［昭和54年］）。

通説の請求権説に従って別段の不都合はないと思われる。

III　相続回復請求権の行使方法

相続回復請求権の行使方法めぐり，それが包括的に行使すべき権利か，個々の財産に対して個別的に行使すべき権利かをめぐって学説が分かれる。

　①　包括的行使説　　相続回復請求権は，個々の財産に対する個別的な回復請求権ではなく，包括的に行使されるべき一個の請求権だという（柚木・相続77頁，中川＝泉45頁，山中康雄「相続回復請求権」大系 VI 28頁）。

　②　個別的行使説　　個別的請求権があるのみで，集合体としての相続回復請求権を観念する必要はないという（高木多喜男［判評］判タ390号190頁［昭和54

年]，鈴木・相続58頁）。

判例は，かつて個別的行使説の立場を示したものと（大判明治44・7・10民録17輯468頁），包括的行使説の立場をとったものとがあったが（大判大正5・2・8民録22輯267頁），後に相続回復請求権の行使にあたっては，目的の財産をいちいち列挙する必要がないという包括的行使説の立場をとった（大連判大正8・3・28民録25輯507頁）。

元来，相続人は，個々の相続財産について所有権に基づく物権的請求権に基づいて返還を請求することができるはずだが，相続回復請求権はそのような個別的な請求権の行使を修正し，包括的な権利の行使を認めるものである。そこで包括的行使説の立場でよいが，その請求権の行使の仕方としては，個々の財産を列挙して行使するという意味での個別的行使説の方法をとっても差し支えはないと思われる。

IV 相続権侵害の意思・所有の意思の要否

相続回復請求権が発生するには，表見相続人に相続権侵害の意思があることを要せず，また，同人が所有の意思をもって相続財産を占有することを要せず，現に相続財産を占有することによって客観的に相続権が侵害されている事実状態があれば足りる（最判昭和39・2・27民集18巻2号383頁）。

V 事務管理者への適用の有無

単に事務管理として相続財産を事実上管理しているにすぎない者が真正な相続人からその財産の返還を請求されても，その請求は884条の相続回復の請求ではないから，その者は，同条所定の消滅時効を援用してこれを拒むことはできない（最判昭和52・2・17裁判集民120号65頁）。

VI 共同相続人間での適用の有無

共同相続人の一人が相続財産を事実上独り占めしているとき，他の共同相続人が相続権を主張する場合にも，5年の消滅時効の適用はあるだろうか。

① 共同相続人間884条適用肯定説　共同相続人間でも884条の適用があるという（柚木・相続91頁，山中・前掲大系Ⅵ37頁）。

② 共同相続人間884条適用否定説　共同相続人間では，遺産分割請求が問題となるのであって，相続回復請求権の消滅時効は適用がないという（星野英一「遺産分割の協議と調停」大系Ⅵ355頁，中川＝泉52頁）。

③　中間説　　共同相続人の一人または数人が他に共同相続人がいることを知りながらその持分を占有するときには，被侵害者の相続回復請求権の消滅時効を援用できないという立場がある。

　従来，884条適用肯定説が多数説，884条適用否定説が少数説であったところ，最高裁判所大法廷判決は，中間説の立場をとり，原則は884条適用肯定説だが，結果的には，多くの場合，884条適用否定説となるという立場を示した。すなわち，共同相続人の一人Aが，相続財産のうち自己の本来の相続持分を超える部分につき他の相続人Bの相続権を否定し，その部分もまた自己の相続持分に属すると称してこれを占有管理し，Bの相続権を侵害しているため，Bが占有侵害の排除を請求する場合にも884条の適用があるが，Aがその持分がBの持分に属することを知っているとき，またはその部分につきAに相続による持分があると信ずべき合理的な事由がないときは，同条の適用が排除され，Aは相続回復請求権の消滅時効を援用してBの請求を拒むことはできない（最大判昭和53・12・20民集32巻9号1674頁）。この判例に従った判例として，共同相続人の一人Aが他の相続人Bの承諾を得ないで司法書士にB名義で相続放棄の申述をすることを依頼し，これに基づく申述によってBが相続を放棄したものとして相続財産の不動産につきA単独名義の所有権移転登記をした場合に，BがAに対し自己の相続持分の割合による更正登記手続を請求するについては，884条の適用はなく，Aは同条の20年の消滅時効を援用してBの請求を拒むことはできないとされたものがある（最判昭和54・4・17判時929号67頁）。また，中間説の立場からは，例外の場合に該当する相続回復請求権の消滅時効の援用のためには，その者は，真正相続人の相続権を侵害している共同相続人が，侵害の開始時点に他の共同相続人がいることを知らず，かつ，これを知らなかったことに合理的な事由（善意かつ合理的事由の存在）があったことを主張立証しなければならないとされ，このことは，侵害者が相続権侵害の事実状態が現に存在することを知っていたかどうか，またはこれを知らなかったことに合理的事由があったかどうかに関わりがないとされる（最判平成11・7・19民集53巻6号1138頁）。この場合に，Aが単独の相続登記をしていて，他の共同相続人に対して相続回復請求権の消滅時効を援用できない場合には，Aから当該不

動産を譲り受けた第三者もこの時効を援用できないとされる（最判平成7・12・5判時1562号54頁）。

思うに，共同相続人間における相続権の侵害は，原則として，通常の財産権の侵害として処理されるべきであって，5年の消滅時効の適用はないというべきであり，884条適用否定説が正当と思われる。上記の判例の中間説も，実質的には884条適用否定説である。884条適用否定説に立脚しつつ，例外的に884条の要件を満たす事例においては，同条の適用を認めるという意味での中間説によってよいであろう。

VII 第三者取得者への適用の有無

表見相続人から相続財産を取得した第三者に対しても，884条は適用されるであろうか。

① 対第三者884条適用肯定説　表見相続人から相続財産を取得した第三者に対する返還請求にも，884条が適用されるという（柚木・相続92頁，鈴木・相続69頁）。

② 対第三者884条適用否定説　表見相続人から相続財産を取得した第三者に対する返還請求には，884条は適用されないという（泉久雄・新版注民(26)129頁）。

否定説の立場を示した古い判例があるが（大判大正5・2・8民録22輯267頁），肯定説の裁判例もある（東京高判昭和38・7・15下民集14巻7号1395頁）。表見相続人から相続財産を取得した第三者は，表見相続人の権利を承継するのだから，884条適用肯定説が正当と思われる。

VIII 相続回復請求権の相続性

相続回復請求権者がその権利を行使しないまま死亡した場合に，真正相続人の相続人は，これを行使できるであろうか。

① 相続回復請求権相続肯定説　真正相続人が死亡すれば，その相続人は相続回復請求権を当然相続するという（柚木・相続87頁，川島152頁，山中・前掲大系VI31頁）。

② 相続回復請求権相続否定説　真正相続人が死亡すれば，その相続人は相続回復請求権を相続することはないという（中川＝泉54頁）。

判例は，相続否定説である。すなわち，相続回復請求権は，一身専属権であり，相続権を侵害された相続人が相続回復請求権を行使しないで死亡した

ときは，その請求権は当然に消滅し，その相続人は，これを承継しないという（大判大正7・4・9民録24輯653頁。もっとも，次述の20年の期間の起算点に関する最判昭和39・2・27民集18巻2号383頁は，相続回復請求権の相続承継を認めることを前提としているように理解できる）。相続関係の早期安定にあるという相続回復請求権の短期消滅時効の趣旨からすると，相続回復請求権相続否定説のほうがよいと思われる。

IX　20年の期間の性質

20年の期間について，通説は除斥期間と解しているが，判例は消滅時効と解している。そして，相続回復請求権の20年の時効は，中断と時効利益の放棄が許されるが，相続権侵害の有無にかかわらず，相続開始の時から進行するとする（最判昭和23・11・6民集2巻12号397頁）。

真正相続人が死亡することにより2度の相続が開始した場合における20年の期間の起算点は，いつであろうか。Aの相続人Bの相続権がその相続の当初からCによって侵害され，その侵害状態が継続する間にDがBを相続した場合に，DのCに対する相続回復請求権の消滅時効の20年は，Aの死亡によりBの相続が開始した時から起算すべきであるとされる（前掲最判昭和39・2・27）。

X　相続回復請求権の消滅時効の援用権者

表見相続人から相続財産を譲り受けた第三者（相続財産の第三取得者）は，相続回復請求権の消滅時効を援用できるであろうか。判例は，家督相続回復請求権に関するが，表見相続人のみの援用権を認め，第三者の援用を否定する（大判昭和4・4・2民集8巻237頁）。学説は，この第三取得者は，時効によって直接利益を受ける者に該当するとして援用権を肯定するものが多い（中川＝泉62頁以下，柚木・相続92頁以下ほか）。上記の相続関係の早期安定にあるという相続回復請求権の短期消滅時効の趣旨からすると，第三取得者の援用権を認めてよいと思われる。

XI　相続回復請求権の放棄

相続開始前における相続回復請求権の放棄は許されるであろうか。

① 相続回復請求権放棄肯定説　相続回復請求権は一つの財産権であるという理由で，相続の開始の前後を問わず，自由に放棄ができるという学説がある

(中川＝泉66頁，山中・前掲体系Ⅵ39頁)。ただし，これらの学説は，相続開始前における相続回復請求権の放棄にかかわらず，遺留分は放棄されないで残るという。

② 相続回復請求権放棄否定説　　相続の事前放棄が被相続人等の圧迫によって行われるのを防ぐために相続の事前放棄が許されないのと同様に，相続回復請求権の事前放棄は許されないという（鈴木＝唄Ⅱ147頁，鈴木・相続72頁）。

判例は，家督相続に関するが，家督相続回復請求権は，その性質上，放棄は許されないとしたものがある（大判昭和13・7・26民集17巻1481頁）。今日の相続回復請求権は財産権ではあるが，相続権の事前放棄が許されないこととの均衡からみて，相続回復請求権放棄否定説が正当と思われる。

第2章 相続人

第1節 相続人

I 相続人の範囲

被相続人の子，直系尊属，兄弟姉妹および配偶者が相続人とされる（900条）。これが基本であるが，胎児も相続人となるとされる。また，一定の場合に代襲相続が認められる（886条）。さらに，相続人の欠格事由および廃除について定めがある。

1 子

被相続人の子は相続人となる（887条1項）。被相続人の子は第1順位の相続人である（900条1号）。

(1) 胎児　胎児は，相続については，すでに生まれたものとみなす（886条1項）。この規定は，胎児が死体で生まれたときは，適用しない（同条2項）。

人は出生時より権利能力を有するというのが原則であり（3条1項），相続については，相続開始時に相続人が存在することを要するという同時存在の原則があるため，胎児には相続権がないことになるので，その例外として，胎児は，相続については，すでに生まれたものとみなすと定められている。

胎児中に権利の取得が認められるかどうかについては，民法総則で述べたので（1巻23頁），ここでは省略する。

(2) 子の相続権　昭和37年の改正前は，直系卑属が第1順位の相続人と定められていたが，後述の代襲相続人の範囲を限定するための法技術として「被相続人の子」に改められたが，実質的な変更ではない。

2 直系尊属・兄弟姉妹

第1順位の相続人である子がいないときは，直系尊属が第2順位，それもいないときには，兄弟姉妹が第3順位の相続人となる。すなわち，887条の

規定（子およびその代襲相続人〔II 参照〕の相続）によって相続人となるべき者がない場合には，つぎの順位に従って相続人となる。第1に，直系尊属。ただし，親等の異なる者の間では，その近い者を先にする。第2に，兄弟姉妹（889条1項）。後述するように，兄弟姉妹の代襲相続は制限される。

3 配偶者

被相続人の配偶者は，つねに相続人となる。この場合に，887条および889条の規定によって相続人となるべき者（子，直系尊属，兄弟姉妹）があるときは，その者と同順位とする（890条）。歴史的には，旧家督相続にみられるように，配偶者の相続権は，夫の家産の維持という観点から，配偶者は否定されていたが，現行法は，婚姻中の財産の清算や，生計の維持等のために，配偶者は，つねに相続権を有するとされる。

内縁の配偶者には相続権がない。通説（我妻205頁）・判例（最判昭和42・2・21民集21巻1号155頁ほか）は，一貫してこの立場をとっている。

II 代襲相続人

1 代襲相続の意義

被相続人Aの死亡によりその相続人Bが相続し，その後Bが死亡することにより，Bの相続人Cは，さらに相続をするので，Aの財産は，Cに承継される。ところが，AよりBが先に死亡した場合には，その時点における他の相続人がAを相続するので，Cは，Aの財産を承継できないことになる。相続人Bの死亡の前後によってCの権利を異にするのは不公平であるから，上記の場合に，CがBに代わって相続するのが代襲相続である。誰を代襲相続人とするかは，立法政策の問題だが，後述するように，昭和37年の改正によって，888条は削除されて代襲相続人の範囲は狭められた。

2 子の代襲相続

（1） 子の代襲相続の意義　父Aと母Bとの間に，長男C，長女Dがいて，Aが死亡したときにはすでにCが死亡していたが，CにはEとFという子がいるときの相続人は誰であろうか。887条1項は，「被相続人の子は，相続人となる」と定め，同条2項は，「被相続人の子が，相続の開始以前に死亡したとき，又は第891条の規定に該当し，若しくは廃除によって，

第1節　相　続　人

その相続権を失ったときは，その者の子がこれを代襲して相続人となる。ただし，被相続人の直系卑属でない者は，この限りでない」と定める。そこで，前例では，EとFは，本来Cが相続したであろうものをCに代わって相続する。EとFは，もし，Aの孫という固有の資格で相続するのであれば，EとFは，Dと同等の相続分を有することになるはずだが（これを頭割りという），現行法は，EとFは，代襲者が代襲相続権を失った場合に相続するとしたので，EとFは，Cの相続したはずのものをDと平等に相続するにとどまる（これを株分けという）。887条につき，頭割説を主張する学説もあったが，昭和37年の改正法は株分け説を明確に採用した。

　(2)　再代襲・再々代襲等　　前例で，Aが死亡したとき，Cはもとより，Fも死亡しており，Fの子Gがいるときはどうであろうか。887条3項は，「前項の規定は，代襲者〔被相続人の子に代わって相続人となるべき者をいう〕が，相続の開始以前に死亡し，又は第891条の規定に該当し，若しくは廃除によって，その代襲相続権〔被相続人の子に代わって相続人となる権利をいう〕を失った場合について準用する」と定める。そこで前例では，Gは代襲相続権を有する。これを再代襲という。このように，被相続人の子については，孫による代襲相続のほか，ひ孫以下の直系卑属による再代襲，再々代襲が認められる。

　(3)　養子縁組前の子の代襲相続権の有無　　もしCがAの養子であって，EとFは，養子縁組前に出生した子だとするとAの直系卑属ではないから，代襲相続権を有しない（887条2項但書）。

　(4)　同時死亡の場合　　887条2項が，代襲相続の要件として，被相続人の子が相続の「以前」と定めるのは，相続開始時を含む意味であり，前例で，被相続人AとAの子Cが同時に死亡した場合（32条の2）にも，Cの子EとFは代襲相続人とされる。

　(5)　兄弟姉妹の代襲相続　　兄弟姉妹の子も代襲相続をすることができるが，昭和55年の民法の改正（法51号）によって，兄弟姉妹の孫以下の直系卑属は代襲相続権をもたないことになった（889条2項）。すなわち，「第887条第1項の規定は，前項第2号〔兄弟姉妹〕の場合について準用する」とし，887条3項の準用を否定した。そこで，甥，姪は代襲相続をすることが

151

できるが，それから先の直系卑属は代襲相続ができない。代襲相続人を広く認めると誰が相続権をもつのかが不明確になり，相続人を探し出すという手間がかかる。さらに，このような縁の遠い人は，いわゆる「笑う相続人」に該当する。つまり相続があっても別に悲しむわけではなくて，財産が転がり込んでくるにすぎない人である。そういう人を排除してもよいという理由で，兄弟姉妹の代襲相続人を制限した。

（6）　相続人の死亡以外の代襲相続原因　　代襲相続の原因は，被相続人の子が相続開始以前に死亡した場合に限られず，相続欠格と相続人廃除の場合がある。相続欠格とは，本来なら相続人となるべき者が被相続人を死亡に至らせて刑に処せられたような法定事由により相続資格を失うことをいう。相続人の廃除とは，遺留分をもつ推定相続人が被相続人を虐待するような著しい非行があったときに被相続人の請求等によって家庭裁判所が審判により推定相続人の相続権を剥奪する制度をいう。被相続人の子の相続放棄は代襲事由と定められていないので，代襲相続は認められない。この点については，立法批判がある（中川＝泉145頁）。

　　(a)　相続人の欠格　　被相続人Ａの子Ｂが相続欠格者であってもＢの子Ｃは代襲相続できる。ＢとＣとの関係で，Ｃが欠格者に該当する場合に，ＢがＡの死亡以前に死亡したとき，Ｃが代襲相続できるかどうかについては，定めがない。ＣがＢを殺害し，または殺害しようとして刑に処せられた場合（891条1号）は相続人秩序の著しい破壊があるので，代襲相続は否定すべきであるが，その他の欠格事由の場合には，代襲相続を認めるのが通説である（阿部浩二・注民(26)245頁）。

　　(b)　相続人の廃除　　ＣがＢより廃除された場合に，Ｃは廃除者Ｂを代襲して被相続人Ａを相続できるであろうか。廃除の効果は相対的であるので，これを肯定してよい（中川＝泉151頁，阿部浩二・注民(26)246頁）。

第2節　相続人の欠格と廃除

I　相続人の欠格
1　相続欠格の根拠

相続人たるべき者が被相続人を殺害したり，遺言につき不正行為をしたような場合には，相続秩序を乱したことになるので，その者は，相続人の資格を失う。このように，相続欠格の根拠は，相続秩序の破壊に求められるべきものと思われるが（山中康雄・注釈相続上70頁，幾代通「相続欠格」大系Ⅵ67頁），被相続人と相続人との間の協同体的結合を破る非行が根拠だとする学説（判例コン8・40頁，中川＝泉79頁）や，その両方が根拠だとする学説（加藤永一・新版注民(26)288頁，中川相続逐条上87頁）もある。

2　相続欠格者

つぎに掲げる者は，相続人となることができないとされる。

（1）　被相続人の殺害者等　　故意に被相続人または相続について先順位もしくは同順位にある者を死亡に至らせ，または至らせようとしたために，刑に処せられた者（891条1号）。「故意」による殺人または殺人未遂による処刑を要件とする。単に殺人等とされないで，「故意」が要件とされるのは，相続につき不正な利益を得ようとする動機が必要とされるのであろうか。

①　動機必要説　　上記の動機がある場合に相続欠格が認められるとする学説がある（山中康雄・注釈相続上74頁，山畠正男・註解相続66頁，幾代・前掲大系Ⅳ70頁）。

②　動機不要説　　上記の動機は不要とする学説がある（中川＝泉80頁，加藤永一・新版注民(26)296頁）。動機不要説ではあるが，殺人等の相手が相続について先順位もしくは同順位にある者であることの認識は必要であるという学説もある（判例コン8・41頁）。

判例は，傷害致死の場合は相続欠格に該当しないとするものがあるだけで（大判大正11・9・25民集1巻534頁），上記の問題に関する判例はない。私見は，動機不要説である。殺人等の事実があれば，相続秩序の破壊があると考えられるからである。

第2部 相続法 第2章 相続人

処刑については，相続開始前に執行猶予が満了したときは，刑の言渡しは効力を失うので（刑27条），相続欠格とならないとすることについては，学説上，異論がない（中川＝泉75頁，幾代・前掲大系VI 71頁）。執行猶予が満了しないうちに相続が開始した場合に，執行猶予程度の犯罪の場合には，相続欠格とするほど悪質とはいえないとする学説があり（山中康雄・注釈相続上73頁，加藤永一・注民(24)235頁，中川相続逐条上89頁），これに賛成してよい。

(2) 殺害の不告発者等　被相続人の殺害されたことを知って，これを告発せず，または告訴しなかった者。ただし，その者に是非の弁別がないとき，または殺害者が自己の配偶者もしくは直系血族であったときは，この限りでない（891条2号）。

(3) 詐欺・強迫による被相続人の遺言等の妨害者　詐欺または強迫によって被相続人が相続に関する遺言をし，これを取り消し，またはこれを変更することを妨げた者（891条3号）。

(4) 被相続人の遺言等についての詐欺・強迫者　詐欺または強迫によって，被相続人に相続に関する遺言をさせ，これを取り消させ，またはこれを変更させた者（891条4号）。被相続人が詐欺・強迫を理由に遺言を取り消した場合には，遡及的に遺言は無効となるが，この場合にも，詐欺・強迫者は欠格者に該当する（山中康雄・注釈相続上77頁，加藤永一・新版注民(26)304頁，幾代・前掲大系IV 73頁）。

(5) 被相続人の遺言書の偽造者等　相続に関する被相続人の遺言書を偽造し，変造し，破棄し，または隠匿した者（891条5号）。遺言者の最終意思を実現するための法形式を整える趣旨で偽造または変造した者は，相続欠格者にあたらないとした判例がある（最判昭和56・4・3民集35巻3号431頁）。この判例の趣旨に従って，相続人が相続に関する被相続人の遺言書を偽造・隠匿した場合に，相続人のこの行為が不当な利益を目的とするものでなかったときは，この相続人は，相続欠格者に該当しないとされる（最判平成9・1・28民集51巻1号184頁）。この場合には，遺言に対する著しく不当な干渉行為とはいえず，同人に厳しい制裁を課するのは891条5号の趣旨に沿わないからだとされる。

3　相続欠格の効果

相続欠格の効果は法定要件を満たせば当然に発生する。相続開始前の場合には，欠格事由が生じた時点で，相続開始後の場合には，相続開始時にさかのぼって欠格の効力が生ずる。

4　相続欠格の宥恕

被相続人が相続欠格者の行為を許すという宥恕したときは，相続権の回復が認められるであろうか。相続欠格が法律上当然に生ずるものであることを理由に，これを否定する学説もあるが（柚木・相続139頁），多数説は，宥恕の手続の定めがなくても，被相続人が殺害された場合は別として，その他の場合には，これを肯定する（中川＝泉89頁，加藤永一・新版注民(26)313頁，唄孝一・判例コン8・40頁ほか）。これを肯定した審判例も出ている（広島家呉支審平成22・10・5家月63巻5号62頁—推定相続人を殺害して欠格者となった者を被相続人が宥恕したとして，相続資格を肯定したもの）。肯定説に従い，遺産分割の手続において宥恕の事実を考慮すべきであろう。

II　推定相続人の廃除

1　推定相続人の廃除の意義

被相続人は，推定相続人に一定の事由があるときには，その廃除を家庭裁判所に請求することができる。すなわち，遺留分を有する推定相続人が，被相続人に対して虐待をし，もしくはこれに重大な侮辱を加えたとき，または推定相続人にその他の著しい非行があったときは，被相続人は，その推定相続人の廃除を家庭裁判所に請求することができる（892条）。遺言によっても廃除することができる（893条）。相続欠格と異なり被相続人の意思に基づいて相続権を奪う制度である。遺言による遺贈によっても，ある程度，同様の目的を達成させることができるが，その場合には，遺留分の権利が残るので，それをも完全に排除するためにこの制度が利用される。

2　廃除の要件

(1)　被廃除者

(a)　遺留分を有する推定相続人　　遺留分を有する推定相続人が廃除の相手方となる。上記のように，廃除は，遺留分をも奪う制度だからである。したがって，兄弟姉妹は被廃除者とはならず，遺言によって，その相続分を

第2部 相続法　第2章 相続人

奪うほかはない。

　(b) 配偶者　配偶者も廃除の相手方となりうるであろうか。配偶者は「遺留分を有する推定相続人」ではあるが，離婚が成立すれば配偶者は相続権を有しなくなるので，婚姻中の実質的持分を清算する機会のない廃除を認めるべきではないという少数説があるが（永山栄子「推定相続人の廃除(下)」ジュリ 637 号 166 頁［1977 年］），多数説は，離婚と廃除は制度の趣旨を異にすること，離婚訴訟係属中に原告が死亡すると，被告は相続権を有し，廃除ができなくなることなどを理由に，配偶者も廃除の相手方となりうるとしている（中川良延・家族法判例百選［新版・増補］185 頁［昭和 50 年］ほか）。肯定説の裁判例もある（大阪高決昭和 44・12・25 家月 22 巻 6 号 50 頁）。肯定説を支持してよい。

　(c) 被相続人の養子となった被廃除者　廃除された者が，後に被相続人の養子になった場合には，新たな身分の取得であって，被相続人には養子に相続させる意思があるとみられるので，相続権を取得するとみるのが通説（舟橋諄一「相続人の廃除」大系Ⅵ 91 頁，唄孝一・判例コン 8・47 頁，中川＝泉 109 頁，泉久雄・新版注民(26)345 頁）・判例（明治民法における廃嫡の事例だが，大判大正 9・2・28 民録 26 輯 120 頁）である。これに賛成してよい。

　(2) 廃除事由　以下に述べるいずれかの事由に該当することを要する（893 条）。

　(a) 虐待　被相続人に対して虐待をしたこと。一例として，夫が妻に対して，暴行を加えて創傷を負わせ，夫婦関係を破綻させたのは，虐待にあたるとした審判例がある（京都家審昭和 36・11・24 家月 14 巻 11 号 122 頁）。

　(b) 重大な侮辱　被相続人に重大な侮辱を加えたこと。一例として，推定相続人が稼業に従事せず，飲酒して暴言を吐くため，被相続人が別居に至った場合には，重大な侮辱があるとした審判例がある（前掲京都家審昭和 36・11・24）。また，娘が暴力団員と婚姻して婚姻に反対する父の名で披露宴の招待状を出したようなことに重大な侮辱があるとした裁判例もある（東京高決平成 4・12・11 判時 1448 号 130 頁）。これに対し，推定相続人が被相続人を背任罪で告訴したが，真に処刑を望んでおらず，告訴の原因が被相続人にあるときは，重大な侮辱とはいえないとした裁判例がある（東京高決昭和 49・4・11 判時 741 号 77 頁）。

(c) 非行　推定相続人にその他の著しい非行があったこと。一例として，養親である被相続人の虚偽の住民移動届出をするなどして，無断でその所有不動産を売却・移転登記をしたことにより公正証書原本不実記載の有罪判決が確定しているときは，著しい非行にあたるとした審判例がある（東京家審昭和50・3・13家月28巻2号99頁）。

3　廃除の手続

家庭裁判所への請求によって，審判によって処理する。以前は調停の対象とすることができたが，家事事件手続法はこの扱いを変更し，調停をすることができないものとした（家事188条・別表第一86項）。協議による推定相続人の廃除を認めない趣旨である。

廃除請求者には，意思能力を必要とするが，行為能力を要するかどうかにつき，学説が分かれ，廃除請求権は行使上の一身専属権であって，代理に親しまないとして，制限行為能力者は廃除請求ができないとする少数説があるが（山中康雄・注釈相続上89頁），多数説は，廃除権行使の能力は意思能力をもって足るとしている（中川＝泉105頁，泉久雄・新版注民(26)341頁ほか）。多数説が正当である。

4　遺言による廃除請求

被相続人が遺言で推定相続人を廃除する意思を表示したときは，遺言執行者は，その遺言が効力を生じた後，遅滞なく家庭裁判所に廃除の請求をしなければならない。この場合において，廃除は，被相続人の死亡の時にさかのぼってその効力を生ずる（893条）。遺言執行者は，家庭裁判所の指定または選任によって定まる（1006条～1010条）。

廃除請求が遅滞してされた場合には，遺言執行者の責任は生ずるものの，廃除請求自体は有効であり，したがって，廃除審判請求を却下すべきでないという有効説（山中康雄・注釈相続上94頁，中川相続逐条上108頁）と，廃除に関する遺言の部分は無効となるという無効説があるが（中川＝泉105頁，岡垣学＝野田愛子編・講座実務家事審判法3巻22頁〔叶和夫〕〔昭和64年〕），被相続人に廃除意思がある以上，その実現が望ましいので，前説が妥当と思われる。

5　廃除の取消し

被相続人は，いつでも，推定相続人の廃除の取消しを家庭裁判所に請求で

きる（894条1項）。被相続人は，生前でも，遺言によっても廃除の取消請求ができるが，権利関係を明確にするために，家庭裁判所の関与を必要とする。遺言による廃除に関する893条の規定は，廃除の取消しにこれを準用する（894条2項）。その結果，遺言執行者は，その遺言が効力を生じた後，遅滞なく家庭裁判所に廃除の取消しの請求をしなければならない。こうした廃除の取消手続があるので，裁判外での宥恕の効力は認められない（泉久雄・新版注民(26)351頁）。

6 廃除確定前の相続開始

推定相続人の廃除またはその取消しの請求があった後その審判が確定する前に相続が開始したときは，家庭裁判所は，親族，利害関係人または検察官の請求によって，遺産の管理について必要な処分を命ずることができる。廃除の遺言があったときも，同様である（895条1項，家事別表第一88項）。家庭裁判所が管理人を選任した場合には，27条から29条までの規定（不在者の財産管理人の権利義務）を準用する（同条2項）。遺産分割の後，廃除審判が確定することによる混乱を防止するためである。

第3章 相続の効力

第1節 総　則

I　相続の一般的効果
1　一切の権利義務の承継

相続人は，相続開始の時から，被相続人の財産に属した一切の権利義務を承継する（896条本文）。すなわち，原則としてすべての権利義務が相続される（相続の効力については，窪田充見「民法八九六条（相続の効力）」百年191頁参照）。一切の権利義務の承継というのが，文字通り個々の権利義務の承継を意味するか，それとも被相続人の包括的な地位の承継を意味するかをめぐって学説が分かれる。

　① 権利義務承継説　　個々の権利義務の承継といえば足りるという（山中康雄「相続は地位の承継か」末川博ほか編・家族法の諸問題361頁［昭和27年］）。

　② 地位承継説　　個々の権利義務の承継にとどまらず，地位ないし人格の承継を意味するという（唄孝一・判例コン8・54頁，中川＝泉161頁）。

古い判例で，相続人は被相続人の人格を承継し，法律上被相続人と同一視すべきものであるとしたものがある（大判大正元・9・25民録18輯799頁）。明治民法下において相続が家督相続であった時代においては，地位承継説は妥当であったが，今日では，地位承継といっても結果的には個々の権利義務の承継に帰するので，権利義務承継説で足り，あえて地位の承継という必要はないと思われる。

2　一身専属権の例外

被相続人の一身に専属したものは，この限りでない（896条但書）。扶養請求権のような帰属上の一身専属権は相続の対象とならない。一例として，前述した朝日訴訟（136頁）の判決は，生活保護法に基づく保護受給権は，被保護者自身の最低限度の生活を維持するために当該個人に与えられた一身専

属の権利であって相続の対象とならないと述べている（最大判昭和42・5・24民集21巻5号1043頁）。

一身専属権には行使上の一身専属権と帰属上の一身専属権とがあるが，ここで問題なのは帰属上の一身専属権である。

3 祭祀に関する権利の承継

系譜，祭具および墳墓の所有権は，896条の規定にかかわらず，慣習に従って祖先の祭祀を主宰すべき者が承継する。ただし，被相続人の指定に従って祖先の祭祀を主宰すべき者があるときは，その者が承継する（897条1項）。1項本文の場合に慣習が明らかでないときは，権利を承継すべき者は，家庭裁判所が定める（同条2項）。家督相続の温存につながるという立法批判がある（唄孝一・判例コン8・74頁）が，祭祀財産をめぐる紛争を防ぐためにやむをえない規定であろう（なお，石川利夫「祭祀承継と相続」講座5巻85頁参照）。

II 共有の性質（共有か合有か）

898条にいう「共有」は，249条以下に定める，文字通りに共有であろうか。たとえば，父Aと母Bとの間に長男Cと長女Dがいて，Aが土地建物を相続財産として残して死亡した場合に，この不動産は，B，C，Dの共有となるとされるから，配偶者Bは2分の1，子C，Dは残りの2分の1について平等の権利を持つので，それぞれ4分の1の持分で不動産を共有する。このように，個々の不動産や動産などについて，それぞれ共有状態が生ずる。ここにいう「共有」が文字通りの共有かどうかについて学説が分かれる。

　① 合有説　相続財産の共有は，組合財産の共有と酷似し，単純な持分的な共有とは性格を異にし，合有的な特徴を備え，それは遺産合有だとする学説がある（中川＝泉221頁，川島155頁）。また，各共同相続人は，共有持分を有するが，その持分を処分する権能をもたず，持分は潜在的な存在となっており，一般の共有とは異なる特殊性があるという学説もある（唄孝一・判例コン8・80頁，鈴木・相続209頁，鈴木＝唄II74頁）。

　② 共有説　相続を純個人主義的な各相続人の財産取得原因にすぎないとみて，相続財産の共有は文字通りの共有とみるべきだという（柚木・相続184頁，品川孝次「遺産『共有』の法律関係」判タ121号3頁［昭和36年］）。

判例は共有説をとる。すなわち，相続財産は，民法改正の前後を通じ249

第1節　総　　則

条以下の「共有」とその性質を異にするものではないという（最判昭和30・5・31民集9巻6号793頁）。議論の実益は，共同相続人の一人が相続財産における自己の持分を第三者に処分した場合に，合有説によると，持分は拘束されているので，処分が無効になりうるが，共有説によると，持分処分の自由により処分は有効となる。909条は遺産分割の遡及効を定めつつ，その但書は，第三者の権利を妨げることはできないと定めるので，合有説によっても，上記の持分の処分は有効とみざるをえない。合有説の立場からは，「第三者」は善意者に限るという解釈の提案があるが（中川＝泉353），この解釈は困難であって，現行法の下では共有説をとるのが妥当と思われる。

　共有説の立場からすると，前例で共同相続人の一人Cだけが単独で相続をしたと称し，書類を偽造して遺産の不動産を第三者Eに売り渡して移転登記を終えた場合に，EはCの持分を有効に取得する。他の共同相続人B，Dは各自の持分を登記なくしてEに主張することができる。この場合，Cから持分を譲り受けた第三者Eの権利は，前述したように，後の遺産分割によっても害されない（909条但書）。その結果，EはCの有する持分のみを有効に取得するので，B，DはEの登記の全部抹消ではなく一部抹消（共有登記への更正登記）の請求のみができることになる（最判昭和38・2・22民集17巻1号235頁）。

　この判例の趣旨からすると，A名義の不動産につき，共同相続人の一人Bが他の共同相続人に無断でBからYへと順次相続を原因として直接Yに所有権移転登記がされている場合に，Aの共同相続人のXは，Yがこの不動産に共有持分権を有しているとしても，この登記の全部抹消を求めることができる（最判平成17・12・15判時1920号35頁）。

　共同相続人の一部から遺産を構成する特定不動産の共有持分権を譲り受けた第三者が当該共有関係の解消のためにとるべき裁判手続は，家庭裁判所における遺産分割審判（907条）ではなく，通常裁判所における共有物分割訴訟（258条）であるとされる（最判昭和50・11・7民集29巻10号1525頁）。

III　相　続　財　産

1　相続財産の共有

　相続人が数人あるときは，相続財産は，その共有に属する（898条）。判例

も，相続財産の共有は，民法改正の前後を通じ，民法249条以下に規定する「共有」とその性質を異にするものではないという（前掲最判昭和30・5・31）。数人の相続人を共同相続人という。各共同相続人は，その相続分に応じて被相続人の権利義務を承継する（899条）。相続財産（遺産）の管理に関する特別の定めがないので，共有の規定が適用される（遺産の共有については，右近健男「民法八九八条・八九九条（遺産共有）」百年237頁参照）。

2 相続財産の管理等

(1) 相続財産の変更・処分　各相続人は，他の共同相続人の同意がなければ相続財産に変更を加えることができない（251条）。物理的な変更が許されないのみでなく，251条によるかどうかはともかく，相続財産全部を共同相続人の一人が処分することは許されない。共有者の一人が第三者に対してする反訴の提起は処分行為であるという判例がある（大判大正6・12・28民録23輯2273頁）。

(2) 相続財産の管理　相続財産の管理に関する事項は，各共同相続人の相続分の価格に従い，その過半数をもって決する（252条本文）。以下の諸場合がある（千藤洋三「共同相続財産の管理」講座5巻29頁参照）。

(a) 相続財産の明渡し　252条本文が相続財産の管理に適用されるとし，共同相続人の一人が共有物を現に占有する場合に，他のすべての相続人らの価格が過半数を超えるからといって占有する者に対し当然にその明渡しを請求できるものではないとする判例がある（最判昭和41・5・19民集20巻5号947頁）。これに対しては，252条本文の適用を疑問とし共同相続人間の明渡請求のような問題は利益配分の問題であって遺産分割として把握されるべきだとする学説もある（唄孝一・判例コン8・82頁以下）。

(b) 相続財産の家屋の使用借主に対する契約解除　共同相続人が相続財産の家屋の使用借主に対して，その使用貸借を解除するのは252条本文の管理行為にあたるから，共同相続人の過半数決を必要とするという判例がある（最判昭和29・3・12民集8巻3号696頁）。この場合の解除は形成権の行使であって，取消権の行使と同様，処分行為だとする学説があるが（近藤英吉・相続法論上533頁［昭和11年］），管理行為か処分行為かは，形成権かどうかというよりも，その行為のもつ取引上の重要性という観点から判断すべきである

と思われ，判例に賛成してよい（川井健［判評］法協74巻1号79頁［昭和32年］）。

　(c)　共有物を目的とする賃貸借契約の解除　　共有物を目的とする賃貸借契約を解除することは，252条本文の「共有物の管理に関する事項」に該当し，解除については544条1項の規定は適用されないとする判例がある（最判昭和39・2・25民集18巻2号329頁。4巻88頁）。

　(d)　相続財産である金銭の保管　　相続財産である金銭の保管は管理行為であるから，相続財産の金銭を保管している相続人に対し，他の相続人は遺産分割までは自己の相続分に相当する支払を求めることはできないとみてよい（最判平成4・4・10判時1421号77頁）。

　(e)　被相続人の営業の廃止　　被相続人の営んでいた営業を共同相続人が廃止するのは，相続財産の管理であろうか。特に，共同相続人の一部の者がその営業に従事していた場合が問題となる。学説では，管理ではなく，遺産分割の問題とするもの（中川＝泉244頁）と，相続財産の変更であって相続人全員の同意を必要とするが，営業からの脱退・除名は遺産分割によるとするもの（猪瀬慎一郎「共同相続財産の管理」現代大系V 12頁）がある。営業の廃止は，最終的には遺産分割によるべきだが，それまでは相続財産の変更であって相続人全員の同意を要するとするのがよいと思われる。

　(3)　相続財産の保存　　保存行為は各相続人がすることができる（252条但書）。判例では，共同相続人の一人が登記上の所有名義者に対してその登記の抹消の請求するのは妨害排除請求であって，保存行為であり単独で登記の全部の抹消請求ができるとしたものがある（最判昭和31・5・10民集10巻5号487頁）。

3　相続財産をめぐる訴訟

　(1)　共同相続人を原告とする訴訟

　(a)　持分の主張　　ある不動産の共有権者の一人がその持分に基づき，当該不動産につき登記簿上の所有名義人に対し，その登記の抹消を求めることは妨害排除の請求にほかならず，いわゆる保存行為に属し共同相続人の一人が単独で，所有権移転登記の抹消を求めうるとされる（前掲最判昭和31・5・10）。私見では，保存行為といわなくても，持分権の主張は，各共有者が単独でできるという理由によってよいと思う。また，各共同相続人は，相続

分に基づく持分を第三者に対して主張することができる。判例では，土地の各共有者は，その持分に基づき，その土地の一部が，自己の所有に属すると主張する第三者に対し，単独で係争地が自己の共有持分権に属することの確認を請求できるとされる（最判昭和40・5・20民集19巻4号859頁）。

(b) 固有必要共同訴訟の場合　　一個の不動産を共有する数名の者全員が，共同原告となり，共有権（その数名が共同して有する一個の所有権）に基づき所有権移転登記手続を求めているときは，その訴訟の形態は，固有必要的共同訴訟とされる（最判昭和46・10・7民集25巻7号885頁）。

(2) 共同相続人を被告とする訴訟　　判例の理由付けはまちまちだが，第三者が共同相続人を被告として権利を主張する訴訟は，固有必要的共同訴訟ではないとされる。すなわち，第三者から共有者（旧家屋台帳上の共有名義人全員）に建物所有権確認を求めるのは，必要的共同訴訟ではないとされ（最判昭和34・7・3民集13巻7号898頁），相続人が承継した被相続人の所有権移転登記義務は，いわゆる不可分債務であるから，必要的共同訴訟の関係にたつものではないとされ（最判昭和36・12・15民集15巻11号2865頁），土地の所有者がその所有権に基づいて地上の建物の所有者である共同相続人を相手方とし，建物収去土地明渡しを請求する訴訟は固有必要的共同訴訟ではないされ（最判昭和43・3・15民集22巻3号607頁），また，不動産賃借人から賃貸人の共同相続人に対する賃借権確認の訴えは，必要的共同訴訟ではないとされる（最判昭和45・5・22民集24巻5号415頁）。

(3) 遺産確認の訴え　　共同相続人間における遺産確認の訴えは，固有必要的共同訴訟であるとされる（最判平成元・3・28民集43巻3号167頁）。すなわち，この訴えは，当該財産が現に共同相続人による遺産分割前の共有関係にあることの確認を求める訴えであり，その原告勝訴の判決は，当該財産が遺産分割の対象である財産を既判力をもって確定し，これに続く遺産分割審判および審判の確定後，当該財産の帰属性を争うことを許さないことによって共同相続人間の紛争の解決に資することができ，この点にこの訴えの適法性を肯定する実質的根拠があるから，この訴えは，共同相続人全員が当事者として関与し，その間で合一にのみ確定することを要するという。この判決は，理由付けの中で，共同相続人間において特定の財産が被相続人の遺産に

第 1 節　総　　則

属することの確認を求める訴えは適法であるという最判昭和 61・3・13 民集 40 巻 2 号 389 頁を引用しているが，この判決の原審では，共同相続人全員が当事者として関与しており，敗訴した原告の一人が上告したのであり，遺産確認の訴えが固有必要的共同訴訟であることを前提としたものである。

4　相続財産の管理の費用

各相続人は，その相続分に応じ管理の費用を払い，その他相続財産の負担を負う（253 条 1 項）。共同相続人がその義務を履行しないときは，他の共同相続人は相当の償金を払ってその相続分を取得できる（同条 2 項）。

5　相続財産に関する債権

共同相続人の一人が相続財産につき他の共同相続人に対して有する債権は，その特定承継人に対しても行使できる（254 条）。

IV　債権債務の共有的帰属

1　可分債権の相続

預金債権のような金銭債権は可分であるが相続の開始により，当然分割されるのであろうか。

①　分割帰属説　　可分債権は相続分に応じて，少なくとも第三者との関係では各共同相続人間で分割されるという（鈴木・相続 200 頁，柚木馨「共同相続財産の法的性質」大系 VI 170 頁）。

②　不分割帰属説　　共同相続においては，可分債権も不可分債権のように共同相続人に帰属するという（中川＝泉 250 頁，柚木・相続 186 頁（旧説））。

判例は，分割帰属説である。すなわち，相続財産中の可分債権は法律上当然分割され各相続人がその相続分に応じて権利を承継するという（最判昭和 29・4・8 民集 8 巻 4 号 819 頁〔不法行為に基づく損害賠償債権〕，最判平成 16・4・20 家月 56 巻 10 号 48 頁〔預金債権〕）。もっとも，金銭債権であっても特定の種類のものについては，当然には分割されず，遺産分割手続でその最終的な帰属が定まるとしたものがある（最判平成 22・10・8 民集 64 巻 7 号 1719 頁〔旧・郵便貯金法における定額郵便貯金債権〕，最判平成 26・2・25 民集 68 巻 2 号 173 頁〔株式・委託者指図型投資信託受益権・個人向け国債〕，最判平成 26・12・12 判時 2251 号 35 頁〔委託者指図型投資信託の受益権につき，相続開始後にその元本償還金または収益分配金が受益権販売会社の被相続人名義の口座に入金されていた場合〕）。

私見としては，分割帰属説でよいと思う。そのほうが所有権の共有の場合と整合するし，格別の不都合は認められない。ただし，可分債権も遺産分割の対象とすることができる（高松高判平成18・6・16判時2015号60頁）。遺産分割は相続人の合意で行うのが原則だからである。審判による遺産分割でも法定相続分に基づいて行うので不都合は生じない。これを認めても第三者は不利益を受けることはない（909条但書）。

では，相続開始後に相続財産から果実（たとえば相続財産たる不動産から発生した賃料債権）が生じた場合，この果実はどのように扱われるだろうか。これを遺産と同視してよいか，あるいは遺産とは別個の財産とみるべきだろうか。明文の規定がなくさまざまな見解が対立している。近時の判例は，相続開始から遺産分割までの間に共同相続した不動産から生ずる賃料債権は，各相続人がその相続分に応じて分割単独債権として確定的に取得し，この賃料債権の帰属は，後の遺産分割の影響を受けないとした（最判平成17・9・8民集59巻7号1931頁）。この判例は，遺産たる不動産から生じた賃料債権は，遺産とは別個の財産であって，各共同相続人がその相続分に応じて分割単独債権として確定的に取得するとし，後に遺産分割がされても，それによって確定した賃料債権の帰属には影響しないとしたものであるが，こうした考え方には，上述した私見の観点からは，疑問がある。

2 債務の相続

(1) 可分債務の相続

① 分割帰属説　　可分債務は共同相続により当然に分割され，各共同相続人は，その相続分に応じて分割された債務につき独立して債務を負うという（山中康雄・注釈相続上153頁，甲斐道太郎「共同相続財産」民法演習Ⅴ175頁［昭和34年］，藪重夫「債務の相続」大系Ⅵ230頁・233頁，於保不二雄「共同相続における遺産の管理」大系Ⅶ98頁・100頁）。

② 不分割帰属説　　相続債務は，428条にいう「債権の目的がその性質上……不可分である場合」に該当するから，不可分債務になるという（柚木・前掲大系Ⅵ172頁，鈴木・相続202頁，鈴木＝唄Ⅱ73頁）。

③ 合有的帰属説　　債務は合有的共同債務であり，債権者の同意を得ないで債務者の自由意思のみで個人債務に分割することは許されないという（川島165頁）。

判例は，分割帰属説である。すなわち，被相続人の金銭債務その他の可分債務については各自分担し平等の割合において債務を負担するものであり，連帯債務を負ったり不可分債務を負ったりするものではないという（大決昭和5・12・4民集9巻1118頁）。私見も分割帰属説である。427条の「平等」は「相続分に応じて」に修正して適用される。このように解するほうが所有権の共同相続や可分債権の共同相続の場合と整合すると考えられる。

(2) 不可分債務の相続　不可分債務を相続した共同相続人が不可分債務を負うことはもちろんである（唄孝一・判例コン8・90頁，中川＝泉230頁）。判例では，被相続人が第三者の所有する不動産を取得して相手方に譲渡する義務を負担する場合に，共同相続人がその債務を承継したときは，各遺産相続人は不可分債務を負担するとしたもの（大判昭和10・11・22裁判例9巻民288頁），相続によって承継した被相続人の所有権移転登記義務の履行債務は，いわゆる不可分債務であるとしたもの（最判昭和36・12・15民集15巻11号2865頁），農地の売主が負う，知事に対する許可申請手続協力義務は，給付の目的が性質上不可分のものと解されるから，本件共同相続人は不可分債務者の関係にたつものというべきであるとしたもの（最判昭和38・10・1民集17巻9号1106頁）がある。

(3) 連帯債務の相続　連帯債務（432条）の相続はどうであろうか。たとえば，Aに対し，B，Cが2,000万円の連帯債務（432条以下）を負っていてCが死亡し，その2人の子D，Eが相続人であるときには，D，Eは，2,000万円ずつの連帯債務をBとともに負うのであろうか，それともD，Eは，Cの負っていた2,000万円の連帯債務を分割して承継し（427条），その承継した範囲（1,000万円ずつ）で本来の債務者Bと共に連帯債務を負うのであろうか。学説が分かれる。

① 分割説　相続財産の共有説の立場から，連帯債務も分割承継されるという（永田真三郎・家族法判例百選［第3版］201頁［昭和55年］）。

② 連帯債務説　連帯債務はその給付の不可分を本質とするので，各共同相続人は，本来の債務者とまったく同様の連帯債務を負担するという（唄孝一・判例コン8・93頁，有地亨・続判例百選［第2版］98頁［昭和40年］ほか）。

判例は分割説である。すなわち，連帯債務者の一人が死亡し，その相続人

が数人ある場合に，相続人らは被相続人の債務の分割されたものを承継し，各自その承継した範囲において本来の債務者とともに連帯債務者となるという（最判昭和34・6・19民集13巻6号757頁）。この判例が出るまでは，学説はこの問題を論じていなかったが，判例の出た後では，判例に反対する連帯債務説が有力である。しかしながら，債権者の利益のほか共同相続人の利益をも考慮する必要がある。共同相続人や代襲相続人が当然に連帯債務を負担するというのは，債権者の保護に傾きすぎるのであって，共同相続人の利益との調和からすると分割説により一部連帯の結果が生じてもやむをえないと考えられる。これによっても債権者は理論上は債権全部の回収の可能性はある。

もし相続財産に属する債権や債務が可分なものでないときには（1台の自動車の引渡債権・債務など），それは不可分債権・債務（428条以下）として，共同相続人に帰属するというべきである。

(4) 保証債務の相続

(a) 通常の保証債務　　通常の保証債務は，他の金銭債務と性質を同じくするものであり，その相続性は肯定される。

(b) 賃貸借の保証債務　　賃貸借契約の保証債務につき，保証人は，賃借人その人を信頼して保証したとしてその相続性を否定する学説があるが（中川＝泉177頁），相続性を肯定するのが通説である。判例も，賃借人のためにその賃貸借による債務を保証した者は，身元保証と異なり，広範な範囲で責任を負うものではないので保証人の死亡によりその義務が消滅する理由はなく，相続人がその債務を承継するという（大判昭和12・12・20民集16巻2019頁）。これを支持してよい。

(c) 身元保証債務　　身元保証契約にあっては，保証人の責任範囲は広範な範囲に及び，またその契約は当事者間の相互の信頼を基礎として成立した契約であるので，特別の事情のない限り，保証人の相続人は，契約上の義務を承継しないとされる（前掲大判昭和12・12・20，大判昭和18・9・10民集22巻948頁）。ただし，相続開始時に具体的に生じている保証債務の相続は肯定される。

(d) 信用保証債務　　継続的売買取引について，平成16年の改正前の民法のもとで，将来負担することのある債務についてした責任の限度額なら

第 1 節 総　　則

びに保証期間の定めのない連帯保証契約における保証人の地位は，特段の事情のない限り，当事者その人と終始するものであって，その相続人がこの保証債務を承継負担しないとした判例があった（最判昭和 37・11・9 民集 16 巻 11 号 2270 頁）。責任の限度額のある信用保証の相続を肯定した判例があるが（大判昭和 10・3・22 法学 4 巻 1441 頁），疑問である。平成 16 年の民法改正により，貸金等根保証契約は，極度額を定めなければ，その効力を生じないとされたが（465 条の 2 第 2 項），その根保証債務は，相続開始時にすでに具体的に生じている債務を除き，相続の対象とはならないとすべきである。

V 各種権利義務の承継

具体的にいかなる権利義務が共同相続人にどのように帰属するかについて，以下では問題のある場合について検討する。

1　物権の相続

（1）　所有権　　動産，不動産を問わず，所有権の相続が認められる。

　（a）　不動産の相続　　不動産の相続においては，相続登記が必要である。遺産分割未了の間でも相続人の債権者は，相続人に代位して相続登記の申請をして相続分に対する差押えができる。

　（b）　遺骨　　遺骨の相続は認められるであろうか。学説は分かれる。

①　遺骨相続否定説（慣習説）　　遺骨は，慣習に従って埋葬・供養すべき者の管理に服するという（唄孝一・判例コン 8・58 頁，中川 = 泉 204 頁ほか）。

②　遺骨相続肯定説　　死体は物となり，通常の所有権の客体となると同時にその支配権ないし所有権は，相続人に相続承継されるという（舟橋諄一・民法総則 87 頁［昭和 29 年］）。

③　祭祀主宰者承継説　　祭祀主宰者に祭具等の承継が認められているから，遺骸の取扱いもこれに準ずるべきだとする学説がある（石川利夫「祭祀財産の承継と相続」大系 IV 68 頁，中川相続逐条上 178 頁）。

大審院の判例で遺骨相続肯定説を示したものがある。すなわち，遺骨も所有権の目的となり，その相続人の所有に帰するという（大判大正 10・7・25 民録 27 輯 1408 頁）。また，遺骨相続肯定説を前提として，その放棄が許されないとしたもの（大判昭和 2・5・27 民集 6 巻 307 頁），骨揚後の骨灰中の金歯屑は市町村の所有に帰するとしたもの（大刑判昭和 14・3・7 刑集 18 巻 93 頁）がある。

現行民法は祭祀主宰者の祭具等の承継を定めたのであるから，祭祀主宰者承継説が妥当である。これに従った審判例もある（大阪家審昭和 52・8・29 家月 30 巻 6 号 102 頁）。

(2) 占有権　　占有権の相続が認められるかどうかについて学説が分かれる。

① 占有権相続肯定説　　占有権は所持を要素として成立する権利ではあるが，その所持は観念化しており，また，相続は地位の承継という側面を有するので，被相続人の支配下にあった占有は，相続の対象となるというのが多数説である（中川＝泉 180 頁ほか）。

② 占有権相続否定説　　占有における事実的支配としての所持を重視して占有権の相続は否定すべきだという（品川孝次「遺産分割に関する諸問題—11—」判タ 135 号 52 頁［昭和 37 年］，西原道雄［判評］法協 73 巻 4 号 492 頁［昭和 31 年］）。

判例は占有権相続肯定説である（最判昭和 28・4・24 民集 7 巻 4 号 414 頁，最判昭和 44・10・30 民集 23 巻 10 号 1881 頁ほか）。間接占有等のように占有権が観念化している今日，占有訴権の行使や取得時効の処理等をめぐって占有権の相続を否定すると不都合が生ずる。占有権相続肯定説が妥当である。なお，被相続人の占有が他主占有であったときに相続人が自主占有をしうるかという問題があるが，それは物権法に譲る（2 巻 110 頁）。

(3) 入会権　　入会権は慣習によって認められる特殊な物権であって，その相続に際しては，慣習によって承継すべき者がこれを取得する。

(4) 根抵当権　　根抵当権の相続は認められるが，特別の手当てがされている（398 条の 8）。債務者についても同様である。

2　債権の相続

(1) 借家権の相続　　借家人である被相続人が死亡し，相続人がいない場合については，借地借家法に明文があり，被相続人の内縁の妻や事実上の養子による借家権の承継が認められる（借地借家 36 条）。問題は，死亡した借家人に相続人がいる場合である。借家権が相続されて借家人と同居していない相続人が借家権を承継するため，被相続人と同居してきた内縁の妻等の居住権が否定されるおそれがある。そこで，学説では，内縁の妻等はもともと死亡した借家人と共同して賃借していたという法律構成（加藤一郎「家屋賃借

権の相続」総合判例研究叢書・民法(1)237頁［昭和31年］。星野英一・借地・借家法596頁［昭和44年］もこれに近い），死亡した借家人と内縁の妻等は家団という一種の団体を構成し，家団が借家をしていたとみて，その家団の代表者の賃借人が死亡したときは，他の構成員が賃借権を主張できるという法律構成等があった（古山宏「家屋賃借権の相続について」判タ1号19頁［昭和25年］，加藤・前掲総合判例研究叢書237頁）。しかし，判例は，借家権の相続を前提として，内縁の妻等は，家主からの明渡請求に対し，相続人の有する借家権を援用して借家権を対抗することができるとしており（最判昭和37・12・25民集16巻12号2455頁），この判例法が定着している。しかし，この理論によるときは，家主と内縁の妻等との間に賃貸借契約が成立したとはいえなくて，内縁の妻等の居住権が不安定であり，相続人から内縁の妻等に対する明渡請求については，権利濫用を主張するほかはない（最判昭和39・10・13民集18巻8号1578頁）という弱点がある。立法的解決の必要が残されている。

なお，関連する問題として，共同相続人の一人が遺産の建物で被相続人と同居してきたときは，両者間で建物につき相続開始時を始期とし，遺産分割時を終期とする使用貸借契約が成立していたものと推認され，被相続人の死後は，他の共同相続人は貸主としての地位を承継するとした判例がある（最判平成8・12・17民集50巻10号2778頁）。

これらの民法上の賃貸借の場合と異なり，公営住宅の入居者の相続人は，当然住宅を使用する権利を承継しないとされる（最判平成2・10・18民集44巻7号1021頁）。

(2) 逸失利益についての損害賠償請求権の相続　　交通事故死のような場合における逸失利益についての損害賠償請求権の相続については，債権各論で論じたので（4巻503頁以下），ここでは省略する。内縁の夫婦間で損害賠償請求権の相続が認められないことは前述した（55頁）。

(3) 慰謝料請求権の相続　　慰謝料請求権は，精神的損害にかかるものであるから，一身専属権であり，請求権を行使する意思表示をまって発生するというのが古い判例であったが（大判昭和2・5・30新聞2702号5頁），最高裁はこれを変更し，慰謝料請求権は，意思表示をまたないで当然に発生し，当然に相続されるとするに至った（最大判昭和42・11・1民集21巻9号2249頁）。

しかしながら，民法は，死亡の場合に一定の近親者に慰謝料請求権を認めているので（711条），これによって処理すれば足り，慰謝料請求権の相続を否定する学説も有力である。その詳細は，債権各論で論じたので（4巻512頁以下），ここでは省略する。

3 債務の相続

債務の相続については，共同相続その他の問題をすでに述べた。

4 その他の権利義務の相続

(1) **会員権の相続**　各種の会員権の相続は，特約によって定まる。預託金会員制ゴルフクラブの会員権については，会則中に会員権の相続に関する規定が存在しない場合でも，会員の相続人は会員権を相続するという判例がある（最判平成9・3・25民集51巻3号1609頁）。

(2) **生命保険金の相続**　生命保険金は，契約に基づき指定した「受取人」に帰属する。「受取人」を「相続人」と指定した場合には，正当相続人は，本人死亡後，自己の取得した権利に基づき保険金の請求ができるとされる（大判大正8・12・5民録25輯2233頁）。また，養老保険契約において，保険金受取人を単に「被保険者またはその死亡の場合はその相続人」と約定してあるだけの場合においても，特段の事情のないかぎり，この指定は保険金請求権発生当時の相続人たるべき者個人を受取人として特に指定した，いわゆる他人のための保険契約と解するのが相当であるとされる（最判昭和40・2・2民集19巻1号1頁）。

保険契約者が特定の相続人を受取人として表示して契約した場合には，被保険者死亡と同時に，保険金請求権は保険契約の効力として，当然に特定相続人の固有財産に属するとされる（大判昭和11・5・13民集15巻877頁）。

このように，生命保険金は特定の遺族への給付であって相続財産ではないというのが判例であり，それでよいと思われるが，学説では，受取人として指定された「相続人」は，必ずしも法定相続人を意味せず「被相続人の意思に基づいて相続財産の一切を承継する者」と解するもの（星野英一［判評］法協82巻5号682頁）や，保険金額の請求権は，いったん相続財産中に属して相続人がこれを承継するというもの（松本烝治・保険法223頁［大正4年］，山崎賢一・家族法判例百選［新版・増補］223頁［昭和50年］）もある。

第1節　総　　則

　保険契約で死亡保険金受取人を被相続人の「相続人」とする指定は，保険金の取得割合を相続分の割合によるとする指定を含む（最判平成6・7・18民集48巻5号1233頁）。

　保険契約者が被保険者でない第三者を受取人とした場合は，受取人が死亡したにもかかわらず，受取人の再指定がないまま，契約者も死亡すると，受取人の相続人が新たな受取人となるが（旧・商676条2項，現・保険46条），この場合の受取人は原始的に受取人の権利を取得するものとみられる（大判大正11・2・7民集1巻19頁）。

　(3)　死亡退職金　　死亡退職金につき，民法の相続人の順位と異なる定めがあるときは，死亡退職金の受給権は，相続財産に属さず，受給権者である遺族固有の権利であるというのが判例（最判昭和55・11・27民集34巻6号815頁，最判昭和62・3・3判時1232号103頁），通説（遠藤浩「相続財産の範囲」大系Ⅵ187頁）である。

　(4)　遺族年金　　遺族年金は，生命保険金と同じく，契約に基づく遺族への給付であって，相続財産ではないとされる（前掲最判昭和55・11・27）。このことを前提として，それが特別受益（903条）や遺留分減殺の対象（1029条）となるかどうかにつき，学説が分かれる。いずれもこれを否定するのが通説（中川＝泉213頁，鈴木・相続47頁）であり，これを支持してよいと思われるが，それが特別受益となるとする学説（遠藤・前掲大系Ⅵ84頁）や特別受益・遺留分減殺の対象になるとする学説（三島宗彦＝右近健男・新版注民(27)96頁）もある。

　(5)　死後事務委任契約　　近時，自分がなくなった後の葬儀や埋葬に関する手続を第三者に依頼することが行われている。本人（委任者）が，第三者（受任者）に対し，自分が亡くなった後の諸手続，葬儀，納骨，埋葬に関する事務等についての委任事務を内容とする契約を死後事務委任契約という。このような死後事務委任契約上の権利義務は，委任者の死後は，その相続人が承継することになる。この場合，通常の委任のように自由な解除を認める（651条1項）と，こうした契約をしたこと自体が無意味となるから，特段の事情がない限り，委任者の相続人が解除することは許されないと解される（東京高判平成21・12・21判時2073号32頁）。

第2部　相続法　第3章　相続の効力

第2節　相　続　分

I　相続分の変遷

　相続人に関して，沿革的には明治民法が家督相続を定め，そこでは長男子が優先して戸主になるとされていた。「家」の財産を一括して長男子に承継させるという考え方であった。そうした家督相続の下では，妻の相続権は否定されていた。諸外国でも古くは同様であり，妻に相続権を認めると，夫の家産が妻の出身の家族に流出するので，妻の相続権が認められなかったが，もとより今日では配偶者の相続権は認められている。わが国でも，昭和22年の民法の改正によって家督相続が廃止され，民法2条の両性の本質的平等の見地から配偶者の相続権は平等に扱われ，しかも昭和55年の民法の一部改正によって，900条が改正され，配偶者の相続分が増加された。妻が長生きをするという統計からすると，結果的には，この改正は妻の保護に役立つ場合が多い。ただし，内縁の妻は配偶者には含まれていない。

II　法定相続分

1　第1順位の相続人の相続分

　第1順位の相続人である被相続人の子（887条1項）が被相続人の配偶者とともに相続をするときは，子の相続分が2分の1で，配偶者の相続分が2分の1とされる（900条1号）。子が数人あるときは，各相続人の相続分は相等しいものとする（同条4号本文）。かつて，嫡出でない子の相続分は，嫡出である子の相続分の2分の1とされていた（平成25年改正前の900条4号但書）。平成25年に違憲決定（最大決平成25・9・4民集67巻6号1320頁）が出されて，民法が改正され（平成25年12月11日公布法律94号），同規定は削除されたことは，すでに実子のところで述べた（72頁）。なお，子については，前に述べたように代襲相続が認められる（150頁）。

2　第2順位の相続人の相続分

　第1順位の相続人がいないときに，第2順位の相続人は被相続人の直系尊属（父母，祖父母など）とされている（889条1項1号）。直系尊属と配偶者が相続をするときは，直系尊属の相続分が3分の1で配偶者の相続分が3分の2

とされる（900条2号）。被相続人の父母，祖父母というように親等の異なる直系尊属がいるときは，祖父母でなくて父母というように親等の近い者が優先して相続をし（889条1項1号但書），父母または祖父母というように直系尊属が数人あるときは，各自の相続分は相等しいものとする（900条4号本文）。

3 第3順位の相続人の相続分

第1，第2順位の相続人がいないときは，第3順位の相続人は，被相続人の兄弟姉妹とされる（889条1項2号）。兄弟姉妹と配偶者が相続するときは，兄弟姉妹の相続分が4分の1で，配偶者の相続分が4分の3とされる（900条3号）。ただし，父母の一方のみを同じくする兄弟姉妹の相続分は，父母の双方を同じくする兄弟姉妹の相続分の2分の1とする（同条4号但書）。たとえば，被相続人には子も直系尊属もいなくて兄と弟がいるが，兄は被相続人のいわゆる全血兄弟，弟は父の後妻の子であって父のみを同じくする，いわゆる半血兄弟であるときは，弟は兄の2分の1の相続分しか有しない。血縁の度合いの差異に基づくものである。

4 代襲相続人の相続分

前述した子および兄弟姉妹の代襲相続人の相続分についての定めがある。被代襲者が代襲事由に該当しなければ受けたであろうものにつき，代襲相続人は法定相続分（900条）に従った相続分をもつ。すなわち，887条2項または3項の規定によって相続人となる直系卑属の相続分は，その直系尊属が受けるべきであったものと同じである。ただし，直系卑属が数人あるときは，その各自の直系尊属が受けるべきであった部分について，900条の規定に従ってその相続分を定める（901条1項）。この規定は，889条2項の規定によって兄弟姉妹の子が相続人となる場合に準用される（901条2項）。これは，相続人の数によって相続分を決めるという意味での頭割説によらないで，相続人の直系尊属が受けるべきであったものを承継するという意味での株分け説によるものである。

III 指定相続分

上記の法定相続分は，被相続人の遺言による指定によってこれを修正することができる。すなわち，被相続人は，遺言で共同相続人の相続分を定め，またはこれを定めることを第三者に委託できる。ただし，被相続人または第

三者は，遺留分に関する規定に違反することができない（902条1項）。被相続人が，共同相続人中の一人もしくは数人の相続分のみを定め，またはこれを定めさせたときは，他の共同相続人の相続分は，900条および901条の規定により定める（902条2項）。

相続分の指定は債務にも及ぶが，この相続分指定の効力は債権者には及ばない（最判平成21・3・24民集63巻3号427頁）。したがって，被相続人に対して金銭債権をもつ者は，相続分の指定にかかわらず，法定相続分の割合に応じて，各相続人に債務の履行を求めることができる。

IV 特別受益

1 特別受益の控除

法定相続分は，特別受益によって修正される。たとえば，父Aと母Bとの間に長男Cと長女Dがいて，DがAの生前に不動産の贈与を受けていたところ，その後Aが死亡して相続が開始した場合に，Dがすでにもらっている不動産を考慮しないで再び相続を認めると，Dはいわば二重取りをすることになる。生前に贈与を受けた財産を控除して相続を認めるのが公平である。このように共同相続人が特別に生前贈与などを受けた利益を特別受益と称し，それを控除して相続分を決めることとされる。すなわち，共同相続人中に，被相続人から遺贈を受け，または婚姻もしくは養子縁組のためもしくは生計の資本として贈与を受けた者があるときは，被相続人が相続開始の時において有した財産の価額にその贈与の価額を加えたものを相続財産とみなし（みなし相続財産），900条から902条の規定によって算定した相続分の中からその遺贈または贈与の価額を控除した残額をもってその者の相続分（具体的相続分）とする（903条1項）。このように，被相続人から共同相続人の一部が特別に遺贈や贈与を受けた分を特別受益として，それを相続財産にいったん戻して計算するわけである。これを持戻しという。

生前贈与に限らず，遺言によって財産の移転を受けた（遺贈）財産も，特別受益とみる。そして，現実にある相続開始時（被相続人の死亡時）の財産と特別受益とを合計したものを相続財産とみなし，それを相続分に応じて割って，特別受益を受けた人については，その特別受益分を除いたものが具体的な相続分となる（石田敏明「特別受益・寄与分」講座5巻159頁参照）。

第 2 節　相　続　分

　生命保険金は，受取人に帰属し，相続されないと解されているが（172頁），特段の事情がある場合には，それが特別受益に該当することがある。すなわち，養老保険契約に基づき保険金受取人とされた相続人が取得する死亡保険金請求権または死亡保険金は，903条1項の遺贈または贈与にかかる財産にはあたらないが，保険金受取人である相続人とその他の共同相続人との間に生ずる不公平が903条の趣旨に照らし到底是認できないほどに著しいものであると評価すべき特段の事情が存する場合には，903条の類推適用により，死亡保険金請求権は特別受益に準じて持戻しの対象となるとされる（最判平成16・10・29民集58巻7号1979頁）。

　特定の財産が特別受益財産であることの確認を求める訴えは，確認の利益を欠き不適法である（最判平成7・3・7民集49巻3号893頁）。また，具体的相続分の確認または割合の確認は，遺産分割等の前提問題として審理判断されるべきで，これのみを別個独立に確認を求める訴えは，確認の利益を欠き不適法であるとされる（最判平成12・2・24民集54巻2号523頁）。

2　遺贈・贈与の価額が相続分の価額以上の場合

　遺贈または贈与の価額が，相続分の価額に等しく，またはこれを超えるときは，受遺者または受贈者は，その相続分を受けることができない（903条2項）。

　遺贈または贈与の価額が相続分を超えるときは，他の共同相続人の相続分に食い込んでいることになるから，その超過分を他の共同相続人は負担しなければならない。それをどのように負担するかについては諸説が分かれている。

　①　超過特別受益者がいないものと仮定して，他の共同相続人がそれぞれの相続分に従って相続開始時財産を分割する（小石寿夫「相続分の算定」判タ148号35頁〔昭和38年〕）。
　②　配偶者相続分は別格とみて，配偶者以外の共同相続人だけが超過分を負担する（中川＝泉281頁）。
　③　みなし相続財産に対する各共同相続人の本来の相続分の割合で，特別受益者を除いて相続開始時財産を分配する（唄孝一・判例コン8・109頁，園田格「相続分の算定」大系Ⅵ288頁）。

177

④ 超過分を特別受益者以外の共同相続人が相続分に応じて負担する（川井健「相続分の算定」新民法演習Ⅴ206頁［昭和43年］）。

①説は簡明だが，不公平な結果を生ずる。②説は配偶者が優遇されすぎて妥当でない。③説が有力だが，超過分の公平な分担という見地からみて，④説が妥当と思われる。

3 意思表示による修正

被相続人が903条1項および2項の規定と異なった意思を表示したときは，その意思表示は，遺留分に関する規定に反しない範囲内で，その効力を有する（903条3項）。これを持戻しの免除という。

4 贈与財産の滅失等の場合

903条に掲げる贈与の価額は，受贈者の行為によって，その目的たる財産が滅失し，またはその価格の増減があったときでも，相続開始の当時なお原状のままであるものとみなしてこれを定める（904条）。前例で，Dが贈与された家屋を失火によって焼失させたときでも，特別受益があったとして処理される。

Ⅴ 寄 与 分

1 寄 与 分

法定相続分を修正する寄与分の問題がある。たとえば，父Aと母Bの間に長男Cと長女DがいてAが死亡した場合に，Aが生前営んでいた農業にBが長年協力してきたとき，この協力を無視して相続を認めると，Bは不利益を受ける。その協力を清算することが公平に適する。相続財産中，共同相続人の特別の協力によって維持または増加した財産を寄与分と称する。民法は昭和55年に改正され，904条の2が追加された。すなわち，共同相続人中に，被相続人の事業に関する労務の提供または財産上の給付，被相続人の療養看護その他の方法により被相続人の財産の維持または増加につき特別の寄与をした者があるときは，被相続人が相続開始の時において有した財産（相続開始時財産）の価額から共同相続人の協議で定めたその者の寄与分を控除したものを相続財産とみなし（みなし相続財産），900条から902条までの規定によって算定した相続分に寄与分を加えた額をもってその者の相続分とする（904条の2第1項）。寄与者に寄与分を与えたうえで，残りの相続財産につ

いて相続を認める趣旨である（法務省民事局参事官室「相続に関する民法改正要綱試案の説明」ジュリ699号45頁以下［昭和54年］，橘勝治「相続に関する民法改正の概要」金法926号4頁［昭和55年］，加藤一郎「相続法の改正(上)(下)」ジュリ721号71頁・723号110頁［昭和55年］)。

なお，寄与分の法的性質をめぐっては，昭和55年の904条の2の追加前には，共有説，不当利得説等があったが，改正後は，法文上，相続分の修正とされている。その背後には，共有や不当利得の考え方が控えていることはいうまでもない。

2　寄与分の要件

(1)　相続人であること　寄与分請求権者は，相続人に限定される。内縁の妻は，相続権を有しないので，寄与分の請求ができない。

Aが死亡し，Aの生前Aの家業にAの子BおよびBの妻Cが協力していた場合に，Cは寄与分請求者ではないが，Bは自己の協力につきCの協力分を含めて寄与分を請求できるであろうか。相続人以外の者の寄与を含めて請求できるという包含説（橘・前掲金法926号7頁，加藤・前掲ジュリ723号118頁，鈴木・相続264頁。東京高決平成22・9・13家月63巻6号82頁）と，非包含説（佐藤義彦「寄与分について」法時52巻7号21頁［昭和55年］，中川相続逐条上258頁）があるが，「一切の事情」（904条の2第2項）の中でこれを考慮することができるという意味で包含説を支持したい。

代襲相続の場合に，被代襲者の寄与を代襲者は主張できるであろうか。肯定説が有力である（橘・前掲金法926号8頁ほか）。これに従ってよい。

(2)　特別の寄与があったこと　寄与分は，特別の寄与をした相続人について認められる権利であるから，通常の夫婦としての協力を尽くしたにすぎないという内助の功は，前述した900条の一般の配偶者の相続分の問題として解決される。

3　寄与分の請求手続

寄与分は，協議で決定するのが建前であり，協議が調わないときは，家庭裁判所の調停・審判で決定する。すなわち，「前項の協議が調わないとき，又は協議をすることができないときは，家庭裁判所は，同項に規定する寄与をした者の請求により，寄与の時期，方法及び程度，相続財産の額その他一

切の事情を考慮して，寄与分を定める」(904条の2第2項，家事第二14項)。

寄与分の請求は，遺産分割の請求 (907条2項)，または相続開始後に認知された者からの遺産分割の請求 (910条) があった場合にすることができる (904条の2第4項)。遺産分割後であっても寄与分の主張ができ，その場合には，遺産の再分割がされるという学説があるが (佐藤・前掲法時52巻7号23頁)，この4項の趣旨からみて，遺産分割後の寄与分の請求はできないとする学説 (加藤・前掲ジュリ723号112頁) が正当と思われる。

4 寄与分の限界

寄与分には限界があり，寄与分は，被相続人が相続開始の時において有した財産の価額から遺贈の価額を控除した額を超えることができないとされる (904条の2第3項)。

5 寄与分に対する遺留分減殺請求の可否

受遺者が寄与分を有する場合に，遺留分権利者は，この寄与分に対しては減殺請求権を行使できない (加藤・前掲ジュリ723号116頁，佐藤・前掲法時52巻7号26頁，鈴木・相続306頁)。遺留分減殺請求権の対象は遺贈と贈与に限定される (1031条) こと，および，寄与分を除いたものが遺産とみるべきことからしても，そうである。

6 寄与分の譲渡性の有無

寄与分は，遺産分割に際して実現すべき権利であって，独立の請求権の性質を有しないので，その譲渡性は否定すべきである (加藤・前掲ジュリ723号118頁，佐藤・前掲法時52巻7号26頁)。

7 寄与分の相続性の有無

寄与分の譲渡性についてと同様，寄与分が一身専属性を有するとして，その相続性を否定する学説 (佐藤・前掲法時52巻7号26頁，中川相続逐条上259頁) があるが，多数の学説は肯定説である (加藤・前掲ジュリ723号118頁，橘・前掲金法926号8頁)。これは，すでに述べた代襲相続の場合に，被代襲者の寄与を代襲者は主張できるという問題に帰着する。

8 相続開始後の寄与

相続開始後，相続財産の管理をした相続人につき寄与分を認める学説があるが (太田武男「相続法の改正と寄与分の問題」現代私法学の課題と展望(下)262頁〔昭

和57年]。東京高決昭和54・3・29家月31巻9号21頁），相続財産の管理は，管理費という別個の問題であり，否定説が妥当である（東京高決昭和57・3・16家月35巻7号55頁）。

VI 相続分取戻権
1 相続分取戻権の意義

Aが死亡し，その妻Bと子C・Dが相続人であるときに，Cが，遺産分割をまたないで相続財産を早く換価するために相続分を第三者Eに譲り渡すことがある（田中恒朗「相続分・持分権の譲受人の地位」講座5巻151頁参照）。このように，相続人が，相続開始後，遺産分割までの間に，自らの相続分を第三者に譲渡することを「相続分の譲渡」という。相続分の譲受人は相続人と同じ地位に立つことになる。そうすると遺産分割は，B・D・Eの間で行うことになる。相続人以外の者を加えて行う遺産分割は順調に行えないおそれがあるので，相続分譲渡者以外の共同相続人からの相続分取戻権が認められている。すなわち，共同相続人の一人が分割前にその相続分を第三者に譲り渡したときは，他の共同相続人は，その価額および費用を償還して，その相続分を譲り受けることができる（905条1項）。この権利は，譲渡の通知を受けた時から1ヵ月以内に行わなければならない（同条2項）。この期間は，除斥期間と解されている（中川＝泉302頁）。

なお，共同相続人のうち自己の相続分の全部を譲渡した者は，遺産確認の訴えの当事者適格を有しないと解されている（最判平成26・2・14民集68巻2号113頁）。

2 取戻しの対象

ここにいう「相続分」は，遺産の個々の財産に対する共同相続人の有する「持分」とは異なる。前例で，Aの遺産の特定の不動産の持分をCがEに譲渡したときは，Eは有効にその持分を取得することができ，B・Dはその取戻しを請求することはできないし，後の遺産分割によってEの権利が害されることはない（909条但書）。共同相続人の持分の譲渡の場合に，取戻しを認める少数説もあるが（玉田弘毅「遺産『共有』の理論」法律論叢33巻5号40頁〔昭和35年〕），これを否定するのが通説（唄孝一・判例コン8・113頁，中川相続逐条上279頁ほか）・判例（最判昭和53・7・13判時908号41頁）である。

181

相続分の一部譲渡およびその取戻しは認められるであろうか。相続分は財産権の一つであり、その一部譲渡を制限する理由がないとする肯定説（有地亨・新版注民(27)[初版]293頁、薬師寺志光・注釈相続上182頁）と法律関係が複雑になるという理由に基づく否定説（中川＝泉303頁、鈴木・相続187頁）があるが、否定説が妥当と思われる。

3　相続分譲渡の対抗要件の要否

取戻権を行使するには、相続分譲渡が対抗要件を備えたことが必要であろうか。対抗要件としては、債権譲渡に準じた通知（467条）が考えられるが、必要説（唄孝一・判例コン8・114頁、鈴木・相続187頁）と不要説（中川＝泉303頁。東京高決昭和28・9・4高民集6巻10号603頁）がある。前説は、取戻しの1ヵ月の期間の起算点を譲渡の対抗要件が具備された時と解する。後説は、取戻しの期間が1ヵ月の短期の除斥期間であることを理由とする。他の共同相続人の取戻権の行使をしやすくするためには、必要説が妥当と思われる。

4　相続分譲渡と債務の負担

相続分の譲渡により譲受人は相続債務を負担することになるであろうか。また、譲渡人も相続債務を負担するのであろうか。相続分の譲渡により譲渡人も相続債務を免れるのは妥当でない。学説は、このことを前提としつつ、譲渡人と譲受人との関係については、以下のように説く。

　①　連帯債務説　　譲渡人も譲受人も相続分の限度で連帯債務を負うというのが多数説である。この場合に、併存的債務引受けが行われたとみる学説（鈴木・相続189頁）、対内的には債務は譲受人に移転するが、対外的には連帯債務となるという学説（有地亨・新版注民(27)[初版]295頁、島津一郎・注釈相続上129頁（譲渡人が弁済したときは求償を認めるが、譲受人が弁済したときは求償を認めない））などがある。

　②　履行引受説　　譲受人は履行の引受けをしたにすぎないとみる学説がある（元木伸「相続分の譲渡」小山昇ほか編・遺産分割の研究184頁[昭和48年]）。

連帯債務説のうち併存的債務引受説が妥当であろう。求償は、譲渡人と譲受人の内部関係によって定まるが、譲受人が弁済したときは求償を認めないとする学説が妥当と思われる。

5 相続分譲渡後の相続放棄

相続分の譲渡後，他の共同相続人が相続放棄をしたとき，その者の相続分は，相続分の譲渡人，譲受人のいずれに帰属するのであろうか。

① 譲渡人帰属説　相続分の譲渡によって譲渡人は相続関係から完全に離脱するものではないとして，放棄者の相続分は譲渡人に帰属するという（中川＝泉304頁，島津一郎・注釈相続上129頁）。

② 譲受人帰属説　相続分の譲渡は，事実上の相続放棄に等しいとして，譲渡人は相続関係から完全に離脱するとし，譲渡人は相続分を保有する権能を有しないという（有地亨・新版注民(27)［初版］296頁，鈴木・相続188頁）。

以上の学説のうちでは，譲渡人帰属説が妥当である。相続分の譲渡は，譲渡当時の相続分を前提としているし，前述した相続分譲渡後の相続債務の負担にみられるように，相続分の譲渡によって譲渡人が相続関係から離脱するとは考えにくいからである。

6 価額の償還

他の共同相続人が，価額を償還して相続分を譲り受けることができる（905条1項）という場合の「価額」については，譲受人が支払った対価を「価額」とみる少数説があるが，通説は取戻権行使時における相続分の時価によるとしている（中川＝泉302頁，有地亨・新版注民(27)［初版］298頁，唄孝一・判例コン8・114頁）。相続分を客観的に評価する必要があるので，通説が妥当である。

7 取戻しの効果

取り戻した相続分は，取戻権を行使した相続人にのみ帰属し，取戻権の行使にかかる費用も取戻権行使者のみが負担するという学説があるが（鈴木・相続191頁），多数説は，取り戻した相続分が他の共同相続人全員に帰属するとし，取戻費用も相続分に応じて他の共同相続人全員が負担するとしている（中川＝泉302頁）。取戻しが遺産分割をスムーズに行うための制度だという趣旨からみて多数説でよいと思われる。

8 包括受遺者の取戻権

包括受遺者は，相続人と同一の権利義務を有するが（900条），取戻権を有するであろうか。取戻権が共同相続人による遺産分割をスムーズに行うため

のものだという趣旨から，共同相続人以外も包括受遺者には取戻権を認めないとする学説があるが（鈴木・相続191頁，有地亨・新版注民(27)〔初版〕298頁），多数説はこれを肯定する（薬師寺志光・注釈相続上182頁ほか）。包括受遺者を特に排除する根拠はないと思われ，肯定説を支持したい。

第3節　遺　産　分　割

第1款　遺産分割の意義

I　遺産分割とは

相続財産については，被相続人の死亡により，当然に共同相続人による共有，または原則としての分割債権債務という法律関係が生ずるが，最終的にそれが誰に帰属するかを決定するには，遺産の分割の手続を必要とする。このように，遺産を構成する財産を共同相続人が分割して各自が個別的に取得する手続を遺産分割という。

遺産分割のためには，遺産の評価が必要だが，評価の時点は，分割時とすべきである（中川=泉313頁，谷口知平「相続財産の評価」大系VI 316頁）。

II　遺産分割の手続

共有物の分割は，通常裁判所，つまり，通常は地方裁判所で行われるが，遺産分割は，協議があればそれにより，協議が調わないときには家庭裁判所で行われる。907条は，以下のように定める。共同相続人は，被相続人が遺言で禁じた場合（908条）を除き，いつでも，その協議で，遺産の分割をすることができる（907条1項）。遺産の分割について，共同相続人間に協議が調わないとき，または協議ができないときは，各共同相続人は，その分割を家庭裁判所に請求できる（同条2項，家事191条1項・別表第二12項）。つまり，遺産分割は，協議，調停，審判のいずれかによる。この場合に特別の事由があるときは，家庭裁判所は，期間を定めて，遺産の全部または一部について，分割を禁ずることができるとされる（同条3項，家事別表第二13項）。

遺産分割審判が違憲ではないか（憲82条・32条）という問題については，夫婦の同居（23頁），婚姻費用分担（31頁）の場合と同じく，判例は違憲では

ないとしている（最大決昭和 41・3・2 民集 20 巻 3 号 360 頁）。なお，共同相続人間の遺産分割の協議は，債務不履行（541 条）を理由として解除できないが（最判平成元・2・9 民集 43 巻 2 号 1 頁），共同相続人間の合意によって解除し，改めて分割協議を成立させることはできるとされる（最判平成 2・9・27 民集 44 巻 6 号 995 頁）。

III 遺産分割の方法の指定・遺産分割の禁止

被相続人は，遺言で，遺産の分割の方法を定め，もしくはこれを定めることを第三者に委託し，または相続開始の時から 5 年を超えない期間を定めて，遺産の分割を禁ずることができる（908 条）。特定の遺産を特定の相続人に「相続させる」旨の遺言が，遺産分割の方法を指定するものかどうかについては，後述するように（213 頁），議論がある。

「第三者」には，共同相続人を含まないというのが通説である（中川＝泉 334 頁，有泉亨・注釈相続上 201 頁）。分割禁止の対象の遺産は全部でも一部でもよいが，数量的割合による一部では，特定性がないので，許されないと解されている（上田徹一郎「遺産分割の禁止」大系 VII 49 頁，中川相続逐条上 332 頁ほか）。

分割の禁止後でも遺産共有の性質は変じないというのが通説である（上田・前掲大系 VII 45 頁，中川相続逐条上 334 頁）。

IV 遺産分割の基準

遺産の分割は，どういう基準によるべきであろうか。たとえば，父 A と母 B との間に長男 C と長女 D という子がいて，A が死亡したとき，相続財産として，不動産とか銀行預金とか動産とかその他の権利がある場合に，遺産をどのように分割すべきであろうか。906 条は，「遺産の分割は，遺産に属する物又は権利の種類及び性質，各相続人の年齢，職業，心身の状態及び生活の状況その他一切の事情を考慮してこれをする」と定めている。この条文は，昭和 55 年に一部改正され，各相続人の年齢，心身の状態および生活の状況という基準が追加され，改正前に比べて一層多様な事情を考慮することになった。たとえば，共同相続人の一人がまだ年少者であったり身体障害者であるときには，このことを考慮して遺産分割を行うことになる。通常の共有物の分割（258 条）に比べて弾力的な分割となる。「一切の事情」には，農業経営や中小企業の承継問題等が含まれる。

第2部 相続法　第3章 相続の効力

V　遺産分割の方法

分割の仕方は，現物で分けるという現物分割が原則である（最判昭和30・5・31民集9巻6号793頁）。例外的に，共有にしておくという分割も認められる。この場合には，遺産共有は性質を変じ，通常の共有になる。ほかに，遺産を売って金銭で分けるという価額（換価）分割（家事194条），さらに，共同相続人の一人が遺産を取得して他の共同相続人に債務を負担し，これを後に支払うという債務負担方式の分割（代償分割）も認められる。家事事件手続法195条は，「家庭裁判所は，遺産の分割の審判をする場合において，特別の事情があると認めるときは，遺産の分割の方法として，共同相続人の一人又は数人に他の共同相続人に対する債務を負担させて，現物の分割に代えることができる」と定める。たとえば，農家の相続において，長男だけが農業資産を全部取得する代わり，長男は他の共同相続人に対して，それぞれの相続分に応じた金額の債務を負担し，これを10年間の年賦で支払うという形での分割方法も認められる。通常の共有物については，法文上は，現物分割か競売による分割となるが（258条），遺産についてはそうではなくて，もう少し相続人の事情に適した各種の柔軟な分割が認められている。ただし，近時は，共有物の分割についても，判例は，債務負担方式を取り入れて柔軟な解決を図っている（2巻185頁以下）。なお，一部の相続人に賃借権や使用借権を認めるという用益権の設定も認められる。

VI　遺産分割と共有物分割との関係

この問題については，物権法で論じたので（2巻189頁），ここでは省略するが，2つの判例についてだけ取り上げておこう。1つは，遺産の不動産の持分を譲り受けた第三者からの分割請求は，通常裁判所の判決によるべきだという判例（最判昭和50・11・7民集29巻10号1525頁）が重要である（野田愛子「遺産分割と共有物分割」講座5巻3頁参照）。もう1つは，共有物につき，通常の共有持分（AとB）と遺産共有持分（BとC）とが併存する場合にいて，この共有関係を解消するためには，258条に基づく共有物分割訴訟を提起し，そして，その判決で遺産共有持分権者（BとC）に分与された財産が遺産分割の対象となるから，この財産の共有関係の解消について，907条に基づく遺産分割によるべきであるとした判例（最判平成25・11・29民集67巻8号1736頁）

である。
VII 遺産分割の前提問題の確定
1 審判手続による確定
遺産の範囲・額,相続人などの遺産分割の前提問題を家庭裁判所の審判手続で確定できるであろうか。否定説があるが(打田畯一「相続財産の範囲の確定」大系VI 211頁ほか),通説(中川=泉311頁,鈴木・相続232)・判例(最大決昭和41・3・2民集20巻3号360頁)は肯定説であり,これを支持してよい。
2 胎児の問題
胎児にも相続権がある(886条)。胎児中に遺産分割ができるかどうかにつき,議論があるが,その出生まで待つべきである(1巻25頁参照)。
VIII 遺産分割協議と詐害行為
遺産分割協議が詐害行為になるかどうかについては,債権総論で論じたので,ここでは省略する(3巻156頁)。
IX 遺産分割と相続回復請求権との関係
この問題については,前述したところに譲る(143頁以下)。

第2款 遺産分割の対象

遺産分割の対象は,一切の遺産であるが,以下では,特に問題のある遺産について述べる(松原正明「遺産分割の対象となる財産の範囲と限界」講座5巻47頁参照)。
I 可分債権
可分債権は,相続開始によって当然に共同相続人に相続分に応じて分割されるというのが通説・判例(最判平成17・9・8民集59巻7号1931頁ほか)である。各相続人は,分割によって帰属した債権を行使することができ,それぞれの債権者もその債権に対して権利を行使できる。しかしながら,ここにいう帰属が確定的なものであって遺産分割によって帰属を変更できないかどうかについては,問題がある。もとより各相続人が分割帰属した債権を処分した場合にはその処分は有効であり,各相続人の債権者が帰属した債権に対してした権利の行使も有効であるが(909条但書),債権が遺産分割の対象にならないかどうかは問題である。可分債権が相続財産の対象になるかどうかは,

すでに述べたが（165頁），ここでは，遺産分割の対象性という観点から検討しておきたい。

　　① 可分債権遺産分割不能説　　可分債権は相続開始と同時に当然分割され遺産分割の対象にならないというのが判例である（前掲最判平成17・9・8）。
　　② 可分債権遺産分割可能説　　可分債権は相続開始と同時に一応当然分割されるが，遺産分割の対象になるという学説がある（鈴木・相続244頁，岡部喜代子「可分債権は遺産分割手続き上いかに取り扱われるべきか」私法67号118頁［平成17年］）。

遺産として不動産や銀行預金がある場合に，不動産は共同相続人のAに，銀行預金はBに帰属させるという合意が成立すれば，その効力を認めてよい。家庭裁判所の審判による遺産分割の場合にも，諸事情からみてそうした分割が合理的であれば，これを認めてよいと考えられ，可分債権遺産分割可能説を支持したい。

II 可分債務

可分債務が遺産分割の対象になるかどうかについては議論がある。

　　① 可分債務遺産分割不能説　　可分債務については，判例は，相続開始により当然分割されて，遺産分割の対象にならないという。通説もこれに同調する（柚木・相続216頁ほか）。
　　② 可分債務遺産分割可能説　　可分債務も遺産分割が可能という（唄孝一・判例コン8・121頁，長尾治助「債務の相続」大系IV 272頁）。

可分債務遺産分割不能説は，債権者の保護を重視するものと思われるが，債権者の保護は，909条但書によって解決されるので，可分債務遺産分割可能説をとるべきものと思う。

III 相続財産からの収益

相続財産からの収益が遺産分割の対象になるかどうかについては争いがある。判例は否定説であるが（前掲最判平成17・9・8），学説では肯定説が有力である（高木多喜男「遺産より生ずる果実と遺産分割」山木戸克己教授還暦記念・実体法と手続法の交錯下407頁以下［昭和53年］）。

IV 代償財産

相続開始時後，相続財産の滅失などによる損害賠償請求権のような代償財産は，遺産分割の対象になるというのが多数説である（於保不二雄「共同相続

における遺産の管理」大系Ⅶ98頁，高木多喜男「代償財産の遺産への帰属」加藤一郎ほか編・家族法の理論と実務334頁［昭和55年］）。

Ⅴ 相続の開始後遺産分割未了の間に相続人が死亡した場合の遺産分割の対象

相続が開始して遺産分割が未了の間に相続人が死亡した場合に，第2次被相続人が取得した第1次被相続人の遺産についての相続分に応じた共有持分権は遺産分割の対象になる（最決平成17・10・11民集59巻8号2243頁）。

第3款 遺産分割の効力

Ⅰ 遺産分割の遡及効

遺産の分割は，相続開始の時にさかのぼってその効力を生ずる。ただし，第三者の権利を害することはできない（909条）。Aが死亡して妻Bと子C・Dが相続人であって，Aの死亡の3年後，遺産中，土地をB，山林をC，他人への貸金債権をDが取得するという遺産分割をすると，土地，山林，債権は，Aの死亡時からB・C・Dに属していたとみられる。これを遺産分割の宣言主義という。これに対して，遺産分割時に権利移転の効力が生ずるという遺産分割の移転主義という立法例もある。

遺産分割による権利の取得には対抗要件を必要とする。そこで前例で，遺産分割によって相続分と異なり土地の権利を全部取得したBは，その旨の登記をしないと，分割後にその土地につき権利を取得した第三者に対し自己の権利の取得を対抗できない（最判昭和46・1・26民集25巻1号90頁）。たとえば，共同相続人Dの債権者がDの相続分に基づいてこの土地に差押えをしたときは，Bは自己の全部の権利を主張できない。

遺産分割によって第三者の権利は害されないので（909条但書），前例で，相続開始後遺産分割までにCが自己の持分を第三者Eに譲渡していると，Eは有効にその持分を取得したことになり，遺産分割後その土地はBとEとの共有になる。この但書を合有説の立場から善意の第三者を保護する規定とみる少数説（中川＝泉353頁）があることはすでに述べた（161頁）。

Ⅱ 遺産分割後の被認知者の請求

1 価額の支払請求権

前例で，Aの死亡後，共同相続人B・C・Dで遺産分割をした後，Aの嫡

出でない子 E が認知の訴え（787条。69頁）の勝訴判決を得たとき，すでにした遺産分割の効力を覆すのは妥当でないので，E は B・C・D に対して相続分に応じた金銭的請求権のみを行使することができる。すなわち，相続の開始後認知によって相続人となった者が遺産の分割を請求しようとする場合に，他の共同相続人がすでに分割その他の処分をしたときは，価額のみによる支払の請求権を有する（910条）。

2 価額の算定方法

相続財産から遺産債務を差し引いた純遺産額に対する請求という学説（加藤一郎・注釈相続上213頁，中川相続逐条上213頁）と遺産債務は別に被認知者も他の相続人とともに負担し，ここでは積極財産のみが支払請求の対象となるという学説がある（唄孝一・判例コン8・148頁）。後説を支持したい（川井健・注民(25)310頁）。

3 第2・3順位の相続人が分割していた場合

被相続人の配偶者と直系尊属または兄弟姉妹が分割をした後，被相続人の非嫡出子が認知された場合にも910条が適用されるのであろうか。これらの者から不動産を譲り受けた第三者の保護のために，910条の適用を認める少数説があるが（鈴木・相続194頁），多数説は，直系尊属や兄弟姉妹は相続権を有しないので，910条は適用されず，被認知者は相続回復請求権を行使することができるという（加藤一郎・注釈相続上214頁，中川＝泉302頁）。多数説を支持する（川井健・新版注民(27)437頁）。

4 母の死亡後判明した母の非嫡出子

母の死亡後判明した母の非嫡出子につき，910条は類推適用されるであろうか。学説では否定説（加藤一郎・注釈相続上211頁）と，肯定説（星野英一「遺産分割の協議と調停」大系Ⅵ370頁）があったところ，判例は否定説を採用した。すなわち，母子関係は分娩の事実によって発生するから，母の死亡による遺産分割その他の処分後に非嫡出子の存在が明らかになった場合は，784条但書や910条を類推適用することはできず，再分割がされるという（最判昭和54・3・23民集33巻2号294頁）。否定説によってよいであろう。

III 遺産分割と担保責任
1 共同相続人間の担保責任
　前例で，Aの死亡の遺産分割でCは建物所有権を取得したが，隠れた瑕疵があったときは，どうであろうか（梶村太市「遺産分割の瑕疵」講座5巻195頁参照）。民法は，各共同相続人は，他の共同相続人に対して，売主と同じく，その相続分に応じて担保の責めに任ずると定める（911条）。そこでCは原則として他の共同相続人B・Dに損害賠償を請求することができ，例外的に瑕疵によって遺産分割の目的を達しえないときは遺産分割の協議の解除（570条・566条の準用）ができる。

　ただし，遺産分割の確定審判は，執行力を有するので（家事75条・78条1項），即時抗告は許されるが（家事85条1項），その解除は認められない（島津一郎・注釈相続上151頁，唄孝一・判例コン8・150頁）。調書に記載した調停も審判と同一の効力を有するので（家268条1項），同様である。

2 債務者の資力の担保
　各共同相続人は，その相続分に応じ，他の共同相続人が分割によって受けた債権について，分割の当時における債務者の資力を担保する（912条1項）。前例で，Dが遺産分割によって得た貸金債権が債務者の無資力によって無価値なものであったときがそうである。弁済期に至らない債権および停止条件付の債権については，各共同相続人は，弁済をすべき時における債務者の資力を担保する（同条2項）。

3 無資力者の担保責任の分担
　担保の責任を負う共同相続人中に償還をする資力のない者があるときは，その償還できない部分は，求償者および他の資力のある者が，それぞれその相続分に応じて分担する。ただし，求償者に過失があるときは，他の共同相続人に対して分担を請求できない（913条）。

4 遺言による特則
　911条から913条までの規定は，被相続人が遺言で別段の意思を表示したときは，適用しない（914条）。

第4章　相続の承認および放棄

第1節　総　則

I　相続の承認・放棄の意義

　通常の法定相続が修正される場合として，限定承認，相続放棄がある。いずれも相続人の意思によって，法定相続の効果を修正させるものである。前に相続の役割の一つとして，法律関係の安定ということを指摘したが（140頁），相続によって，かえって相続人が多額の債務を承継するときには，その不利益を避けるために，相続人はその意思によって，限定承認，相続放棄により責任を免れることができる。

II　承認・放棄をすべき期間

1　3ヵ月の期間

　相続人は，自己のために相続の開始があったことを知った時から，3ヵ月以内（これを熟慮期間という）に，相続について，単純もしくは限定の承認または放棄をしなければならない（915条1項本文）。法律関係の安定のために，短期間に手続をとれというのである。もし，その期間内にその手続をとらないと，単純承認をしたものとみなされる（921条2号）。単純承認というのは，相続をそのまま認めるということであるから，相続人は無限責任を負う。民法は無限責任主義を原則としながら，例外的に限定承認や相続放棄によって，これを修正しうるとしている。

2　期間の伸長等

　915条1項本文の期間は，利害関係人または検察官の請求により，家庭裁判所が伸長できる（915条1項但書）。相続人は，承認または放棄の前に，相続財産の調査ができる（同条2項）。

3　起算点

　(1)　原則　　相続人が「自己のために相続の開始があったことを知った

時」から起算するのが原則である。法文には，「相続の開始があったことを知った時」とあるが，熟慮期間は，相続人が相続の開始があったことを知った時だけでは足りず，相続人が相続開始の原因である事実の発生を知り，かつ，そのために自己が相続人となったことを覚知した時をいい（大決大正15・8・3民集5巻679頁），また，被相続人に相続財産が全く存在しないと信ずるにつき相当の理由があると認められるときは，相続人が相続財産の全部または一部の存在を認識した時または通常これを認識しうべき時をいうとされる（最判昭和59・4・27民集38巻6号698頁）。相続人が数人いる場合には，熟慮期間は，相続人がそれぞれ自己のために相続の開始があったことを知った時から各別に進行する（最判昭和51・7・1家月29巻2号91頁）。

　（2）　特則の1　　相続人が相続の承認または放棄をしないで死亡したときは，熟慮期間は，その者の相続人が自己のために相続の開始があったことを知った時から起算する（916条）。Aの相続につきその法定相続人のBが承認または放棄をしないで死亡した場合のBの法定相続人Cを再転相続人という。Aの法定相続人Bが承認または放棄をしないで死亡した場合，Bの法定相続人Cは，Bの相続につき，放棄をしていないときは，Aの相続につき放棄ができ，その後にCがBの相続につき放棄をしても，Cが先に再転相続人の地位に基づいてAの相続についてした放棄の効力がさかのぼって無効になることはない（最判昭和63・6・21家月41巻9号101頁）。

　（3）　特則の2　　相続人が未成年者または成年被後見人であるときは，熟慮期間は，その法定代理人が未成年者または成年被後見人のために相続の開始があったことを知った時から起算する（917条）。

　なお，被保佐人は，保佐人の同意を得て自ら相続の承認・放棄ができるので（13条1項6号），917条の適用はない。補助人の同意を要する旨の審判を受けた被補助人（17条）についても同様である。

III　相続財産の管理保存

　相続人は，その固有財産におけるのと同一の注意をもって，相続財産を管理しなければならない。固有財産におけるのと同一の注意義務というのは，無償受寄者の注意義務（659条）と同義であり，受任者の負う善良な管理者の注意義務（644条）よりは軽い注意義務である。ただし，承認または放棄

をしたときは，この限りでなく（918条1項），限定承認者による管理（926条）および相続放棄者による管理（940条）の規定に服することになる。家庭裁判所は，利害関係人または検察官の請求によって，いつでも，相続財産の保存に必要な処分を命ずることができる（同条2項）。27条から29条まで（不在者の財産管理人の権利義務）の規定は，家庭裁判所が管理人を選任した場合に準用する（918条3項）。

　熟慮期間中の相続財産の管理保存中に，相続債権者や受遺者から弁済の請求を受けた相続人は，弁済の拒絶ができるが，拒絶をしないで弁済をしたときは，単純承認をしたものとみなされる（921条1号）というのが通説である（中川＝泉375頁）。

IV　承認・放棄の取消し

　承認および放棄は，熟慮期間内でも，撤回できない（919条1項）。この規定は，総則編（たとえば，制限行為能力や詐欺・強迫）および親族編（たとえば，後見監督人の同意を得ない後見人の代理行為）の規定によって承認または放棄の取消しをすることを妨げない（同条2項）。この取消権は，追認ができる時から6ヵ月間行使しないときは，時効によって消滅する。相続の承認または放棄の時から10年を経過したときも，同様とする（同条3項）。限定承認または相続の放棄の取消しをしようとする者は，その旨を家庭裁判所に申述しなければならない（同条4項）。

　承認および放棄の無効については定めがないが，取消しが認められる以上，無効の主張も認められると解してよい（中川相続逐条中42頁ほか）。判例も，相続放棄の申述が家庭裁判所に受理された場合においても，相続の放棄に無効原因が存するときは，後日訴訟でこれを主張することを妨げないとしている（最判昭和29・12・24民集8巻12号2310頁）。

第2節 相続の承認

第1款 単純承認

I 単純承認の意義

相続人は，単純承認をしたときは，無限に被相続人の権利義務を承継する（920条）。相続人の無限責任主義の原則が示される。

単純承認が意思表示であるかどうかをめぐって学説が分かれる。

① 意思表示説　単純承認が意思表示であり，その無効・取消しが認められるという（唄孝一・判例コン8・173頁，舟橋諄一・注釈相続上244頁）。

② 法定効果説　単純承認が意思表示ではなく，915条所定の事由があったとき，とりわけ915条1項の熟慮期間が経過したときに単純承認の効果が生ずることが多いので，一定の事実に対する法的効果だという（森泉章「法定単純承認」大系Ⅶ62頁，鈴木・相続36頁）。

この議論は，さほど実益があるわけではない。法文上は意思表示説となるが，実質的には法定効果説でよいと思われる。

II 法定単純承認

1 法定単純承認事由

つぎに掲げる場合には，相続人は，単純承認をしたものとみなす（921条）。

（1）相続財産の処分　相続人が相続財産の全部または一部を処分したとき。ただし，保存行為および602条に定める短期賃貸借の期間を超えない賃貸をすることは，この限りでない（921条1号）。

（2）熟慮期間の経過　相続人が熟慮期間内に限定承認または放棄をしなかったとき（921条2号）。

（3）相続財産の隠匿等　相続人が，限定承認または相続の放棄をした後でも，相続財産の全部もしくは一部を隠匿し，私にこれを消費し，または悪意でこれを相続財産の目録中に記載しなかったとき。ただし，その相続人が相続の放棄をしたことによって相続人となった者が相続の承認をした後は，この限りでない（911条3号）。消極財産を財産目録に記載しなかったのは法

定単純承認事由に該当する（最判昭和61・3・20民集40巻2号450頁）。また，相続人が土地の賃借権を相続して，限定承認後これを自己のために利用する場合に，相続後の賃料を相続財産の家屋の売却金で弁済したことは，相続財産を私に消費したことになるとされる（大判昭和12・2・9判決全集4巻4号20頁）。

2 処分の意義

（1） 相続開始の認識の要否　921条1号の処分というには，相続人が自己のために相続が開始した事実を知りながら相続財産を処分したか，または少なくとも相続人が被相続人の死亡した事実を確実に予想しながらあえてその処分をしたことを要する（最判昭和42・4・27民集21巻3号741頁）。この「処分」は，限定承認や相続の放棄をしないという意思を含んでいるから単純承認とみなされるのであり，この判例を支持してよい（川井健・新版注民(27)480頁）。

（2） 財産の経済的価値　単なる形見分け程度の財産は含まれず，ある程度の経済的価値を有する財産の処分が921条1号の処分に該当する。

（3） 「処分」の具体例　衣類の贈与（大判昭和3・7・3新聞2881号6頁），不動産による代物弁済（大判昭和12・1・30民集16巻1頁），相続債権の収受領得（最判昭和37・6・21家月14巻10号100頁）等がこれに該当する。これらと異なり，被相続人Aの営業に従事していた相続人が，Aの家出後，営業を会社組織に変更し，この会社にAの所有する道具類を使用させ，Aの死亡判明後もこれらの使用を許容していたことは，処分に該当しないとされる（前掲最判昭和42・4・27）。

（4） 処分の無効・取消しの場合　処分が無効であったり，取り消された場合には，処分がなかったことになって，単純承認の効果は生じないであろうか。学説は分かれる。

　① 単純承認の効果否定説　処分の無効・取消しによって単純承認の効果は生じないという（舟橋諄一・注釈相続上249頁）。

　② 単純承認の効果肯定説　処分の無効・取消しがあっても，いったん生じた単純承認の効果は維持されるという（中川＝泉387頁，柚木・相続251頁）。

私見としては，処分により，もはや限定承認・相続放棄をしないという意思が示されたとみて単純承認の効果肯定説を支持したい（川井健・新版注民

(27) 524 頁)。

第2款 限定承認

I 限定承認の意義

相続人は，相続によって得た財産の限度においてのみ被相続人の債務および遺贈を弁済すべきことを留保して，承認をすることができる (922条)。被相続人が多額の債務を負担するとき，通常の相続をすると相続人は自己の財産を持ち出して弁済をしなければならなくなるので，責任を相続財産に限定して，その責任から免れることができる (山崎邦彦「限定承認」現代大系5巻159頁参照)。

II 共同相続人の限定承認

相続人が数人あるときは，限定承認は，共同相続人の全員が共同してのみこれをすることができる (923条)。法律関係の複雑さを避けるためである。

III 限定承認の方式

相続人は，限定承認をしようとするときは，熟慮期間内に，財産目録を作成して家庭裁判所に提出し，限定承認をする旨を申述しなければならない (924条)。申述の受理は，審判によってされる (家事別表第一92項)。熟慮期間は，各相続人について個別的に計算され，最後に期間の満了する者の満了時まで，限定承認の申述ができる (中川=泉396頁)。

IV 限定承認の効果

1 財産の限度での責任

相続人は，相続によって得た財産の限度においてのみ被相続人の債務および遺贈を弁済すべきことになる (922条)。そこで相続財産と相続人固有の財産とが分離され，被相続人の債権者および受遺者は，相続財産に対する権利を行使しうることになる。

「相続によって得た財産の限度」には，限定承認後相続財産から生じた果実 (大判大正3・3・25民録20輯230頁)，相続財産の株式から生じた利益配当請求権 (大判大正4・3・8民録21輯289頁) が含まれるが，相続開始後の賃料債務 (大判昭和10・12・18民集14巻2084頁) は含まれない。

限定承認をした相続人に相続債務の支払を命ずる判決には，相続財産の限

度で支払うべき旨を留保しなければならない（大判昭和7・6・2民集11巻1099頁）。

2 限定承認をしたときの権利義務

相続人が限定承認をしたときは，その被相続人に対して有した権利義務は，消滅しなかったものとみなす（925条）。不動産の死因贈与の受贈者が贈与者の相続人である場合に，限定承認がされたときは，死因贈与に基づく限定承認者への所有権移転登記が相続債権者による差押登記より先にされたとしても，信義則に照らし，限定承認者は相続債権者に対して不動産の所有権取得を対抗できない（最判平成10・2・13民集52巻1号38頁）。限定承認をしながら，贈与者の相続人としての登記義務者の地位と受贈者としての登記権利者の地位を兼ねて自己への所有権移転登記手続をすることは信義則上相当でないというのがその理由である。

未登記の抵当権と限定承認との関係が争われた事例がある。被相続人が設定した抵当権が限定承認の当時未登記であった場合には，抵当権者は相続人に対してその設定登記を請求する利益を有せず，登記を請求できないとされる（大判昭和14・12・21民集18巻1621頁）。

代物弁済予約の仮登記と限定承認との優劣が争われた事例がある。土地につき代物弁済予約がされ，所有権移転請求権保全の仮登記がされ，次いで予約完結の意思表示がされたが，その後設定者が死亡し，相続人が限定承認をした場合でも，その弁済手続中に所有権移転本登記がされたときは，仮登記権利者は土地の所有権取得を相続債権者に対抗できるとされる（最判昭和31・6・28民集10巻6号754頁）。

3 限定承認における相続財産の管理

(1) **限定承認者による管理**　限定承認者は，その固有財産におけるのと同一の注意をもって，相続財産の管理を継続しなければならない（926条1項）。委任に関する645条（受任者による報告），646条（受任者による受取物の引渡し等），650条1項・2項（受任者による費用等の償還請求等），ならびに918条2項・3項（相続財産の管理）の規定は，この場合について準用する（同条2項）。

(2) **相続人が数人ある場合の相続財産の管理人**　相続人が数人ある場合には，家庭裁判所は，相続人の中から，相続財産の管理人を選任しなけれ

第 2 節　相続の承認

ばならない (936 条 1 項)。相続財産の管理人は，相続人のために，これに代わって，相続財産の管理および債務の弁済に必要な一切の行為をする (同条 2 項)。926 条から 935 条まで (限定承認者の任務) の規定は，選任された相続財産管理人について準用する。この場合に，相続財産の管理人の選任があった後 10 日以内にすべての相続債権者および受遺者に対して相続財産の管理人の選任があった旨および一定の期間内にその請求の申出をすべき旨を公告しなければならない (同条 3 項)。

　相続財産管理人が選任された場合には，相続財産に関する訴訟については相続人が当事者適格を有し，相続財産管理人は，相続人全員の法定代理人として訴訟に関与し，相続財産管理人としての資格では当事者適格を有しない (最判昭和 47・11・9 民集 26 巻 9 号 1566 頁)。

4　相続債権者・受遺者に対する公告・催告・弁済等

(1)　公告・催告　限定承認者は，限定承認をした後 5 日以内に，すべての相続債権者および受遺者に対し，限定承認をしたことおよび一定の期間内にその請求の申出をすべき旨を公告しなければならない。この場合に，その期間は，2 ヵ月を下ることができない (927 条 1 項)。この公告には，相続債権者および受遺者がその期間内に申出をしないときは弁済から除斥されるべき旨を付記しなければならない。ただし，限定承認者は，知れている相続債権者および受遺者を除斥することができない (同条 2 項)。限定承認者は，知れている相続債権者および受遺者には，各別にその申出の催告をしなければならない (同条 3 項)。上記の公告は，官報に掲載してする (同条 4 項)。

(2)　公告期間中の弁済の拒絶　限定承認者は，927 条 1 項の期間 (2 ヵ月) の満了前には，相続債権者および受遺者に対して弁済を拒むことができる (928 条)。

(3)　公告期間満了後の弁済　927 条 1 項の期間 (2 ヵ月) が満了した後は，限定承認者は，相続財産をもって，その期間内に請求の申出をした相続債権者その他知れている相続債権者に，それぞれその債権額の割合に応じて弁済をしなければならない。ただし，優先権を有する債権者の権利を害することができない (929 条)。

(4)　期限前の債務等の弁済　限定承認者は，弁済期に至らない債権で

あっても，929条の規定に従って弁済しなければならない（930条1項）。条件付きの債権または存続期間の不確定な債権は，家庭裁判所が選任した鑑定人の評価に従って弁済しなければならない（同条2項）。

(5) 受遺者に対する弁済　　限定承認者は，929条・930条の規定に従って各相続債権者に弁済をした後でなければ，受遺者に弁済をすることができない（931条）。

(6) 弁済のための相続財産の換価　　929条から931条までの規定に従って弁済をするにつき相続財産を売却する必要があるときは，限定承認者は，これを競売（民執195条）に付さなければならない。ただし，家庭裁判所が選任した鑑定人の評価に従い相続財産の全部または一部の価額を弁済して，その競売を止めることができる（932条）。

(7) 相続債権者および受遺者の換価手続への参加　　相続債権者および受遺者は，自己の費用で，相続財産の競売または鑑定に参加することができる。この場合には，260条2項（共有物の分割への参加）の規定を準用する（933条）。

(8) 不当な弁済をした限定承認者の責任等　　限定承認者は，927条に規定する公告もしくは催告をすることを怠り，または同条1項の熟慮期間内に相続債権者もしくは受遺者に弁済をしたことによって他の相続債権者もしくは受遺者に弁済ができなくなったときは，これによって生じた損害を賠償する責任を負う。929条から931条までの規定に違反して弁済をしたときも，同様とする（934条1項）。この規定は，情を知って不当に弁済を受けた相続債権者または受遺者に対する他の相続債権者または受遺者の求償を妨げない（同条2項）。724条（不法行為による損害賠償請求権の期間の制限）の規定は，上記の損害賠償および求償の場合に準用する（同条3項）。

(9) 公告期間内に申出をしなかった相続債権者および受遺者　　927条1項の期間内に請求の申出をしなかった相続債権者および受遺者で限定承認者に知れなかったものは，残余財産についてのみその権利を行使できる。ただし，相続財産について特別の担保を有する者は，この限りでない（935条）。

(10) 法定単純承認があった場合の相続債権者　　限定承認をした共同相続人の一人または数人について921条1号または3号に掲げる事由があると

きは，相続債権者は，相続財産をもって弁済を受けることができなかった債権額について，当該共同相続人に対し，その相続分に応じて権利を行使できる（937条）。

第3節　相続の放棄

I　相続の放棄の意義

相続の放棄は，相続による権利義務の承継を生じさせないという相続人の意思表示だが，民法は，その手続を厳格に定め，相続の放棄をしようとする者は，その旨を家庭裁判所に申述しなければならないとしている（938条，家事別表第一95項）。家庭裁判所は，審判により，相続放棄が本人の真意に基づくのかどうかを確認したうえで，これを受理する（稲田龍樹「相続放棄をめぐる問題点」講座5巻275頁参照）。

相続放棄の性質は，私法上の財産法の法律行為であるから，錯誤に関する民法95条の適用がある（最判昭和40・5・27家月17巻6号251頁）。

相続放棄の申述は，必ずしもつねに本人の審問等を要せず，また，申述書には原則として本人の自署を要するが，特段の事情があるときは，本人または代理人の記名押印があるにすぎない場合でも，本人の真意に基づくことが認められる以上，申述は受理される（最判昭和29・12・21民集8巻12号2222頁）。

相続の放棄は，被相続人が多額の債務を負担している場合に，相続人がこれを免れる目的で行われるのが本来の姿だが，わが国では，農家の相続などにおいて，共同相続人の一人だけが財産を承継する手段として，他の共同相続人が全員相続の放棄をする例がある。同じような目的は，遺産分割の協議によって，一人だけが財産を承継し，他の共同相続人の取り分をゼロとする協議をするという事実上の相続放棄の形で達成させることも可能である（石田喜久夫「事実上の相続放棄」大系Ⅶ134頁，右近健男「事実上の相続放棄」現代大系5巻177頁参照）。

相続の放棄は自由であり，それにより相続債権者に損害を与えることを目的としていたとしても，権利の濫用とはならないとされる（最判昭和42・5・30民集21巻4号988頁）。また，相続の放棄のような身分行為は，詐害行為取

消権行使の対象とならないとされる（最判昭和49・9・20民集28巻6号1202頁）。

II 相続放棄の効果

1 相続放棄の効果一般

相続の放棄をした者は，その相続に関しては，初めから相続人にならなかったものとみなす（939条）。その結果，相続放棄者を除く他の共同相続人が相続をすることになる。相続放棄者については，前述した代襲相続（150頁）は認められない。相続の放棄は，登記の有無を問わず，何人に対してもその効力を生ずる（2巻52頁参照）。たとえば，Aが死亡し，相続人B・CのうちBが相続放棄をしたためCが遺産の不動産につき全部の所有権を取得したがその旨の登記がされていないとき，この不動産を差し押さえたBの債権者Dに対しCは登記なくして全部の所有権を主張しうる。判例では，相続放棄した相続人の債権者が相続財産である未登記の不動産について，放棄した相続人も共同相続したものとして代位による所有権保存登記をした上で，持分に対する仮差押登記をしても，これらは無効としたものがある（最判昭和42・1・20民集21巻1号16頁）。相続放棄の効力は絶対的であり，何人に対しても，登記等なくしてその効力を生ずるというのがその理由である。

相続放棄者は，相続財産の管理継続義務を負う。すなわち，相続の放棄をした者は，その放棄によって相続人となった者が相続財産の管理を始めることができるまで，自己の財産におけると同一の注意をもって，その財産の管理を継続しなければならない（940条1項）。645条（受任者の報告義務），646条（受任者の受取物引渡し等の義務），650条1項・2項（受任者の費用償還請求権等）ならびに918条2項・3項（家庭裁判所による管理人の選任等）の規定は，この場合に準用する（同条2項）。

2 再転相続人の相続放棄の場合

再転相続（193頁）の場合の熟慮期間はどの時点から起算すべきであろうか。Bのための熟慮期間とCのための熟慮期間との関係が問題となるが，判例は，Cの再転相続人の地位そのものに基づき，Aの相続とBの相続のそれぞれにつき承認または放棄の選択に関して，各別に熟慮し，かつ，承認または放棄を保障すべきだという（最判昭和63・6・21家月41巻9号101頁）。その結果，CがBの相続を放棄して，Bの権利義務を承継しなくなった場合

には，Cはこの放棄によってBの有していたAの相続についての承継または放棄の選択権を失うから，もはやAの相続につき承継または放棄はできないが，CがBの相続につき放棄していないときは，Aの相続につき放棄ができ，かつ，Aの相続につき放棄をしても，それによっては，Bの相続につき承継または放棄するのになんら障害にならず，また，その後にCがBの相続につき放棄しても，Cが先に再転相続人の地位に基づいてAの相続につきした放棄の効力がさかのぼって無効になることはない。

第5章 財産の分離

I 財産分離の意義

　被相続人の債権者や相続人の債権者の意思によって，法定相続を修正する場合として，財産分離がある。相続人がもともと多額の債務を負っていて財産が乏しいときに，相続が開始すると，被相続人の債権者は，債権の回収が困難になるので，被相続人の財産を相続人の財産から分離させ，債権の回収をはかることができる。これを相続債権者・受遺者の請求による財産分離（第1種の財産分離）という（941条）。受遺者にもその請求が認められる。

　これに対し，被相続人が債務超過で相続財産が乏しいときに，相続人の債権者は，法定相続によって債権の回収が困難になるので，相続財産の分離を請求し，相続人固有の財産から債権の回収をはかることができる。これを相続人の債権者の請求による財産分離（第2種の財産分離）という（950条）。

II 相続債権者・受遺者の請求による財産分離

　相続債権者また受遺者の請求による財産分離の要件，効果は，以下の通りである。

1 財産分離の要件

　相続債権者または受遺者は，相続開始の時から3ヵ月以内に，相続人の財産の中から相続財産を分離することを家庭裁判所に請求できる。相続財産が相続人の固有財産と混合しない間は，その期間の満了後も，同様とする（941条1項）。相続債権者または受遺者の申立てがあっても，家庭裁判所は，必然的に財産分離を命じなければならないものではなく，財産分離の必要性につき，裁量権を有し，その必要がある場合に限ってこれを命ずるべきである（新潟家新発田支審昭和41・4・18家月18巻11号70頁，東京高決昭和59・6・20家月37巻4号45頁）。家庭裁判所がこの請求によって財産分離を命じたときは，その請求をした者は，5日以内に，他の相続債権者および受遺者に対し，財産分離の命令があったことおよび一定の期間内に配当加入の申出をすべき旨

を官報に公告しなければならない。この場合において，その期間は，2ヵ月を下ることができない（同条2項3項）。

2 財産分離の効力

財産分離の請求をした者および941条3項の規定により配当加入の申出をした者は，相続財産について，相続人の債権者に先立って弁済を受ける（942条）。

3 財産分離の請求後の相続財産の管理

財産分離の請求があったときは，家庭裁判所は，相続財産の管理について必要な処分を命ずることができる（943条1項）。27条から29条まで（不在者の財産管理人の権利義務）の規定は，家庭裁判所が相続財産の管理人を選任した場合に準用する（943条2項）。

4 財産分離の請求後の相続人による管理

相続人は，単純承認をした後でも，財産分離の請求があったときは，以後，その固有財産におけるのと同一の注意をもって，相続財産の管理をしなければならない。ただし，家庭裁判所が相続財産の管理人を選任したときは，この限りでない（944条1項）。645条から647条まで（受任者の義務と責任）ならびに650条1項・2項（受任者による費用等の償還請求等）の規定は，この場合に準用する（944条2項）。

5 不動産についての財産分離の対抗要件

財産分離は，不動産については，その登記をしなければ，第三者に対抗できない（945条）。

6 物上代位の規定の準用

財産分離の場合に物上代位（304条）が認められる（946条）。財産分離の対象の不動産が財産分離の登記前に譲渡されたときは，その代価につき，相続債権者等は優先権を行える。動産の譲渡についても同様である。必要な差押えは，財産分離の審判とその債権が相続財産の売買等によって生じたことを証する文書の提出があればよい（民執193条1項後段）。

7 相続債権者および受遺者に対する弁済

相続人は，941条1項および2項の期間の満了前には，相続債権者および受遺者に対して弁済を拒むことができる（947条1項）。財産分離の請求があ

ったときは，相続人は，941条2項の期間の満了後に，相続財産をもって，財産分離の請求または配当加入の申出をした債権者および受遺者に，それぞれその債権額の割合に応じて弁済をしなければならない。ただし，優先権を有する債権者の権利を害することができない（同条2項）。930条から934条まで（限定承認者の弁済）の規定は，財産分離の請求があった場合に準用する（同条3項）。

8 相続人の固有財産からの弁済

財産分離の請求をした者および配当加入の申出をした者は，相続財産をもって全部の弁済を受けることができなかった場合に限り，相続人の固有財産についてその権利を行使できる。この場合には，相続人の債権者は，財産分離請求者および配当申出者に先立って弁済を受けることができる（948条）。

9 財産分離の請求の防止等

相続人は，その固有財産をもって相続債権者もしくは受遺者に弁済をし，またはこれに相当の担保を供して，財産分離の請求を防止し，またはその効力を消滅させることができる。ただし，相続人の債権者が，これによって損害を受けるべきことを証明して，異議を述べたときは，この限りでない（949条）。

III 相続人の債権者の請求による財産分離

相続人の債権者の請求による財産分離の要件，効果は，つぎの通りである。

相続人が限定承認をすることができる間，または相続財産が相続人の固有財産と混合しない間は，その債権者は，家庭裁判所に対して財産分離の請求ができる（950条1項）。304条（先取特権の物上代位），925条（限定承認をしたときの権利義務），927条から934条まで（限定承認における相続財産の清算），943条から945条まで（相続債権者・受遺者の請求による財産分離における相続財産の管理・対抗要件）および948条（相続人の固有財産からの弁済）の規定は，この場合に準用する。ただし，927条に定める公告および催告は，財産分離の請求をした債権者がしなければならない（同条2項）。

第 6 章　相続人の不存在

I　相続人不存在と相続財産法人
1　相続財産法人
　相続人のあることが明らかでないときは，相続財産は，法人とする（951条）。相続財産自体が権利義務の主体となり，相続人を探し出し，債権者への弁済などの財産の清算を行い，最終的には，残余財産は国庫へ帰属するという扱いをする（959条）。ただし，国庫へ帰属する前に，特別縁故者がいると，その者に財産の分与を認めうる。

　遺言者に相続人は存在しないが相続財産全部の包括受遺者が存在する場合は，951条にいう「相続人のあることが明かでないとき」にはあたらない（最判平成9・9・12民集51巻8号3887頁）。

　相続開始前に被相続人の所有する不動産に抵当権の設定を受けていても，仮登記がされていた場合を除き，債権者は，相続財産法人に対して抵当権設定登記手続を請求できない（最判平成11・1・21民集53巻1号128頁）。もし抵当権設定登記がされると，相続財産の換価の障害となり，管理人による相続財産の清算に著しい支障を来すからだとされる。

　相続人のあることが明らかになったときは，相続財産法人は，成立しなかったものとみなす。ただし，相続財産の管理人がその権限内でした行為の効力を妨げない（955条）。

2　相続財産管理人
　(1)　相続財産の管理人の選任　　951条の場合には，家庭裁判所は，利害関係人または検察官の請求によって，相続財産の管理人を選任しなければならない（952条1項）。相続財産の管理人を選任したときは，家庭裁判所は，遅滞なくこれを公告しなければならない（同条2項）。27条から29条までの規定は，952条1項の相続財産の管理人について準用する（953条）。

　(2)　相続財産の管理人の報告　　相続財産の管理人は，相続債権者また

は受遺者の請求があるときは，その請求をした者に相続財産の状況を報告しなければならない（954条）。

　(3)　相続財産の管理人の代理権の消滅　　相続財産の管理人の代理権は，相続人が相続の承認をした時に消滅する（956条1項）。この場合には，相続財産の管理人は，遅滞なく相続人に対して管理の計算をしなければならない（同条2項）。

3　相続債権者および受遺者に対する弁済

952条2項に規定する公告があった後2ヵ月以内に相続人のあることが明らかにならなかったときは，相続財産の管理人は，遅滞なく，すべての相続債権者および受遺者に対し，一定の期間内にその請求の申出をすべき旨を公告しなければならない。この場合に，その期間は，2ヵ月を下ることができない（957条1項）。927条2項から4項まで（限定承認における公告等）および928条から935条まで（932条但書を除く）（限定承認における相続財産の清算）の規定は，この場合に準用する（同条2項）。

4　相続人の捜索の公告

957条1項の期間の満了後，なお相続人のあることが明らかでないときは，家庭裁判所は，相続財産の管理人または検察官の請求によって，相続人があるならば一定の期間内にその権利を主張すべき旨を公告しなければならない。この場合において，その期間は，6ヵ月を下ることができない（958条）。

5　権利を主張する者がない場合

958条の期間内に相続人としての権利を主張する者がないときは，相続人ならびに相続財産の管理人に知れなかった相続債権者および受遺者は，その権利を行使できない（958条の2）。958条の公告期間内に相続人であることの申出をしなかった者については，たとえその期間内に相続人であることの申出をした者の相続権の存否が訴訟で争われていたとしても，この訴訟の確定まで上記の期間が延長されるものではなく，この者は，相続財産法人および国庫に対する関係で失権するので，特別縁故者に対する分与後の残余財産について相続権を主張することは許されない（最判昭和56・10・30民集35巻7号1243頁）。

II 特別縁故者に対する相続財産の分与

958条の2の場合において，相当と認めるときは，家庭裁判所は，被相続人と生計を同じくしていた者，被相続人の療養看護に努めた者その他被相続人と特別の縁故があった者の請求によって，これらの者に，清算後残存すべき相続財産の全部または一部を与えることができる（958条の3第1項，家事別表第一101項）。この請求は，958条の期間の満了後3ヵ月以内にしなければならない（同条2項）。

たとえば，Aが死亡したとき，Aには相続人がいないが，Bという内縁の妻がいたときには，内縁の妻には相続権は認められないが，相続人の不存在という例外的な場合に，特別縁故者として保護を受けうることになる。特別縁故者には，内縁の妻や夫以外に，事実上の養子や，場合によっては老人ホームや寺院なども含まれる。

分与審判前の分与請求権の性質に関する判例として，遺言が無効の場合に，Aが特別縁故者として相続財産の分与を受ける可能性があるとしても，分与を受ける権利は，家庭裁判所の審判によって形成される権利にすぎず，Aは，審判前に相続財産に対し私法上の権利を有せず，遺言の無効確認を求める法律上の利益を有するとはいえないとしたものがある（最判平成6・10・13家月47巻9号52頁）。

上記の場合に，Aが第三者Bと共有中の財産も内縁の妻Cへの財産分与の対象となるであろうか。この問題については，物権法で論じたので（2巻177頁），ここでは省略する。

被相続人の死亡後，葬儀や遺産の管理などにより縁故を生じた者を特別縁故者とみる学説（鈴木・相続92頁）・審判例（大阪家審昭和54・4・10家月34巻3号30頁ほか）があるが，それは特別縁故者制度の趣旨に反すると思われる（唄孝一・判例コン8・234頁，鹿児島家審昭和45・1・20家月22巻8号78頁ほか）。

III 残余財産の国庫への帰属

958条の3の規定により処分されなかった相続財産は，国庫に帰属する。この場合においては，956条2項（管理人の計算義務）の規定を準用する（959条）。

国庫への帰属の時点は，相続財産管理人が特別縁故者に分与されなかった

相続財産を国庫に引き継いだ時であり，それまでは相続財産法人は消滅せず，相続財産管理人の代理権も存続するものとみられている（最判昭和50・10・24民集29巻9号1483頁）。

第7章 遺　　言

第1節　総　　則

I　遺言の意義

　Aとその妻Bとの間にCとDという子がいるとき，Aが死亡する前にこの被相続人であるAが，第三者であるEに財産を移転するという遺言をすることがある。単独行為で死亡の時に効力を生じさせる意思表示を遺言というが，遺言による財産の処分は自由である。生前における財産処分が自由であると同じように死後の財産の行方を本人が決めることができる。このような遺言による財産の移転のことを遺贈と称する。遺言者は，包括または特定の名義で，その財産の全部または一部を処分することができる。ただし，遺留分に関する規定に違反することができない（964条）。すなわち，財産処分は自由ではあるが，遺留分は確保するというのである。後述するように，一定の法定相続人に，遺言によっても侵すことのできない一定の相続分を確保するのが遺留分である（第8章，236頁以下）。遺言によって財産を処分する人のことを遺贈者といい，それによって財産を受ける人のことを受遺者と称する（遺言については，久貴忠彦編・遺言と遺留分1・2巻［第2版］［平成23年］参照）。

　遺言は，わが国ではあまり行われてこなかった。死後の財産の処分については，生前贈与や死因贈与という契約上の処理も可能である。たとえば父子契約によって農家の財産を譲渡することも可能だが，これも必ずしも多く行われていない。これに比べてヨーロッパでは，慣習上父子の間で農地の譲与契約をすることがある。たとえば，父親が60歳で引退して農業資産を一人の子に譲与するが，無償の譲与ではなくて，対価として牛乳の給付や農作物の給付などをこまごまと約束させ，これに基づく公正証書を作成するという例がある（一例として，川井健＝清水誠「西ドイツ・ライン左岸のマールベルク村の農地相続について」法社会学13号158頁［昭和37年］）。それは終身定期金契約（689

条）の一種である。

　遺言には財産の移転以外の内容のものもある。たとえば，遺言によって嫡出でない子を認知したり（781条2項），未成年者の後見人を指定したり（839条1項），推定相続人を廃除する意思を表示することもある（893条）。また，ある不動産は妻に，銀行預金は長男に帰属させるというように，遺産分割の方法を指定したり（908条），法定相続分とは異なって妻に3分の2，子に3分の1を与えるというように，相続分の指定をすることも許される（902条）。この場合も遺留分に反する指定は認められない。

　このように各種の遺言があるが，何を遺言することができるかは法律で定められていて，法定遺言事項以外についての遺言の効力は認められない。このような遺言のうちで重要なのが遺言による財産の移転である遺贈である。

II　遺言の解釈

　遺言は法律行為であるから，法律行為一般についてと同様，その解釈にあたっては，本人の真意を探る必要がある。一般の法律行為と異なり，本人の死後その解釈が問題となるので，ますますこのことが要請される。判例も，遺言の解釈にあたっては，遺言書の文言を形式的に判断するだけではなく，遺言者の真意を探求すべきであり，遺言書作成当時の事情および遺言者の置かれていた状況などを考慮して遺言者の真意を探求し当該条項の趣旨を確定すべきであるという（最判昭和58・3・18家月36巻3号143頁，同旨，最判平成17・7・22家月58巻1号83頁）。

　具体的は，以下の判例がある。遺産の一部を妻に遺贈するという条項に続いて妻の死亡後は，被相続人の弟等が分割所有するという条項が書かれている遺言書につき，これを「後継遺贈」であるとして妻に対する条項のみを法的に意味があるとし，弟等に対する条項は被相続人の希望が述べられているにすぎないという判断は，違法である（前掲最判昭和58・3・18）。受遺者を明示しないで遺贈の「全部を公共に寄與する」とした遺言は，その目的を達成できる国または地方公共団体等に遺産の全部を包括遺贈する趣旨と解され，この団体のいずれが選定されても遺言者の意思と離れることはない（最判平成5・1・19民集47巻1号1頁）。特定の財産につき特定人を指定して贈与する項目に続き，「法的に定められた相続人を以つて相続を与へる」と記載され

た条項は，法律の専門家でなかった遺言者が，相続人は遺言書作成当時，戸籍上唯一の相続人であったＡ（他人の子を被相続人の子として虚偽の出生届をした者）のみであるとの認識であって，Ａに遺贈する趣旨であったと解される（前掲最判平成17・7・22）。

III 「相続させる」遺言
1 相続させる遺言の意義

上記の遺言事項のうち，特定の相続人に，特定の財産を「相続させる」と記載した遺言を「相続させる」遺言とか「相続させる」趣旨の遺言とかいう。このような特定の遺産を特定の相続人に「相続させる」遺言の効力が問題となる。遺言の書き方として，特定の相続財産を共同相続人中の特定の者に相続させる旨を記載すると，それが遺産分割の方法の指定（908条）となり，遺産分割が不要となり，不動産については，その特定の者が単独で相続登記ができるという実務が公証人によって行われた。「相続させる遺言」の性質をめぐっては学説が分かれる。

① 遺贈説　相続させる遺言を遺贈と解する学説がある（橘勝治「遺産分割事件と遺言書の取扱い」現代大系5巻65頁）。
② 遺産分割方法指定説　相続させる遺言を遺産分割の方法の指定と解する学説がある（中川＝泉253頁）。遺贈の効力をもつ特殊な遺産分割方法の指定とみる学説（倉田卓次「『相続させる』の所有権移転効」公証制度百年記念論文集262頁［昭和63年］），相続させる遺言が直截に遺産分割の効果を有するという遺産分割効果説（水野謙「『相続させる』旨の遺言に関する一視点」法時62巻7号81頁［平成2年］）も遺産分割方法指定説に近い学説である。

判例は遺産分割方法指定説である（最判平成3・4・19民集45巻4号477頁）。すなわち，遺言は遺言者の意思を尊重して合理的に解釈すべきこと，特定の遺産を特定の相続人に相続させる趣旨の遺言は，当該遺産を当該単独人に単独で相続させようとする趣旨のものであること，それは908条にいう遺産の分割方法を定めた遺言であり，この場合には，何らの行為を要せず被相続人の死亡時に直ちに当該遺産は当該相続人に承継されること，ただし，場合によっては，他の相続人の遺留分減殺請求権の行使を妨げるものではないことを述べる。遺産分割方法指定説によると，特定の相続人が単独で相続登記が

できるほか，登録免許税が少なくて済むとされていたが，後者は法改正により廃止された。

私は，遺産分割方法指定説を支持する。ただし，遺留分減殺請求権が認められるので，遺贈の効力をもつ特殊な遺産分割方法の指定とみる学説に従いたい。

2 相続させる遺言の効力・遺言執行との関係

(1) **権利の帰属と遺言執行**　通常は，遺産分割が行われて，各相続人に帰属すべき具体的な遺産が確定することになるが，相続させる遺言の場合は，遺産分割手続を経ずに，特定の財産がこの遺言で指定された相続人（受益相続人という）に帰属することになる（前掲最判平成3・4・19）。当該財産については，遺産共有の状態は生じないので，遺産分割協議や審判を経る必要はない。そうすると，相続させる遺言に基づいて直ちに不動産の所有権移転登記ができるので，遺言執行の必要はないのではないかという疑問が生ずる。しかしながら，判例は特定の不動産を特定の相続人に相続させることにより，即時の権利移転の効力が生ずるからといって，当該遺言の内容を具体的に実現するための執行行為が当然に不要になるものではないという（最判平成11・12・16民集53巻9号1989頁）。その理由として以下のようにいう。当該相続人に不動産の所有権移転登記を取得させることは，1012条1項の遺言の執行に必要な行為にあたる。もっとも，登記実務上，この場合には，当該相続人は単独で登記申請ができるとされているから，遺言執行者の職務は顕在化せず，遺言執行者は登記をすべき権利義務を有しないが（最判平成7・1・24判時1523号81頁），当該相続人に所有権移転登記がされる前に，他の相続人が当該不動産につき自己名義の所有権移転登記をしたため，遺言の実現が妨害されるような場合には，遺言執行者は，遺言執行の一環としてこの妨害を排除するためにこの登記の抹消を求めることができ，さらには真正な登記名義の回復を求めることができる。当該相続人も自ら同様の請求ができるが，このことは遺言執行者の職務権限に影響を及ぼさない。

この判例に対しては，疑問も提起されているが（竹下史郎・家族法判例百選[6版]179頁[平成14年]），判例に賛成してよいと思われる。

なお，遺言によって特定の相続人に相続させるものとされた特定の不動産

についての賃借権確認請求訴訟の被告適格を有する者は，遺言執行者があるときでも，遺言書に当該不動産の管理および相続人への引渡しを遺言執行者の職務とするなどの特段の事情のない限り，遺言執行者ではなく，相続人であるという判例もある（最判平成10・2・27民集52巻1号299頁）。

（2）　債務の承継　　相続させる遺言が相続分の指定を伴う場合には，相続債務も指定相続分どおりに受益相続人に承継されることになる。特に遺産の全部を相続人の一人に相続させるという内容の遺言がある場合に，他の相続人は相続債務を債権者との関係でも負担する義務ないし責任を負わなくてよいだろうか。

判例は，指定された相続人が指定された相続分の割合に応じて相続債務を承継する（すなわち全部を相続させる場合は，当該相続人が相続債務のすべてを承継する）ことになるが，その指定の効力は，相続債権者が承認しない限りは，相続債権者には及ばないと解している（最判平成21・3・24民集63巻3号427頁）。

（3）　受益相続人の先死と遺言の効力　　遺贈では，受遺者が遺言者の死亡以前に死亡したときは，その効力は生じないとされている（994条1項）。これに対して，相続させる遺言で，受益相続人が被相続人の死亡以前に死亡した場合には，判例は，994条1項を類推適用せずに，遺言者の意思解釈によって解決すべきものとしている（最判平成23・2・22民集65巻2号699頁）。当該遺言条項と遺言書の他の記載との関係，遺言書作成当時の事情および遺言者の置かれた状況などから，遺言者がどのような意思を有していたかを判断することになる（遺言者の意思が不明の場合にどちらを原則とすべきかについては議論があるが，判例は原則は効力否定の立場である）。

3　相続させる遺言と登記との関係

特定の不動産を特定の相続人に相続させる遺言によって不動産を取得した者は，登記なくしてその権利を第三者に対抗できるとされる（最判平成14・6・10判時1791号59頁）。この場合の権利の移転は，法定相続分または指定相続分の相続の場合と本質において異なるところはないことを理由とする。この判例は，遺産分割（最判昭和46・1・26民集25巻1号90頁），遺贈（最判昭和39・3・6民集18巻3号437頁）による権利の取得に登記を要するという判例（2巻51頁・52頁）と調和するかどうか疑問である。

IV　遺言能力

15歳に達した者は，遺言をすることができる（961条）。5条（未成年者の行為能力），9条（成年被後見人の行為能力），13条（保佐人の同意を要する行為等）および17条（補助人の同意を要する旨の審判）の規定は，遺言には適用されない（962条）。遺言者は，遺言をする時においてその能力を有しなければならない（963条）。ここにいう「能力」は，意思能力を意味する。

V　受遺者の資格

886条（胎児の相続能力）および891条（相続人の欠格）の規定は，受遺者に準用する（965条）。

VI　被後見人の遺言の制限

被後見人が，後見の計算の終了前に，後見人またはその配偶者もしくは直系卑属の利益となるべき遺言をしたときは，その遺言は，無効とする（966条1項）。この規定は，直系血族，配偶者または兄弟姉妹が後見人である場合には，適用しない（同条2項）。

第2節　遺言の方式

遺言については方式が厳格に定められている。960条は，遺言は，この法律に定める方式に従わなければ，することができないと定める。「死人に口なし」というが，遺言者の意思を確かめる手段がほかになく，遺言の文言によって遺言者の意思を判断するほかはないところから，厳格な方式が要求される。その方式には大きく分けて普通方式と特別方式がある。普通方式の遺言には自筆証書遺言，公正証書遺言，秘密証書遺言があり（967条），特別方式の遺言には死亡危急者の遺言などがある（976条以下）。

第1款　普通の方式

普通方式遺言には，3種のものがある。すなわち，遺言は，自筆証書，公正証書または秘密証書によってしなければならない（967条）。

第 2 節　遺言の方式

I　自筆証書遺言
1　自筆証書遺言の要件
　自筆証書によって遺言をするには，遺言者がその全文，日付および氏名を自書し，これに印を押さなければならない（968 条 1 項）。これは遺言者が自ら遺言を完成できるというものである。全文は自筆で書いたが署名をしなかったとか，印を押さなかったとか，月日は書いたが年号を書かなかったとか，さらに何年何月と書いたが，日を書かなかったり，日に代えて吉日と書いた（最判昭和 54・5・31 民集 33 巻 4 号 445 頁）ような場合がある。このような自筆証書遺言には，遺言の効力がない。このように日付が書かれていない場合や，押印がされていないような場合には，本人が最終意思を留保していることも考えられるから，遺言は無効とされる。
　筆記用具や用紙に制限はない。封筒に入れる必要もない。
　自筆証書遺言が数葉にわたるときでも 1 通の遺言書として作成されているときは，その日付，署名，捺印は，1 葉にされるをもって足りる（最判昭和 36・6・22 民集 15 巻 6 号 1622 頁）。

2　日付・氏名
　日付につき，全文の自書を終わり署名・押印して数日後にその日の日付を記載した遺言は有効とされ（最判昭和 52・4・1 家月 29 巻 10 号 132 頁），日付が真実の作成日付と相違していても，その誤記であること，および真実の作成の日が遺言証書の記載その他から容易に判明する場合には，日付の誤りは遺言を無効としないとされる（最判昭和 52・11・21 家月 30 巻 4 号 91 頁）。
　氏名につき本名（吉川治郎兵衛）でなく通称（をや治郎兵衛）を用いた遺言書は有効とされている（大判大正 4・7・3 民録 21 輯 1176 頁）。

3　押　　印
　押印につき，日本に帰化した白系ロシア人が全文を英文で書きサインをしたが押印をしなかった遺言書を有効とした判例がある（最判昭和 49・12・24 民集 28 巻 10 号 2152 頁）。拇印（指印）による遺言は有効である（最判平成元・2・16 民集 43 巻 2 号 45 頁）。自筆証書自体には押印はなく，これを封印した封筒の封じ目に押印がされた遺言は有効である（最判平成 6・6・24 家月 47 巻 3 号 60 頁）。

4 自　筆

　自筆につき，他人の添え手による補助を受けた自筆証書遺言は，遺言者が自筆能力を有し，遺言者が他人の支えを借りただけであり，かつ，他人の意思が介入した形跡がない限り，自筆の要件を満たして有効である（最判昭和62・10・8民集41巻7号1471頁）。また，カーボン紙を用いる遺言も自筆の方法として許されないものではないとされる（最判平成5・10・19家月46巻4号27頁）。

5 変　更

　自筆証書中の加除その他の変更は，遺言者が，その場所を指示し，これを変更した旨を付記して特にこれに署名し，かつ，その変更の場所に印を押さなければ，その効力がない（968条2項）。自筆証書における証書の記載自体からみて明らかな誤記の訂正については，968条2項所定の方式の違反があっても，遺言の効力に影響を及ぼさない（最判昭和56・12・18民集35巻9号1337頁）。

II　公正証書遺言

1　公正証書遺言の要件

　自筆証書遺言については後でそれが無効とされることもあるので，より確実な遺言の方式として，公正証書遺言がある。公正証書遺言の原本は公正役場に保管されるので，改竄されるなどの心配がない。そして，現在は，公正証書遺言検索システムを利用することで，全国どこの公証役場からでも，特定人の公正証書遺言の検索，照会ができるようになっている。

　公正証書によって遺言をするには，つぎに掲げる方式に従わなければならない（969条）。(1)証人2人以上の立会いがあること（1号），(2)遺言者が遺言の趣旨を公証人に口授すること（2号），(3)公証人が，遺言者の口授を筆記し，これを遺言者および証人に読み聞かせ，または閲覧させること（3号），(4)遺言者および証人が，筆記の正確なことを承認した後，各自これに署名し，印を押すこと。ただし，遺言者が署名することができない場合は，公証人がその事由を付記して，署名に代えることができる（4号）。(5)公証人がその証書は(1)から(4)に掲げる方式に従って作ったものである旨を付記して，これに署名し，印を押すこと（5号）。

このように専門家である公証人が作成する公正証書遺言は，その効力が確実ではあるが，場合によっては，この公正証書遺言の効力が生じない場合もある。特に証人については一定の資格が要求されているが（974条），欠格者が立ち会ったときは，遺言の効力が否定される。それにより遺言の公正が害されるからである。

　(1)　証人の立会い　　証人2人以上の立会いについては，証人は，遺言者が4号所定の署名・押印をするに際しても立ち会うことを要する（最判平成10・3・13判時1636号44頁）。

　(2)　口授　　公証人が遺言者の作成した書面に基づいて筆記を作成しておき，遺言者に面接の上，遺言の趣旨は先に交付した書面のとおりであるとの陳述を聞き，その筆記をそのまま原本として読み聞かせ公正証書を作成した場合は，2号の要件を備えるとした判例がある（大判昭和9・7・10民集13巻1341頁）。また，公証人があらかじめ他人から聴取した遺言の内容を筆記し，公正証書用紙に清書した上，その内容を遺言者に読み聞かせたところ，遺言者がこれと同趣旨を口授してこれを承認して書面に署名押印したときは適法とされる（最判昭和43・12・20民集22巻13号3017頁，同旨・最決平成16・6・8金法1721号44頁）。これらと異なり，公証人の質問に対し，遺言者が言語で陳述せず，単に肯定または否定の挙動を示したにすぎないときは口授があったとはいえないとされる（最判昭和51・1・16家月28巻7号25頁）。

2　特　則

　以下の方式に従って公証人が，公正証書を作ったときは，その旨をその証書に付記しなければならない（969条の2第3項）。

　(1)　口がきけない者の遺言　　口がきけない者が公正証書によって遺言をする場合には，遺言者は，公証人および証人の前で，遺言の趣旨を通訳人の通訳により申述し，または自書して，969条2号の口授に代えなければならない。この場合は，公証人は，遺言者の通訳人による申述または自書を筆記し，遺言者および証人に読み聞かせ，または閲覧させる（969条の2第1項）。

　(2)　耳が聞こえない者の遺言　　969条の遺言者または証人が耳が聞こえない者である場合には，公証人は，遺言者の口述を筆記した内容を通訳人の通訳により遺言者または証人に伝えて，読み聞かせに代えることができる

(969条の2第2項)。

III 秘密証書遺言

1 秘密証書遺言の意義

公正証書遺言の作成には、証人が立ち会うので、その遺言内容が漏れるおそれがある。その難点を避けるために、もう一つの方式として秘密証書遺言がある。遺言者が遺言を記載したうえで、その証書を封印して、これを公証人に提出し、公証人がその形式を完成させるというものである。内容は外に漏れるおそれがなくて、しかも手続的には公証人がこれを扱うので、これが確実で便利な遺言である。

2 秘密証書遺言の要件

秘密証書によって遺言をするには、つぎの方式に従わなければならない(970条1項)。(1)遺言者が、その証書に署名し、印を押すこと(1号)、(2)遺言者が、その証書を封じ、証書に用いた印章をもってこれに封印すること(2号)、(3)遺言者が、公証人1人および証人2人以上の前に封書を提出して、自己の遺言書である旨ならびにその筆者の氏名および住所を申述すること(3号)、(4)公証人が、その証書を提出した日付および遺言者の申述を封紙に記載した後、遺言者および証人とともにこれに署名し、印を押すこと(4号)。968条2項(自筆証書遺言の加除訂正)の規定は、秘密証書による遺言に準用する(同条2項)。

秘密証書によって遺言をするにあたり、遺言者以外の者がワープロで入力し、遺言者が氏名等を自筆で記載した場合には、ワープロで入力・印字した者が上記3号にいう「筆者」であるとされる(最判平成14・9・24家月55巻3号72頁)。

3 特 則

口がきけない者が秘密証書によって遺言をする場合には、遺言者は、公証人および証人の前で、その証書は自己の遺言書である旨ならびにその筆者の氏名および住所を通訳人の通訳により申述し、または封紙に自書して、970条1項3号の申述に代えなければならない(972条1項)。この場合において、遺言者が通訳人の通訳により申述したときは、公証人は、その旨を封紙に記載しなければならず(同条2項)、遺言者が封紙に自書したときは、公証人は、

その旨を封紙に記載して，970条1項4号に規定する申述の記載に代えなければならない（同条3項）。

4　方式に欠ける秘密証書遺言の効力

秘密証書による遺言は970条に定める方式に欠けるものがあっても，968条に定める自筆証書遺言の方式を具備しているときは，自筆証書による遺言としての効力を有するとされる（971条）。無効行為の転換である。

IV　成年被後見人の遺言

成年被後見人が事理を弁識する能力を一時回復した時に遺言をするには，医師2人以上の立会いがなければならない（973条1項）。遺言に立ち会った医師は，遺言者が遺言をする時に精神上の障害により事理を弁識する能力を欠く状態になかった旨を遺言書に付記して，これに署名し，印を押さなければならない。ただし，秘密証書による遺言にあっては，その封紙にその旨を記載し，署名し，印を押さなければならない（同条2項）。

V　証人および立会人の欠格事由

つぎに掲げる者は，遺言の証人または立会人となることができない（974条）。(1)未成年者（1号），(2)推定相続人および受遺者ならびにこれらの配偶者および直系血族（2号），(3)公証人の配偶者，4親等内の親族，書記（公証24条）および使用人（3号）。

視覚障害者も証人適格を有するとされる（最判昭和55・12・4民集34巻7号835頁）。公証人の読み聞かせを耳で確かめられるからである。

遺言の証人欠格者が同席してされた公正証書遺言は，この者によって遺言の内容が左右されたり，遺言者が真意に基づく遺言を妨げられたりするような特段の事情のない限り，無効ではない（最判平成13・3・27家月53巻10号98頁）。

VI　共同遺言の禁止

遺言は，2人以上の者が同一の証書ですることができない（975条）。単独行為である遺言の意思表示が確実にされることを確保し，かつ，後述する遺言の取消しが行われにくくならないようにするためである。同一の証書に2人の遺言が記載されているときは，その一方に氏名を自書しない方式の違背があっても，共同遺言として禁止される（最判昭和56・9・11民集35巻6号1013

頁)。遺言者が，各葉ごとにAの印章による刻印がされた数枚を合綴したものであっても，A名義の遺言書の形式のものとB名義の遺言書の形式のものとが容易に切り離せる場合には，共同遺言にあたらないとされる（最判平成5・10・19家月46巻4号27頁)。

第2款　特別の方式

I　特別方式遺言の意義

特別の事情があるときには，要件を緩和した方式の遺言が認められる。以下に述べる特別方式遺言の場合には，遺言者，筆者，立会人および証人は，各自遺言書に署名押印しなければならない（980条)。署名押印できない者があるときは，立会人または証人は，その事由を付記しなければならない（981条)。特別方式遺言は，遺言者が普通の方式によって遺言ができるようになった時から6ヵ月間生存するときは，その効力を生じない（983条)。自筆証書遺言の加除修正（968条2項)，成年被後見人の遺言（973条)。証人および立会人の欠格事由（974条)，共同遺言の禁止（975条）の規定は，特別方式遺言に準用する（982条)。

II　各種の特別方式遺言

1　死亡の危急の迫った者の遺言

疾病その他の事由によって死亡の危急の迫った者が遺言をしようとするときは，証人3人以上の立会いをもって，その一人に遺言の趣旨を口授して（口がきけない者については通訳人の通訳による。976条2項)，これをすることができる。この場合には，その口授を受けた者が，これを筆記して，遺言者および他の証人に読み聞かせ（耳が聞こえない者がある場合には，通訳人の通訳による。976条3項)，または閲覧させ，各証人がその筆記の正確なことを承認した後，これに署名し，印を押さなければならない（976条1項)。

この遺言は，遺言の日から20日以内に，証人の一人または利害関係人から家庭裁判所に請求してその確認を得なければ，その効力を生じない（同条4項)。

家庭裁判所は，遺言が遺言者の真意に出たものであるとの心証を得なければ，これを確認することができない（同条5項)。

このように，死亡危急時に枕許で証人が立ち会って簡単な方式で遺言を認めるのであるが，その後は家庭裁判所で確認手続をとるという厳格な処理になっている。

日付の記載については，危急時遺言には，証書に遺言をした日付の記載が法定されておらず，その記載は有効要件ではない（最判昭和 47・3・17 民集 26 巻 2 号 249 頁）。

口授にあたるかどうかが争われた事例として，筆記者である証人が筆記内容を清書した書面に遺言者の現在しない場所で署名押印をし，他の証人 2 名の署名を得たうえ，全証人の立会いのもとに遺言者に読み聞かせ，その後，若干の字句の訂正をし，遺言者の現在しない，遺言執行者に指定された者の法律事務所で上記証人 2 名が押印して，全証人の署名押印が完成した場合であっても，その署名押印が筆記内容に変改を加えた疑いをさしはさむ余地がない事情のもとに，遺言書作成の一連の過程に従って遅滞なくされたときは，その遺言は有効であるとしたものがある（前掲最判昭和 47・3・17）。また，証人の 1 人である医師が，遺言者の配偶者から聴取した内容をもとに弁護士が作成した遺言書の草案を読み上げたところ，遺言者がうなずきながら，「はい」と返答し，最後に，これで遺言書を作ってよいかという証人の質問に対し，「よくわかりました。よろしくお願いします」と答えた場合には，口授にあたるとされる（最判平成 11・9・14 判時 1693 号 68 頁）。

2 伝染病隔離者の遺言

伝染病のため行政処分によって交通を断たれた場所にある者は，警察官 1 人および証人 1 人以上の立会いをもって遺言書を作ることができる（977 条）。この場合には，遺言者，筆者および証人は，各自遺言書に署名押印しなければならない（980 条）。

3 在船者の遺言

船舶中にある者は，船長または事務員 1 人および証人 2 人以上の立会いをもって遺言書を作ることができる（978 条）。この場合には，遺言者，筆者および証人は，各自遺言書に署名押印しなければならない（980 条）。

4 船舶遭難者の遺言

船舶が遭難した場合に，当該船舶中にあって死亡の危急の迫った者は，証

人2人以上の立会いをもって口頭で遺言ができる（979条1項）。口がきけない者がこの遺言をする場合には，遺言者は，通訳人の通訳によりこれをしなければならない（同条2項）。この遺言は，証人が，その趣旨を筆記して，これに署名し，印を押し，かつ，証人の一人または利害関係人から遅滞なく家庭裁判所に請求してその確認を得なければ，その効力を生じない（同条3項）。家庭裁判所は，この遺言が遺言者の真意に出たものであるとの心証を得なければ，これを確認することができない（同条4項）。

III 外国にある日本人の遺言の方式

日本の領事の駐在する地に在る日本人が公正証書または秘密証書によって遺言をしようとするときは，公証人の職務は，領事が行う（984条）。

第3節 遺言の効力

I 遺言と公序良俗

不倫関係にある女性への包括遺贈は，妻子にも3分の2を取得させる場合には，①その遺言は不倫な関係の維持継続を目的とするものではなく，もっぱら生計を遺贈者に頼っていた相手方の生活を保全するためにされたものであり，また，②遺言の内容が相続人らの生活の基盤を脅かすものとはいえないときは，その遺言は90条に反せず無効ではない（最判昭和61・11・20民集40巻7号1167頁。1巻141頁参照）。

II 遺言の効力の発生時期

遺言は，遺言者の死亡の時からその効力を生ずる（985条1項）。特定物の遺贈についていえば，Aが死亡し相続人Bがいるが，Aが所有する不動産をCに遺贈していた場合には，CはAの死亡と同時にその所有権を取得する（大判大正5・11・8民録22輯2078頁）。学説では，債権的効力説等もあるが，通説は意思表示によって物権の変動があるという物権的効力説である（中川＝泉580頁ほか）。

ただし，対抗要件（177条）の問題があるので，受贈者Cが未登記のうちに，相続人Bが相続登記をしてこれをDに譲渡しDへの移転登記をすると，Cは遺贈による所有権取得を第三者Dに対抗できない（最判昭和39・3・6民集

18巻3号437頁。2巻52頁参照）。また，被相続人が生前，所有不動産を推定相続人Ａに贈与したが登記未了の間に，他の推定相続人Ｂにこの不動産を特定遺贈し，その後，相続が開始した場合に，ＡとＢの物権変動の優劣は，登記の有無によって決する（最判昭和46・11・16民集25巻8号1182頁）。さらに，Ａが他人に対する指名債権をＣに遺贈したときには，通知・承諾の対抗要件（467条）を備えないと，受遺者は遺贈による債権の取得を債務者に対抗できない（最判昭和49・4・26民集28巻3号540頁）。

　遺言は，遺言者の生前には，何ら法律関係を発生させるものではなく，受遺者は，将来遺贈の目的物の権利を取得する期待権を持たない（最判昭和31・10・4民集10巻10号1229頁）。遺言者が心神喪失の常況にあっても，その生存中に，推定相続人が遺言の無効を求める訴えは不適法である（最判平成11・6・11家月52巻1号81頁）。

III　その他の効力
1　停止条件付遺言の効力の発生時期
　遺言に停止条件を付した場合において，その条件が遺言者の死亡後に成就したときは，遺言は，条件が成就した時からその効力を生ずる（985条2項）。
2　遺贈の放棄等
　(1)　遺贈の放棄　　受遺者は，遺言者の死亡後，いつでも，遺贈の放棄ができる（986条1項）。遺贈の放棄は，遺言者の死亡の時にさかのぼってその効力を生ずる（同条2項）。

　(2)　受遺者に対する遺贈の承認・放棄の催告　　遺贈義務者その他の利害関係人は，受遺者に対し，相当の期間を定めて，その期間内に遺贈の承認または放棄をすべき旨を受遺者に催告ができる。この場合に，受遺者がその期間内に遺贈義務者に対してその意思を表示しないときは，遺贈を承認したものとみなす（987条）。

　(3)　受遺者の相続人による遺贈の承認・放棄　　受遺者が遺贈の承認または放棄をしないで死亡したときは，その相続人は，自己の相続権の範囲内で，遺贈の承認または放棄ができる。ただし，遺言者がその遺言に別段の意思を表示したときは，その意思に従う（988条）。

　(4)　遺贈の承認・放棄の撤回・取消し　　遺贈の承認および放棄は，撤

回することができない (989条1項)。919条2項および3項 (相続の承認・放棄の取消しの許容) の規定は，遺贈の承認および放棄について準用する (989条)。

3 包括受遺者の権利義務

包括受遺者 (包括遺贈) は，相続人と同一の権利義務を有する (990条)。

4 受遺者による担保の請求

受遺者は，遺贈が弁済期に至らない間は，遺贈義務者に対して相当の担保を請求することができる。停止条件付きの遺贈についてその条件の成否が未定である間も，同様とする (991条)。

5 受遺者による果実の取得等

(1) 受遺者による果実の取得　受遺者は，遺贈の履行を請求できる時から果実を取得する。ただし，遺言者がその遺言に別段の意思を表示したときは，その意思に従う (992条)。

(2) 遺贈義務者の費用の償還の請求　299条 (留置権者による費用の償還請求) の規定は，遺贈義務者が遺言者の死亡後に遺贈の目的物について費用を支出した場合について準用する (993条1項)。果実を収取するために支出した通常の必要費は，果実の価格を超えない限度で，その償還を請求できる (同条2項)。

6 受遺者の死亡による遺贈の失効等

(1) 受遺者の死亡による遺贈の失効　遺贈は，遺言者の死亡以前に受遺者が死亡したときは，その効力を生じない (994条1項。相続させる遺言や死因贈与の場合に，この規定が類推適用されるかが問題となるが，それぞれの箇所参照)。停止条件付きの遺贈については，受遺者がその条件の成就前に死亡したときも，同様とする。ただし，遺言者がその遺言に別段の意思を表示したときは，その意思に従う (同条2項)。

(2) 遺贈の無効・失効の場合の財産の帰属　遺贈が，その効力を生じないとき，または放棄によってその効力を失ったときは，受遺者が受けるべきであったものは，相続人に帰属する。ただし，遺言者がその遺言に別段の意思を表示したときは，その意思に従う (995条)。

7 相続財産に属しない権利の遺贈等

(1) 相続財産に属しない権利の遺贈　遺贈は，その目的である権利が

遺言者の死亡の時に相続財産に属しなかったときは，その効力を生じない。ただし，その権利が相続財産に属するかどうかにかかわらず，これを遺贈の目的としたものと認められるときは，この限りでない（996条）。相続財産に属しない権利を目的とする遺贈が996条但書の規定により有効であるときは，遺贈義務者は，その権利を取得して受遺者に移転する義務を負う（997条1項）。この場合に，この権利を取得できないとき，またはこれを取得するについて過分の費用を要するときは，遺贈義務者は，その価額を弁償しなければならない。ただし，遺言者がその遺言に別段の意思を表示したときは，その意思に従う（同条2項）。

(2) 不特定物の遺贈義務者の担保の責任　不特定物を遺贈の目的とした場合に，受遺者がこれにつき第三者から追奪を受けたときは，遺贈義務者は，これに対して，売主と同じく，担保の責任を負う（998条1項）。この場合に，物に瑕疵があったときは，遺贈義務者は，瑕疵のない物をもってこれに代えなければならない（同条2項）。

8　遺贈の物上代位

遺言者が，遺贈の目的物の滅失もしくは変造またはその占有の喪失によって第三者に対して償金を請求する権利を有するときは，その権利を遺贈の目的としたものと推定する（999条1項）。遺贈の目的物が，他の物と付合し，または混和した場合に，遺言者が243条から245条までの規定により合成物または混和物の単独所有者または共有者となったときは，その全部の所有権または持分を遺贈の目的としたものと推定する（同条2項）。

9　第三者の権利の目的である財産の遺贈

遺贈の目的である物または権利が遺言者の死亡の時に第三者の権利の目的であるときは，受遺者は，遺贈義務者に対しその権利を消滅させるべき旨を請求できない。ただし，遺言者がその遺言に反対の意思を表示したときは，この限りでない（1000条）。

10　債権の遺贈の物上代位

債権を遺贈の目的とした場合に，遺言者が弁済を受け，かつ，その受け取った物がなお相続財産中にあるときは，その物を遺贈の目的としたものと推定する（1001条1項）。金銭を目的とする債権を遺贈の目的とした場合には，

相続財産中にその債権額に相当する金銭がないときでも，その金額を遺贈の目的としたものと推定する（同条2項）。

11 負担付遺贈等

（1）**負担付遺贈** 負担付遺贈を受けた者は，遺贈の目的の価額を超えない限度においてのみ，負担した義務を履行する責任を負う（1002条1項）。受遺者が遺贈の放棄をしたときは，負担の利益を受けるべき者は，自ら受遺者となることができる。ただし，遺言者がその遺言に別段の意思を表示したときは，その意思に従う（同条2項）。

（2）**負担付遺贈の受遺者の免責** 負担付遺贈の目的の価額が相続の限定承認または遺留分回復の訴えによって減少したときは，受遺者は，その減少の割合に応じて，その負担した義務を免れる。ただし，遺言者がその遺言に別段の意思を表示したときは，その意思に従う（1003条）。

第4節 遺言の執行

I 遺言書の検認

遺言の執行に関して民法1004条は，遺言の検認，開封について以下のように定める。「遺言書の保管者は，相続の開始を知った後，遅滞なく，これを家庭裁判所に提出して，その検認を請求しなければならない。遺言書の保管者がない場合において，相続人が遺言書を発見した後も，同様とする（1項）。前項の規定は，公正証書による遺言については，適用しない（2項）。封印のある遺言書は，家庭裁判所において相続人又はその代理人の立会いがなければ，開封することができない（3項）」。検認は，遺言の方式に関する一切の事実を調査して遺言書の状態を確定しその現状を明確にするものであって，遺言書の実体上の効果を判断するものではない（大決大正4・1・16民録21輯8頁）。家庭裁判所の検認手続は，審判によって遺言の実状の記録にとどめる。たとえば，日付が記載されていなければ，その事実を書類に残すという手続であって，効力の有無は別問題で，別個に争う余地を残す。

公正証書による遺言以外の場合にこの検認手続が必要だが，前述した死亡危急者の遺言については，家庭裁判所が確認をしないとその効力がないとさ

第4節　遺言の執行

れていて（976条4項），確認を経た遺言についても，なおあらためて検認手続が必要なのかどうかについては議論がある。

　もし1004条の規定により遺言書を提出することを怠り，その検認を経ないで遺言を執行し，または家庭裁判所外においてその開封をした者は，5万円以下の過料に処する（1005条）。

II　相続人による遺言の執行

　具体的な遺言の執行は，通常，相続人が行う。Aが第三者に不動産を遺贈しているときには，Aの相続人がその引渡しや登記の移転を行う。しかし，遺言により，または家庭裁判所の選任によって遺言執行者が就職することがある（1006条以下）。

III　相続人による相続財産の処分

　後述するように，遺言執行者は，相続財産の管理その他遺言の執行に必要な一切の行為をする権利義務を有し（1012条1項），遺言執行者がある場合には，相続人は相続財産の処分その他遺言の執行を妨げるべき行為が禁じられるので，これに違反した相続財産の処分は無効であり，処分した場合の相手方は，所有権を取得することができないというのが判例（大判昭和5・6・16民集9巻550頁，最判昭和62・4・23民集41巻3号474頁）・通説である。遺言執行者がいることを知らない第三者が害されるが，やむをえない。

VI　遺言執行者による遺言の執行

1　遺言執行者の指定と任務の開始

　遺言者は，遺言で，1人または数人の遺言執行者を指定し，またはその指定を第三者に委託できる（1006条1項）。遺言執行者の指定の委託を受けた者は，遅滞なく，その指定をして，これを相続人に通知しなければならない（同条2項）。遺言執行者の指定の委託を受けた者がその委託を辞そうとするときは，遅滞なくその旨を相続人に通知しなければならない（同条3項）。

　遺言執行者が就職を承諾したときは，直ちにその任務を行わなければならない（1007条）。

　なお，相続させるという遺言における遺言執行者の役割については前述した（201頁）。

第2部　相続法　第7章　遺　言

2　遺言執行者に対する就職の催告

相続人その他の利害関係人は，相当の期間を定めて，その期間内に就職を承諾するかどうかを確答すべき旨を遺言執行者に催告できる。この場合に，遺言執行者が，その期間内に相続人に対して確答をしないときは，就職を承諾したものとみなす（1008条）。

3　遺言執行者の欠格事由

未成年者および破産者は，遺言執行者となることができない（1009条）。

4　遺言執行者の選任

遺言執行者がないとき，またはなくなったときは，家庭裁判所は，利害関係人の請求によって，これを選任できる（1010条）。

5　遺言執行者の任務と権利義務

（1）　目録の作成　　遺言執行者は，遅滞なく，相続財産の目録を作成して，相続人に交付しなければならない（1011条1項）。遺言執行者は，相続人の請求があるときは，その立会いをもって相続財産の目録を作成し，または公証人にこれを作成させなければならない（同条2項）。

（2）　遺言執行者の権限　　遺言執行者は，相続財産の管理その他遺言の執行に必要な一切の行為をする権利義務を有する（1012条1項）。644条から647条まで（受任者の義務と責任）および650条（受任者による費用等の償還請求等）の規定は，遺言執行者について準用する（同条2項）。

受遺者の選定を遺言執行者に委託する遺言は有効であろうか。一般的には，それは遺言の代理を許すのと異ならないので，無効である（大判昭和14・10・13民集18巻1137頁）。しかしながら，限定を付した遺言は有効となる場合がある。判例では，遺言の解釈につき引用したように（206頁），受遺者を明示することなく，遺産の「全部を公共に寄与する」とした遺言は，遺産の利用目的が公益に限定され，被選定者の範囲も国，地方公共団体等に限定され，そのいずれが受遺者として選定されても遺言者の意思と離れることはなく，したがって，選定者の選定権濫用の危険も認められない場合の遺言は有効とされる（最判平成5・1・19民集47巻1号1頁）。この判例に賛成してよい。

遺言執行者が，遺言による寄附行為に基づく寄附財産として管理する相続財産の株式を，設立中の財団法人に帰属させ，その代表機関名義を書き換え

る行為は，遺言の執行に必要な行為にあたり，これにより，相続人は株式についての権利を喪失する（最判昭和44・6・26民集23巻7号1175頁）。

（3）　被告適格　　特定不動産の遺贈の執行として所有権移転登記手続を受遺者が求める場合には，被告適格を有する者は遺言執行者に限られる（最判昭和43・5・31民集22巻5号1137頁）。相続人は，遺言執行者を被告として遺言の無効を主張して，相続財産につき，共有持分権の確認を求めることができる（最判昭和31・9・18民集10巻9号1160頁）。遺言の執行として，すでに受遺者に所有権移転登記がされているときは，相続人は，遺言執行者でなく受遺者を被告として抹消登記を求めるべきである（最判昭和51・7・19民集30巻7号706頁）。

（4）　受遺者との関係　　1012条は，受遺者が自ら遺贈の目的物につき，自己の権利保全のため仮処分を申請することを妨げるものではない（最判昭和30・5・10民集9巻6号657頁）。受遺者は，遺言執行者がある場合でも，所有権に基づく妨害排除として，遺贈の目的不動産について，相続人または第三者のためにされた無効な登記の抹消登記手続を求めることができる（最判昭和62・4・23民集41巻3号474頁）。

（5）　遺言の執行の妨害行為の禁止　　遺言執行者がある場合には，相続人は，相続財産の処分その他遺言の執行を妨げるべき行為をすることができない（1013条）。遺言執行者として指定された者が就職を承諾する前であっても，「遺言執行者がある場合」にあたるとされる（前掲最判昭和62・4・23）。

（6）　特定財産に関する遺言の執行　　1011条から1013条までの規定は，遺言が特定財産に関する場合には，その特定財産についてのみ適用する（1014条）。

（7）　遺言執行者の地位等　　遺言執行者は，相続人の代理人とみなす（1015条）。ただし，遺言執行者は，必ずしも相続人の利益のためにのみ行為すべき責務を負うものではない（最判昭和30・5・10民集9巻6号657頁）。

（8）　遺言執行者の復任権　　遺言執行者は，やむを得ない事由がなければ，第三者にその任務を行わせることができない。ただし，遺言者がその遺言に反対の意思を表示したときは，この限りでない（1016条1項）。遺言執行者がこの但書の規定により第三者にその任務を行わせる場合には，相続人に

231

対して，105条（復代理人を選任した代理人の責任）に規定する責任を負う（同条2項）。「第三者にその任務を行わせる」とは，遺言執行の権利義務を挙げて他人に移すことであり，特定の行為につき第三者に代理権を授与することは含まれない（大決昭和2・9・17民集6巻501頁）。

（9）**遺言執行者が数人ある場合の任務の執行** 遺言執行者が数人ある場合には，その任務の執行は，過半数で決する。ただし，遺言者がその遺言に別段の意思を表示したときは，その意思に従う（1017条1項）。各遺言執行者は，1項の規定にかかわらず，保存行為をすることができる（同条2項）。

（10）**遺言執行者の報酬** 家庭裁判所は，相続財産の状況その他の事情によって遺言執行者の報酬を定めることができる。ただし，遺言者がその遺言に報酬を定めたときは，この限りでない（1018条1項）。648条2項および3項（受任者の報酬）の規定は，遺言執行者が報酬を受けるべき場合について準用する（同条2項）。

（11）**遺言執行者の解任・辞任** 遺言執行者がその任務を怠ったときその他正当な事由があるときは，利害関係人は，その解任を家庭裁判所に請求できる（1019条1項）。遺言執行者は，正当な事由があるときは，家庭裁判所の許可を得て，その任務を辞することができる（同条2項）。

（12）**委任の規定の準用** 654条（委任の終了後の処分）および655条（委任の終了の対抗要件）の規定は，遺言執行者の任務が終了した場合について準用する（1020条）。

V　遺言の執行に関する費用

遺言の執行に関する費用は，相続財産の負担とする。ただし，これによって遺留分を減ずることができない（1021条）。

第5節　遺言の撤回および取消し

I　遺言の撤回

遺言については遺言者の最終意思を尊重する必要があり，いったん遺言がされたが，後に遺言者の気が変わったときには，新しい意思の方を尊重する必要がある。そこで民法1022条は，「遺言者は，いつでも，遺言の方式に従

って，その遺言の全部又は一部を撤回することができる」と定めている。
II 前の遺言と後の遺言との抵触等
1 前の遺言と後の遺言との抵触

　前の遺言が後の遺言と抵触するときは，その抵触する部分については，後の遺言で前の遺言を撤回したものとみなす（1023条1項）。この規定は，遺言が遺言後の生前処分その他の法律行為と抵触する場合について準用する（同条2項）。本人の最終意思を尊重し，遺言の撤回の自由を認める趣旨である。遺言が撤回されたとみなされるためには，後の生前処分の効力が生じたことが必要である。具体的には，「抵触」とは，後の行為が前の遺言と両立しない趣旨でされたことが明白な場合をいい，たとえば，金10,000円を与える遺言をした遺言者が遺贈に代えて生前に5,000円を受遺者に贈与することとし，受遺者にその後金銭の要求をしないと約した場合がこれに該当する（大判昭和18・3・19民集22巻185頁）。遺言による寄附行為に基づく財団設立行為がされた後に，生前処分による寄附行為に基づく財団設立行為がされた場合に遺言が取り消されたとみなされるためには，生前処分の寄附行為が主務官庁の許可（34条〔平18法50改正前〕）を得てその効果の生じたことを必要とする（最判昭和43・12・24民集22巻13号3270頁）。遺言後の法律行為によって遺言が撤回されたとみるべき場合として，終生扶養を受けることを前提として養子縁組をしたうえ大半の不動産を遺贈した者が，後に協議離縁をしたという事例がある（最判昭和56・11・13民集35巻8号1251頁）。

2 遺言書または遺贈の目的物の破棄による遺言の撤回の擬制

　遺言者が故意に遺言書を破棄したときは，その破棄した部分については，遺言を撤回したものとみなす。遺言者が故意に遺贈の目的物を破棄したときも，同様とする（1024条）。

3 撤回された遺言の効力

　1022条から1024条までの規定により撤回された遺言は，その撤回の行為が，撤回され，取り消され，または効力を生じなくなるに至ったときであっても，その効力を回復しない。ただし，その行為が詐欺または強迫による場合は，この限りでない（1025条）。原遺言を遺言の方式に従って撤回した遺言者が，さらにこの撤回遺言を遺言の方式に従って撤回した場合に，遺言書

の記載に照らして遺言者の意思が原遺言の復活を希望していることが明らかなときは，1025条但書の法意に鑑み，遺言者の真意を尊重して原遺言の効力の復活を認めるのが相当であるとされる（最判平成9・11・13民集51巻10号4144頁）。

4 遺言の撤回権の放棄の禁止

遺言者は，その遺言を撤回する権利を放棄することができない（1026条）。

5 負担付遺贈に係る遺言の取消し

負担付遺贈を受けた者がその負担した義務を履行しないときは，相続人は，相当の期間を定めてその履行を催告できる。この場合にその期間内に履行がないときは，その負担付遺贈に係る遺言の取消しを家庭裁判所に請求できる（1027条）。

6 死因贈与の撤回等

（1）　死因贈与の撤回　　死因贈与（第4巻119頁参照）の撤回の場合はどうであろうか。これまで述べてきたのは，遺言者が単独の意思表示で他人に財産を移転するという遺贈であるが，これと同じような目的を契約によって達成させることができる。すなわち，被相続人が生前に他人に財産を贈与し，その効力が被相続人の死亡の時に発生するという死因贈与によって遺贈と同じような効果が生ずる。たとえば，A・B夫婦の間にC・Dという子がいて，Aが死亡する前に財産をEに死因贈与していたらどうなるであろうか。554条は，贈与者の死亡によって効力を生ずべき贈与は，遺贈に関する規定に従うと定める。そこで死因贈与には，遺贈に関する規定を準用すべきことになる。したがって，前述した遺言の撤回の規定がこの場合に準用される。夫が後妻に死因贈与をしたが，その後，後妻と夫や先妻の子供との間で不和が生じたために夫はこの死因贈与を撤回した。死因贈与は遺贈の規定に従うとされるが，遺贈におけると同様に死因贈与の撤回が自由に認められるのかどうか，さらに前述したように遺言は遺言の方式に従って取消しができるとされているが，死因贈与の撤回の方式はどうなるのかという問題が争われた。最高裁判所は，死因贈与の撤回については遺言の取消しに関する1022条がその方式に関する部分を除いて準用されるとした（最判昭和47・5・25民集26巻4号805頁）。

第5節　遺言の撤回および取消し

(2) 負担付死因贈与の撤回　贈与の特殊な態様として負担付贈与がある。553条は，負担付贈与については，贈与の規定のほか，双務契約に関する規定を適用すると定める。贈与をするが，受贈者は贈与者に一定の給付をせよというのが負担付贈与である。負担を受贈者に付したうえで，贈与者の死亡の時に贈与の効力が生ずるという負担付死因贈与契約が行われることがある。そのような負担付死因贈与の撤回については，負担の履行との関係で制約がある。

父親が長男に負担を課し，長男が会社に在職中は毎月3,000円と年2回の定期賞与金の半額を父に送金し，父が死亡した時に遺産の全部についての贈与の効力が生ずるという負担付死因贈与契約を締結し，長男が負担をほとんど履行したところ，父親は，次男その他の者に財産を移転するという遺言をしていた。後の遺言によって前の負担付死因贈与の撤回があったのかどうかにつき，最高裁判所は，このような負担の履行があった場合に，受贈者の利益を犠牲にすることは相当でないので，当然に負担付死因贈与の撤回は認められないとした（最判昭和57・4・30民集36巻4号763頁）。公平のうえからみて，このように負担付死因贈与についての撤回が制限されることは当然である。

(3) 受贈者の先死と死因贈与の効力　撤回の場合ではないが，死因贈与の効力がなくなるかどうかの問題として，死因贈与の受贈者が贈与者よりも先に死亡した場合について議論がある。遺贈の場合には明文の規定でもって，受遺者が先に死亡した場合には，遺贈の効力はなくなるとしている（994条1項）。この994条1項が死因贈与にも準用ないし類推適用されるかどうかである。学説は対立し，審判例も，同条の準用を認めて死因贈与は無効となるとするもの（東京高判平成15・5・28家月56巻3号60頁）と死因贈与の効力は否定されず，その目的物は受贈者の相続人に承継されるとするもの（京都地判平成20・2・7判タ1271号181頁）とがある。

第8章 遺留分

I 遺留分とは

　遺言は原則として自由ではあるが，遺留分の権利が認められて，一定の相続人は最小限度の権利を行使することができる。前に相続が遺族の生活保障の役割を果たすと述べたが（140頁），一方で遺言の自由を認めながらも，一定の相続人の生活を最小限度確保するための権利として，法律上必ず留保すべき相続財産の一部の権利が認められている。これを遺留分という。

　遺留分減殺の目的物についての時効取得（162条）と減殺請求との関係が問題となるが，遺留分が一定の相続人の生活を最小限度確保する制度であるところから，減殺請求を優先させ，取得時効を援用しても，それによって遺留分権利者への権利の帰属は妨げられないとされる（最判平成9・3・14裁時1191号18頁，最判平成11・6・24民集53巻5号918頁。1巻356頁参照）。

II 遺留分の帰属とその割合

　兄弟姉妹以外の相続人は，遺留分として，つぎの区分に応じてそれぞれ各号に定める割合に相当する額を受ける（1028条）。(1)直系尊属のみが相続人である場合は被相続人の財産の3分の1（1号），(2)(1)の場合以外の場合は被相続人の財産の2分の1（2号）。

　これにより，配偶者と子が相続人であるときは2分の1，配偶者と直系尊属が相続人であるときは2分の1，配偶者と兄弟姉妹が相続人であるときは，兄弟姉妹には遺留分がなく配偶者だけが2分の1，最後に兄弟姉妹だけが相続人であるときはゼロとなる。兄弟姉妹は，相続人の中で被相続人と必ずしも密接な関係にあるとはいえないので，遺留分は認められない。

III 遺留分の算定

　遺留分は，被相続人が相続開始の時において有した財産の価額にその贈与した財産の価額を加えた額から債務の全額を控除して，これを算定する（1029条1項）。条件付きの権利または存続期間の不確定な権利は，家庭裁判

所が選任した鑑定人の評価に従って，その価格を定める（同条2項）。

贈与は，相続開始前の1年間にしたものに限り，1029条の規定によりその価額を算入する。当事者双方が遺留分権利者に損害を加えることを知って贈与をしたときは，1年前の日より前にしたものについても，同様とする（1030条）。1030条は，「相続開始前の1年間にしたもの」および「当事者双方が遺留分権利者に損害を加えることを知って」贈与をした1年以上前にした贈与が遺留分算定基礎財産に算入されると定めるが，1044条で903条が準用されるので，特別受益者への贈与（903条1項）の定める贈与は，その贈与が相続開始よりも相当以前にされたものであって，その後の時の経過に伴う社会経済事情や相続人など関係人の個人的事情の変化をも考慮するとき，減殺請求を認めることが相続人に酷であるなどの特段の事情のない限り，1030条の要件を満たさないものであっても，遺留分減殺の対象となるというのが判例（最判平成10・3・24民集52巻2号433頁），通説（高木多喜男・新版注民(28)469頁）である。

また，1044条によって904条（特別受益者の相続分）の規定が準用されるので，特別受益は遺留分算定基礎財産に算入される。その特別受益が金銭であるときは，インフレによって貨幣価値に変動があるので，贈与の時の金額を物価上昇率により相続開始時の貨幣価値に換算した価額でこれを評価すべきものとされる（最判昭和51・3・18民集30巻2号111頁）。

相続債務がある場合の遺留分の額は，被相続人が相続開始のときに有していた財産全体の価額にその贈与した財産の額を加え，その中から債務の全額を控除して遺留分算定の基礎となる財産額を確定する（最判平成8・11・26民集50巻10号2747頁）。相続債務の扱いに関して，遺言によって相続分の指定がされた場合に，遺留分権利者が負担する相続債務額は，①指定相続分の割合で計算するのか，②法定相続分の割合で計算するのかが問題となるが，近時の判例は，前者①の立場を採用した（最判平成21・3・24民集63巻3号427頁）。あくまで指定相続分による債務負担状態を前提とした算定をすべきであるというわけである。

1030条後段の「損害を加えることを知って」については，相続開始の19年前の贈与につき，当事者双方が贈与当時財産が残余財産の価値を超えるこ

とを知っていたのみでなく，将来相続開始までに被相続人の財産に何らの変動もないこと，少なくともその増加のないことを予見していた事実があることを必要とする（大判昭和11・6・17民集15巻1246頁）。

IV 遺留分減殺請求権

1 遺留分減殺請求権の行使方法

このような遺留分はどのような仕方で主張すべきであろうか。遺贈の効力は相続開始時に当然に生じ，遺贈の対象の財産は，遺贈の限度で受遺者にいったん移転する。Aとその妻Bとの間に子CとDがいて，Aが全財産を相続人以外のEに遺贈すると，Eは，相続開始時に当然に全財産の権利を取得する。しかし，遺留分権利者は，遺留分減殺請求権を行使して，財産の取戻しをすることができる。すなわち，遺留分権利者およびその承継人は，遺留分を保全するのに必要な限度で，遺贈および1030条に規定する贈与の減殺を請求できる（1031条）。明文にはないが，相続分の指定（902条）も，遺贈に準じるものとて，減殺請求の対象となると解される（最決平成24・1・26家月64巻7号100頁）。

遺留分減殺請求権の行使は，受贈者または受遺者に対する意思表示があれば足り（形成権），裁判上の請求による必要はない（最判昭和41・7・14民集20巻6号1183頁，中川淳・新版注民(28)477頁）。遺留分減殺請求権者の遺産分割協議の申入れは遺留分減殺請求の意思表示を含み，その意思表示を記載した内容証明郵便が留置期間の経過により差出人に還付された場合に，受取人に受領の意思があれば受領できた事情があるときは，遅くとも留置期間満了時に受取人に到達したものと認められる（最判平成10・6・11民集52巻4号1034頁）。

2 遺留分減殺請求権の行使と遺産分割との関係

遺言者の財産全部についての包括遺贈に対して遺留分権利者が減殺請求権を行使した場合に遺留分権利者に帰属する権利は，遺産分割の対象となる相続財産の性質を有しない（最判平成8・1・26民集50巻1号132頁）。

3 遺留分減殺請求権の対象

自己を被保険者とする生命保険契約の契約者が死亡保険金の受取人を変更する行為は，1031条に規定する遺贈または贈与にあたらない（最判平成14・11・5民集56巻8号2069頁）。

特別受益にあたる贈与が持戻し免除の意思表示がされたときであっても，遺留分算定の基礎となる財産額に算入され（前掲最決平成24・1・26），減殺請求によって持戻し免除の意思表示はその効力を失うことになると解される。

4 遺留分を害する処分と公序良俗

被相続人がその全財産を相続人以外の者に贈与した場合に，遺留分減殺請求権を認めた民法の趣意からしても，この遺贈が公序良俗に反し無効とはいえない（最判昭和25・4・28民集4巻4号152頁）。

5 遺留分減殺請求権と債権者代位権との関係

遺留分減殺請求権は，遺留分権利者が，これを第三者に譲渡するなど，権利行使の確定的意思を有することを外部に表明したと認められる特段の事情がある場合を除き，債権者代位の目的とすることができない（最判平成13・11・22民集55巻6号1033頁）。

6 条件付権利等の贈与・遺贈の一部の減殺

条件付きの権利または存続期間の不確定な権利を贈与または遺贈の目的とした場合に，その贈与または遺贈の一部を減殺すべきときは，遺留分権利者は，1029条2項の規定により定めた価格に従い，直ちにその残部の価額を受贈者または受遺者に給付しなければならない（1032条）。

V 贈与と遺贈の減殺の順序等

1 遺贈の減殺の順序

贈与は，遺贈を減殺した後でなければ，減殺することができない（1033条）。

2 遺贈の減殺の割合

遺贈は，その目的の価額の割合に応じて減殺する。ただし，遺言者がその遺言に別段の意思を表示したときは，その意思に従う（1034条）。「目的の価額」に関しては，相続人に対する遺贈が遺留分減殺の対象となる場合には，遺贈の目的の価額のうち受遺者の遺留分額を超える部分のみが，目的の価額にあたるという判例がある（最判平成10・2・26民集52巻1号274頁）。受遺者も遺留分を有するので，遺贈の全額が減殺の対象となるとすると，減殺を受けた受遺者の遺留分が侵害されることがあり，それは遺留分制度の趣旨に反するというのが，その理由である。

3 贈与の減殺の順序
贈与の減殺は，後の贈与から順次前の贈与に対してする（1035条）。
VI 受贈者による果実の返還等
1 受贈者による果実の返還
受贈者は，その返還すべき財産のほか，減殺の請求があった日以後の果実を返還しなければならない（1036条）。
2 受贈者の無資力による損失の負担
減殺を受けるべき受贈者の無資力によって生じた損失は，遺留分権利者の負担に帰する（1037条）。
3 負担付贈与の減殺の請求
負担付贈与は，その目的の価額から負担の価額を控除したものについて，その減殺を請求できる（1038条）。
4 不相当な対価による有償行為
不相当な対価をもってした有償行為は，当事者双方が遺留分権利者に損害を加えることを知ってしたものに限り，贈与とみなす。この場合に，遺留分権利者がその減殺を請求するときは，その対価を償還しなければならない（1039条）。
5 受贈者が贈与の目的を譲渡した場合等
減殺を受けるべき受贈者が贈与の目的を他人に譲り渡したときは，遺留分権利者にその価額を弁償しなければならない。ただし，譲受人が譲渡の時に遺留分権利者に損害を加えることを知っていたときは，遺留分権利者は，これに対しても減殺を請求できる（1040条1項）。この規定は，受贈者が贈与の目的につき権利を設定した場合に準用する（同条2項）。受贈者に対し減殺請求をしたときは，その後に受贈者から贈与の目的物を譲り受けた者に対して，さらに減殺の請求はできない（最判昭和35・7・19民集14巻9号1779頁）。遺留分権利者が減殺請求権を行使する前に，減殺を受けるべき受遺者が遺贈の目的を他人に譲り渡したときは，受遺者が遺留分権利者に対して弁償すべき額の算定においては，遺留分権利者が減殺請求権の行使により当該遺贈の目的につき取得すべきであった権利の処分額が客観的に相当であった場合には，その額を基準とする（最判平成10・3・10民集52巻2号319頁）。

VII　遺留分権利者に対する価額による弁償

　受贈者および受遺者は，減殺を受けるべき限度において，贈与または遺贈の目的の価額を弁償して返還の義務を免れることができる（1041条1項）。この規定は，1040条1項但書の場合に準用する（同条2項）。価額弁償における価額算定の基準時は，現実に弁済がされる時であり，遺留分権利者が当該価額弁償を請求する訴訟にあっては現実に弁済がされる時に最も接着した時点としての事実審口頭弁論終結の時である（最判昭和51・8・30民集30巻7号768頁）。価額弁償は目的物の返還に代わるものとしてこれと等価であるべきだからである。遅延損害金の発生時期は，価額算定の基準時とは別であって，遺留分権利者が価額弁償請求権行使の意思表示をしたときは，その時点で価額弁償請求権を確定的に取得することになるので，遅延損害金の起算日は，その翌日となる（最判平成20・1・24民集62巻1号63頁）。

　価額弁償は目的の各個の財産について認められる（最判平成12・7・11民集54巻6号1886頁）。遺留分権利者のする返還請求は権利の対象の各財産について観念されるのであるから，その返還請求を免れるための価額の弁償も返還請求に係る各個の財産についてされうることなどがその理由である。

　特定物の遺贈につき履行がされた場合，1041条により受遺者が遺贈の目的の返還義務を免れるためには，価額の弁償を現実に履行するか，または履行の提供をしなければならず，価額の弁償をすべき旨の意思表示をしただけでは足りない（最判昭和54・7・10民集33巻5号562頁）。減殺請求をした遺留分権利者が遺贈の目的物の返還を求める訴訟で，受遺者が事実審口頭弁論終結前に，裁判所が定めた価額により1041条による価額の弁償をするという意思表示をした場合には，裁判所は，訴訟の事実審口頭弁論終結時を算定の基準時として弁償額を定めた上，受遺者がこの額を支払わないことを条件として，遺留分権利者の返還請求を認容すべきである（最判平成9・2・25民集51巻2号448頁）。

VIII　減殺請求権の期間の制限

　減殺の請求権は，遺留分権利者が相続の開始および減殺すべき贈与または遺贈があったことを知った時から1年間行使しないときは，時効によって消滅する。相続開始の時から10年を経過したときも，同様とする（1042条）。

法律関係の早期安定をはかるという趣旨である。

「贈与……があったことを知った時」とは，贈与の事実および減殺できるものと知った時と解すべきだから，遺留分権利者が贈与の無効を信じて訴訟で争っているような場合はこれにあたらないが，被相続人の財産のほとんど全部が贈与されたことを遺留分権利者が認識しているときは，贈与が減殺できることを知っていたと推認される（最判昭和57・11・12民集36巻11号2193頁）。

1年はその文言から時効であることに疑いがない。10年は除斥期間と解するのが通説であるが（高木多喜男・新版注民(28)524頁以下），判例の立場は必ずしも明らかではない（消滅時効とする裁判例として，大阪高判平成13・2・27金判1127号30頁）。そして，1年の時効には停止の規定（158条1項参照）が適用されることになるところ，判例は，1年の期間の満了前の6ヵ月以内に，精神上の障害により事理を弁識するに欠く常況にある者に，法定代理人がない場合についても，少なくとも時効期間満了前の申立てに基づき後見開始の審判がされたときは，この時効の停止に関する民法158条1項が類推適用されるとする（最判平成26・3・14民集68巻3号229頁）。

IX 遺留分の放棄

相続の開始前における遺留分の放棄は，家庭裁判所の許可を受けたときに限り，その効力を生ずる（1043条1項）。共同相続人の一人がした遺留分の放棄は，他の各共同相続人の遺留分に影響を及ぼさない（同条2項）。

なお，この遺留分の放棄に関しては，平成20年に制定された「中小企業における経営の承継の円滑化に関する法律」（平成20年法33号）による特例がある。中小企業の経営者が，円滑な経営の承継のために，その承継者（跡継ぎ）に株式など事業用資産を集中して取得させることができるようにしたものである。

X 代襲相続および相続分の規定の準用

代襲相続に関する887条2項・3号，法定相続分に関する900条，代襲相続人の相続分に関する901条および特別受益者の相続分に関する903条・904条は，遺留分について準用する。

判 例 索 引

〔大審院〕

大判明治 32・10・3 民録 5 輯 9 巻 12 頁 ……86
大刑判明治 36・10・1 刑録 9 輯 1425 頁 ……25
大判明治 37・7・18 民録 10 輯 1075 頁 ……134
大刑判明治 39・11・27 刑録 12 輯 1288 頁 ……85
大判明治 44・3・25 民録 17 輯 169 頁 ………53
大判明治 44・7・10 民録 17 輯 468 頁………144
大判明治 45・4・5 民録 18 輯 343 頁…………70
大判大正元・9・25 民録 18 輯 799 頁 ………159
大判大正 3・3・25 民録 20 輯 230 頁 ………197
大決大正 4・1・16 民録 21 輯 8 頁 …………228
大連判大正 4・1・26 民録 21 輯 49 頁 ……9, 53
大判大正 4・3・8 民録 21 輯 289 頁…………197
大判大正 4・7・3 民録 21 輯 1176 頁 ………217
大判大正 5・2・8 民録 22 輯 267 頁…… 144, 146
大判大正 5・11・8 民録 22 輯 2078 頁 ……224
大判大正 6・2・28 民録 23 輯 292 頁…………10
大決大正 6・8・22 民録 23 輯 1195 頁 ………5
大判大正 6・10・25 民録 23 輯 1604 頁………97
大判大正 6・12・28 民録 23 輯 2273 頁 ……162
大判大正 7・4・9 民録 24 輯 653 頁…………147
大連判大正 8・3・28 民録 25 輯 507 頁 ……144
大判大正 8・4・23 民録 25 輯 693 頁 ……12, 54
大判大正 8・5・12 民録 25 輯 760 頁…………55
大判大正 8・6・11 民録 25 輯 1010 頁 ………55
大判大正 8・12・5 民録 25 輯 2233 頁 ……172
大判大正 9・2・28 民録 26 輯 120 頁 ………156
大判大正 10・3・24 民録 27 輯 595 頁 ……104
大判大正 10・7・25 民録 27 輯 1408 頁 ……169
大判大正 11・2・7 民集 1 巻 19 頁 …………173
大判大正 11・2・25 民集 1 巻 69 頁 …………16
大判大正 11・3・27 民集 1 巻 137 頁…………68
大判大正 11・9・20 民集 1 巻 448 頁…………85
大判大正 11・9・25 民集 1 巻 534 頁………153
大連判大正 12・7・7 民集 2 巻 438 頁 ………86
大判大正 13・1・18 民集 3 巻 1 頁 …………32
大判大正 13・1・24 民集 3 巻 45 頁…………134
大決大正 15・7・20 刑集 5 巻 318 頁…………25
大決大正 15・8・3 民集 5 巻 679 頁…………193
大判昭和 2・5・4 民集 6 巻 219 頁…………96
大刑判昭和 2・5・17 新聞 2692 号 6 頁………25

大判昭和 2・5・27 民集 6 巻 307 頁…………169
大判昭和 2・5・30 新聞 2702 号 5 頁 ………171
大決昭和 2・9・17 民集 6 巻 501 頁…………232
大判昭和 3・7・3 新聞 2881 号 6 頁…………196
大判昭和 4・2・13 新聞 2954 号 5 頁 ………107
大判昭和 4・4・2 民集 8 巻 237 頁 …………147
大判昭和 4・7・4 民集 8 巻 686 頁 …………66
大判昭和 5・6・16 民集 9 巻 550 頁…………229
大決昭和 5・9・30 民集 9 巻 926 頁 …………23
大決昭和 5・12・4 民集 9 巻 1118 頁 ………167
大判昭和 6・2・20 新聞 3240 号 4 頁………8, 54
大判昭和 6・11・27 新聞 3345 号 15 頁………55
大判昭和 7・5・11 民集 11 巻 1062 頁…………6
大判昭和 7・6・2 民集 11 巻 1099 頁 ………198
大判昭和 9・7・10 民集 13 巻 1341 頁………219
大判昭和 10・3・22 法学 4 巻 1441 頁………169
大判昭和 10・11・22 裁判例 9 民 288 頁……167
大判昭和 10・12・18 民集 14 巻 2084 頁……197
大判昭和 11・5・13 民集 15 巻 877 頁………172
大判昭和 11・6・17 民集 15 巻 1246 頁 ……238
大判昭和 11・6・30 民集 15 巻 1281 頁………64
大判昭和 11・8・7 民集 15 巻 1630 頁………101
大判昭和 11・12・17 法学 6 巻 507 頁…………32
大判昭和 12・1・30 民集 16 巻 1 頁 ………196
大判昭和 12・2・9 判決全集 4 巻 4 号 20 頁
　　　　　　　　　　　　　　　　　………196
大判昭和 12・12・8 民集 16 巻 1764 頁………32
大判昭和 12・12・20 民集 16 巻 2019 頁……168
大判昭和 13・7・26 民集 17 巻 1481 頁 ……148
大刑判昭和 14・3・7 刑集 18 巻 93 頁………169
大判昭和 14・10・13 民集 18 巻 1137 頁……230
大判昭和 14・12・21 民集 18 巻 1621 頁……198
大連判昭和 15・1・23 民集 19 巻 54 頁………61
大判昭和 16・2・3 民集 20 巻 70 頁 …………36
大判昭和 16・7・29 民集 20 巻 1019 頁………11
大判昭和 17・7・21 新聞 4787 号 15 頁………20
大判昭和 18・3・19 民集 22 巻 185 頁………233
大判昭和 18・9・10 民集 22 巻 948 頁………168
大判昭和 19・6・22 民集 23 巻 371 頁…………6

判例索引

〔最高裁判所〕

最判昭和23・11・6民集2巻12号397頁…147
最判昭和25・4・28民集4巻4号152頁 …239
最判昭和25・12・28民集4巻13号701頁…78
最判昭和26・2・13民集5巻3号47頁……134
最判昭和27・2・19民集6巻2号110頁……49
最判昭和27・10・3民集6巻9号753頁……83
最判昭和28・4・24民集7巻4号414頁 …170
最判昭和28・6・26民集7巻6号766頁……55
最判昭和29・1・21民集8巻1号87頁 ……71
最判昭和29・3・12民集8巻3号696頁 …162
最判昭和29・4・8民集8巻4号819頁……165
最判昭和29・4・30民集8巻4号861頁 …69
最判昭和29・12・21民集8巻12号2222頁
　………………………………………………201
最判昭和29・12・24民集8巻12号2310頁
　………………………………………………194
最判昭和30・4・5家月7巻5号33頁………14
最判昭和30・5・10民集9巻6号657頁 …231
最判昭和30・5・31民集9巻6号793頁
　……………………………………161, 162, 186
最判昭和30・12・26民集9巻14号2082頁
　………………………………………………139
最判昭和31・2・21民集10巻2号124頁 …44
最判昭和31・5・10民集10巻5号487頁…163
最判昭和31・6・28民集10巻6号754頁…198
最判昭和31・9・18民集10巻9号1160頁
　………………………………………………231
最判昭和31・10・4民集10巻10号1229頁
　………………………………………………225
最大判昭和32・2・20刑集11巻2号824頁…7
最判昭和32・6・21民集11巻6号1125頁…71
最判昭和33・3・6民集12巻3号414頁……28
最判昭和33・4・11民集12巻5号789頁
　………………………………………9, 54, 55
最判昭和33・7・25民集12巻12号1823頁
　…………………………………………………48
最判昭和33・12・11民集12巻16号3313頁
　………………………………………………102
最判昭和34・2・19民集13巻2号174頁 …44
最判昭和34・6・19民集13巻6号757頁…168
最判昭和34・7・3民集13巻7号898頁…164
最判昭和34・7・14民集13巻7号1023頁…33
最判昭和34・8・7民集13巻10号1251頁
　…………………………………………………18, 35
最判昭和35・2・25民集14巻2号279頁…102
最判昭和35・3・15民集14巻3号430頁…98
最判昭和35・7・15家月12巻10号88頁…102
最判昭和35・7・19民集14巻9号1779頁
　………………………………………………240
最判昭和36・4・25民集15巻4号891頁 …51
最判昭和36・6・22民集15巻6号1622頁
　………………………………………………217
最大判昭和36・9・6民集15巻8号2047頁
　…………………………………………………33
最判昭和36・12・15民集15巻11号2865頁
　…………………………………………164, 167
最判昭和37・4・10民集16巻4号693頁…71
最判昭和37・4・27民集16巻7号1247頁…65
最判昭和37・6・21家月14巻10号100頁
　………………………………………………196
最判昭和37・10・2民集16巻10号2059頁
　………………………………………………102
最判昭和37・11・9民集16巻11号2270頁
　………………………………………………169
最判昭和37・12・25民集16巻12号2455頁
　………………………………………………171
最判昭和38・2・1民集17巻1号160頁……54
最判昭和38・2・22民集17巻1号235頁…161
最判昭和38・6・4家月15巻9号179頁……47
最判昭和38・9・5民集17巻8号942頁 …8, 9
最判昭和38・11・28民集17巻11号1469頁
　…………………………………………………36
最判昭和38・12・20民集17巻12号1708頁
　…………………………………………………9
最判昭和39・2・25民集18巻2号329頁…163
最判昭和39・2・27民集18巻2号383頁
　…………………………………………144, 147
最判昭和39・3・6民集18巻3号437頁
　…………………………………………215, 225
最判昭和39・3・17民集18巻3号473頁 …64
最判昭和39・9・4民集18巻7号1394頁 …10
最判昭和39・9・8民集18巻7号1423頁 …83
最判昭和39・9・17民集18巻7号1461頁…47
最判昭和39・10・13民集18巻8号1578頁
　………………………………………………171
最判昭和40・2・2民集19巻1号1頁 ……172
最判昭和40・5・20民集19巻4号859頁…164

判 例 索 引

最判昭和 40・5・27 家月 17 巻 6 号 251 頁…201
最大決昭和 40・6・30 民集 19 巻 4 号 1089 頁
　………………………………………………24
最大決昭和 40・6・30 民集 19 巻 4 号 1114 頁
　…………………………………30, 31, 134, 135
最大判昭和 41・2・15 民集 20 巻 2 号 202 頁 …62
最大決昭和 41・3・2 民集 20 巻 3 号 360 頁
　……………………………………………185, 187
最判昭和 41・5・19 民集 20 巻 5 号 947 頁…162
最判昭和 41・7・14 民集 20 巻 6 号 1183 頁
　……………………………………………………238
最判昭和 42・1・20 民集 21 巻 1 号 16 頁 …202
最判昭和 42・2・2 民集 21 巻 1 号 88 頁 ……28
最判昭和 42・2・17 民集 21 巻 1 号 133 頁
　………………………………………72, 134, 135
最判昭和 42・2・21 民集 21 巻 1 号 155 頁…150
最判昭和 42・4・18 民集 21 巻 3 号 671 頁
　………………………………………………102, 101
最判昭和 42・4・27 民集 21 巻 3 号 741 頁…196
最大判昭和 42・5・24 民集 21 巻 5 号 1043 頁
　……………………………………………137, 160
最判昭和 42・5・30 民集 21 巻 4 号 988 頁…201
最大判昭和 42・11・1 民集 21 巻 9 号 2249 頁
　……………………………………………………171
最判昭和 42・12・8 家月 20 巻 3 号 55 頁……36
最判昭和 43・3・15 民集 22 巻 3 号 607 頁…164
最判昭和 43・5・24 判時 523 号 42 頁 ………16
最判昭和 43・5・31 民集 22 巻 5 号 1137 頁
　……………………………………………………231
最判昭和 43・7・19 判時 528 号 35 頁 ………32
最判昭和 43・8・27 民集 22 巻 8 号 1733 頁…69
最判昭和 43・9・20 民集 22 巻 9 号 1938 頁…29
最判昭和 43・10・8 民集 22 巻 10 号 2172 頁
　……………………………………………………102
最判昭和 43・12・20 民集 22 巻 13 号 3017 頁
　……………………………………………………219
最判昭和 43・12・24 民集 22 巻 13 号 3270 頁
　……………………………………………………233
最判昭和 44・4・3 民集 23 巻 4 号 709 頁
　…………………………………………………17, 18
最判昭和 44・5・29 民集 23 巻 6 号 1064 頁…63
最判昭和 44・6・26 民集 23 巻 7 号 1175 頁
　……………………………………………………231
最判昭和 44・9・4 判時 572 号 26 頁…………69

最判昭和 44・10・30 民集 23 巻 10 号 1881 頁
　……………………………………………………170
最判昭和 44・10・31 民集 23 巻 10 号 1894 頁
　………………………………………………………17
最判昭和 44・11・27 民集 23 巻 11 号 2290 頁
　………………………………………………………71
最判昭和 45・4・21 判時 596 号 43 頁 ………17
最判昭和 45・5・22 民集 24 巻 5 号 415 頁…164
最大判昭和 45・7・15 民集 24 巻 7 号 861 頁
　………………………………………………………64
最判昭和 45・11・24 民集 24 巻 12 号 1931 頁
　………………………………………………………85
最判昭和 45・11・24 民集 24 巻 12 号 1943 頁
　………………………………………………………48
最判昭和 46・1・26 民集 25 巻 1 号 90 頁
　……………………………………………189, 215
最判昭和 46・4・20 家月 24 巻 2 号 106 頁…101
最判昭和 46・5・21 民集 25 巻 3 号 408 頁 …51
最判昭和 46・7・23 民集 25 巻 5 号 805 頁 …44
最判昭和 46・9・21 民集 25 巻 6 号 823 頁 …31
最判昭和 46・10・7 民集 25 巻 7 号 885 頁…164
最判昭和 46・10・22 民集 25 巻 7 号 985 頁…85
最判昭和 46・11・16 民集 25 巻 8 号 1182 頁
　……………………………………………………225
最判昭和 47・2・18 民集 26 巻 1 号 46 頁 …117
最判昭和 47・3・17 民集 26 巻 2 号 249 頁…223
最判昭和 47・5・25 民集 26 巻 4 号 805 頁…234
最判昭和 47・7・25 民集 26 巻 6 号 1263 頁…18
最判昭和 47・11・9 民集 26 巻 9 号 1566 頁
　……………………………………………………199
最大判昭和 48・4・4 刑集 27 巻 3 号 265 頁 …7
最判昭和 48・4・12 民集 27 巻 3 号 500 頁 …80
最判昭和 48・4・24 家月 25 巻 9 号 80 頁 …103
最判昭和 48・11・15 民集 27 巻 10 号 1323 頁
　………………………………………………………47
最判昭和 49・2・26 家月 26 巻 6 号 22 頁……99
最判昭和 49・4・26 民集 28 巻 3 号 540 頁…225
最判昭和 49・7・22 家月 27 巻 2 号 69 頁 …103
最判昭和 49・9・20 民集 28 巻 6 号 1202 頁
　……………………………………………………202
最判昭和 49・12・24 民集 28 巻 10 号 2152 頁
　……………………………………………………217
最判昭和 50・4・8 民集 29 巻 4 号 401 頁
　………………………………………………78, 83

245

判例索引

最判昭和50・5・27民集29巻5号641頁 …45
最判昭和50・10・24民集29巻9号1483頁
　………………………………………210
最判昭和50・11・7民集29巻10号1525頁
　………………………………………161, 186
最判昭和51・1・16家月28巻7号25頁 …219
最判昭和51・3・18民集30巻2号111頁…237
最判昭和51・7・1家月29巻2号91頁……193
最判昭和51・7・19民集30巻7号706頁…231
最判昭和51・8・30民集30巻7号768頁…241
最判昭和52・2・17裁判集民120号65頁…144
最判昭和52・4・1家月29巻10号132頁…217
最判昭和52・11・8民集31巻6号847頁…102
最判昭和52・11・21家月30巻4号91頁…217
最判昭和53・2・24民集32巻1号98頁
　………………………………………102, 119
最判昭和53・2・24民集32巻1号110頁 …66
最判昭和53・3・9判時887号72頁…………20
最判昭和53・4・7家月30巻10号27頁……99
最判昭和53・4・14家月30巻10号26頁 …69
最判昭和53・7・13判時908号41頁………181
最判昭和53・7・17民集32巻5号980頁 …81
最判昭和53・11・14民集32巻8号1529頁
　………………………………………31, 43
最大判昭和53・12・20民集32巻9号1674頁
　………………………………………145
最判昭和54・3・23民集33巻2号294頁…190
最判昭和54・3・30民集33巻2号303頁 …25
最判昭和54・3・30家月31巻7号54頁……66
最判昭和54・4・17判時929号67頁………145
最判昭和54・5・31民集33巻4号445頁…217
最判昭和54・7・10民集33巻5号562頁…241
最判昭和54・11・2判時955号56頁 ……79
最判昭和55・11・27民集34巻6号815頁
　………………………………………173
最判昭和55・12・4民集34巻7号835頁…221
最判昭和56・4・3民集35巻3号431頁 …154
最判昭和56・9・11民集35巻6号1013頁
　………………………………………222
最判昭和56・10・1民集35巻7号1113頁…64
最判昭和56・10・30民集35巻7号1243頁
　………………………………………208
最判昭和56・11・13民集35巻8号1251頁
　………………………………………233

最判昭和56・12・18民集35巻9号1337頁
　………………………………………218
最判昭和57・3・19民集36巻3号432頁…71
最判昭和57・3・26判時1041号66頁………36
最判昭和57・4・30民集36巻4号763頁…235
最判昭和57・9・28民集36巻8号1642頁…20
最判昭和57・11・12民集36巻11号2193頁
　………………………………………242
最判昭和57・11・18民集36巻11号2274頁
　………………………………………103
最判昭和57・11・26民集36巻11号2296頁
　………………………………………103
最判昭和57・12・17家月35巻12号61頁…69
最判昭和58・3・18家月36巻3号143頁…212
最判昭和58・4・14民集37巻3号270頁 …55
最判昭和59・4・27民集38巻6号698頁…193
最判昭和60・2・14訴月31巻9号2204頁…54
最判昭和61・3・13民集40巻2号389頁…165
最判昭和61・3・20民集40巻2号450頁…196
最判昭和61・11・20民集40巻7号1167頁
　………………………………………224
最判昭和62・3・3判時1232号103頁 ……173
最判昭和62・4・23民集41巻3号474頁
　………………………………………229, 231
最大判昭和62・9・2民集41巻6号1423頁
　………………………………………50
最判昭和62・10・8民集41巻7号1471頁
　………………………………………218
最判昭和63・6・21家月41巻9号101頁
　………………………………………193, 202
最判平成元・2・9民集43巻2号1頁 ……185
最判平成元・2・16民集43巻2号45頁 …217
最判平成元・3・28民集43巻3号167頁…164
最判平成元・4・6民集43巻4号193頁……69
最判平成元・11・10民集43巻10号1085頁
　………………………………………71
最判平成2・7・20民集44巻5号975頁……42
最判平成2・9・27民集44巻6号995頁 …185
最判平成2・10・18民集44巻7号1021頁
　………………………………………171
最判平成2・11・8家月43巻3号72頁……50
最判平成3・3・22家月43巻11号44頁 …118
最判平成3・4・19民集45巻4号477頁
　………………………………………213, 214

判例索引

最判平成 4・4・10 判時 1421 号 77 頁 ……… 163
最判平成 4・12・10 民集 46 巻 9 号 2727 頁
　………………………………………… 101
最判平成 5・1・19 民集 47 巻 1 号 1 頁
　…………………………………… 212, 230
最判平成 5・10・19 民集 47 巻 8 号 5099 頁
　………………………………………… 100
最判平成 5・10・19 家月 46 巻 4 号 27 頁
　…………………………………… 218, 222
最判平成 6・1・20 判時 1503 号 75 頁 ……… 25
最判平成 6・2・8 家月 46 巻 9 号 59 頁 …… 50
最判平成 6・4・26 民集 48 巻 3 号 992 頁 … 100
最判平成 6・6・24 家月 47 巻 3 号 60 頁 … 218
最判平成 6・7・18 民集 48 巻 5 号 1233 頁 … 173
最判平成 6・9・13 民集 48 巻 6 号 1263 頁 … 118
最判平成 6・10・13 家月 47 巻 9 号 52 頁 … 209
最判平成 6・11・8 民集 48 巻 7 号 1337 頁 … 99
最判平成 7・1・24 判時 1523 号 81 頁 ……… 214
最判平成 7・3・7 民集 49 巻 3 号 893 頁 …… 177
最大決平成 7・7・5 民集 49 巻 7 号 1789 頁 … 72
最判平成 7・7・14 民集 49 巻 7 号 2674 頁 … 92
最判平成 7・12・5 判時 1562 号 54 頁 ……… 146
最判平成 7・12・5 判時 1563 号 81 頁 ……… 13
最判平成 8・1・26 民集 50 巻 1 号 132 頁 … 238
最判平成 8・3・8 判時 1571 号 71 頁 ……… 16
最判平成 8・3・26 民集 50 巻 4 号 993 頁 …… 25
最判平成 8・11・26 民集 50 巻 10 号 2747 頁
　………………………………………… 237
最判平成 8・12・17 民集 50 巻 10 号 2778 頁
　………………………………………… 171
最判平成 9・1・28 民集 51 巻 1 号 184 頁 … 154
最判平成 9・2・25 民集 51 巻 2 号 448 頁 … 241
最判平成 9・3・14 裁時 1191 号 18 頁 ……… 236
最判平成 9・3・25 民集 51 巻 3 号 1609 頁 … 172
最判平成 9・4・10 民集 51 巻 4 号 1972 頁 … 52
最判平成 9・9・12 民集 51 巻 8 号 3887 頁 … 207
最判平成 9・11・13 民集 51 巻 10 号 4144 頁
　………………………………………… 234
最判平成 10・2・13 民集 52 巻 1 号 38 頁 … 198
最判平成 10・2・26 民集 52 巻 1 号 274 頁 … 239
最判平成 10・2・27 民集 52 巻 1 号 299 頁 … 215
最判平成 10・3・10 民集 52 巻 2 号 319 頁 … 241
最判平成 10・3・13 判時 1636 号 44 頁 …… 219
最判平成 10・3・24 民集 52 巻 2 号 433 頁 … 237

最判平成 10・6・11 民集 52 巻 4 号 1034 頁
　………………………………………… 238
最判平成 10・8・31 家月 51 巻 4 号 33 頁
　……………………………………… 59, 63
最判平成 11・1・21 民集 53 巻 1 号 128 頁 … 207
最判平成 11・4・26 家月 51 巻 10 号 109 頁 … 99
最判平成 11・6・11 家月 52 巻 1 号 81 頁 … 225
最判平成 11・6・24 民集 53 巻 5 号 918 頁 … 236
最判平成 11・7・19 民集 53 巻 6 号 1138 頁
　………………………………………… 145
最判平成 11・9・14 判時 1693 号 68 頁 …… 223
最判平成 11・12・16 民集 53 巻 9 号 1989 頁
　………………………………………… 214
最判平成 12・1・27 家月 52 巻 7 号 78 頁 …… 72
最判平成 12・2・24 民集 54 巻 2 号 523 頁 … 177
最決平成 12・3・10 民集 54 巻 3 号 1040 頁
　……………………………………… 55, 56
最判平成 12・3・14 家月 52 巻 9 号 85 頁
　……………………………………… 63, 64
最判平成 12・5・1 民集 54 巻 5 号 1607 頁 … 40
最判平成 12・7・11 民集 54 巻 6 号 1886 頁
　………………………………………… 241
最判平成 13・3・27 家月 53 巻 10 号 98 頁 … 221
最判平成 13・11・22 民集 55 巻 6 号 1033 頁
　………………………………………… 239
最判平成 14・6・10 判時 1791 号 59 頁 …… 215
最判平成 14・9・24 家月 55 巻 3 号 72 頁 … 220
最判平成 14・11・5 民集 56 巻 8 号 2069 頁
　………………………………………… 238
最判平成 15・3・28 家月 55 巻 9 号 51 頁 …… 72
最決平成 15・12・25 民集 57 巻 11 号 2562 頁
　………………………………………… 98
最判平成 16・4・20 家月 56 巻 10 号 48 頁 … 165
最決平成 16・6・8 金法 1721 号 44 頁 …… 219
最判平成 16・10・29 民集 58 巻 7 号 1979 頁
　………………………………………… 177
最判平成 16・11・18 判時 1881 号 83 頁 …… 57
最判平成 17・4・21 判時 1895 号 50 頁 …… 55
最判平成 17・7・22 家月 58 巻 1 号 83 頁
　…………………………………… 212, 213
最判平成 17・9・8 民集 59 巻 7 号 1931 頁
　……………………………… 166, 187, 188
最決平成 17・10・11 民集 59 巻 8 号 2243 頁
　………………………………………… 189

判 例 索 引

最判平成 17・12・15 判時 1920 号 35 頁……161
最判平成 18・7・7 民集 60 巻 6 号 2307 頁
　………………………………………79, 83
最判平成 18・9・4 民集 60 巻 7 号 2563 頁 …75
最判平成 19・3・8 民集 61 巻 2 号 518 頁……54
最決平成 19・3・23 民集 61 巻 2 号 619 頁 …74
最判平成 19・3・30 家月 59 巻 7 号 120 頁 …52
最判平成 20・1・24 民集 62 巻 1 号 63 頁 …241
最判平成 20・3・18 判時 2006 号 77 頁
　………………………………………79, 83
最決平成 20・5・8 家月 60 巻 8 号 51 頁 ……31
最大判平成 20・6・4 民集 62 巻 6 号 1367 頁
　…………………………………………72
最判平成 21・3・24 民集 63 巻 3 号 427 頁
　…………………………………176, 215, 237
最決平成 21・9・30 家月 61 巻 12 号 55 頁 …72
最判平成 22・10・8 民集 64 巻 7 号 1719 頁
　…………………………………………165
最判平成 23・2・22 民集 65 巻 2 号 699 頁…215
最決平成 23・3・18 家月 63 巻 9 号 58 頁……52
最決平成 24・1・26 家月 64 巻 7 号 100 頁
　……………………………………238, 239
最決平成 25・3・28 民集 67 巻 3 号 864 頁 …41
最決平成 25・3・28 判時 2191 号 46 頁………41
最大決平成 25・9・4 民集 67 巻 6 号 1320 頁
　………………………………………72, 174
最決平成 25・9・26 民集 67 巻 6 号 1384 頁…58
最決平成 25・11・29 民集 67 巻 8 号 1736 頁
　…………………………………………186
最決平成 25・12・10 民集 67 巻 9 号 1847 頁
　………………………………………60, 74
最判平成 26・1・14 民集 68 巻 1 号 1 頁 ……68
最判平成 26・2・14 民集 68 巻 2 号 113 頁…181
最判平成 26・2・25 民集 68 巻 2 号 173 頁…165
最判平成 26・3・14 民集 68 巻 3 号 229 頁…242
最判平成 26・4・14 民集 68 巻 4 号 279 頁 …96
最判平成 26・7・17 民集 68 巻 6 号 547 頁 …63
最判平成 26・12・12 判時 2251 号 35 頁……165

〔控訴院・高等裁判所〕
東京控判大正 14・12・8 新聞 2532 号 9 頁…70
大阪高決昭和 28・9・3 高民集 6 巻 9 号 530 頁
　…………………………………………111
東京高決昭和 28・9・4 高民集 6 巻 10 号 603 頁
　…………………………………………182
大阪高決昭和 33・7・28 家月 10 巻 9 号 71 頁
　…………………………………………133
東京高決昭和 35・4・19 家月 12 巻 12 号 73 頁
　…………………………………………132
東京高決昭和 35・9・15 家月 13 巻 9 号 53 頁
　…………………………………………133
大阪高決昭和 37・1・31 家月 14 巻 5 号 150 頁
　…………………………………………133
大阪高決昭和 37・10・29 家月 15 巻 3 号 128 頁
　…………………………………………133
東京高判昭和 38・7・15 下民集 14 巻 7 号
　1395 頁…………………………………146
仙台高決昭和 38・10・30 家月 16 巻 2 号 65 頁
　…………………………………………142
東京高決昭和 39・1・28 家月 16 巻 6 号 137 頁
　…………………………………………133
広島高松江支決昭和 40・11・15 高民集 18 巻 7
　号 527 頁…………………………………55
大阪高決昭和 41・7・1 家月 19 巻 2 号 71 頁
　…………………………………………142
大阪高決昭和 44・12・25 家月 22 巻 6 号 50 頁
　…………………………………………156
東京高決昭和 49・4・11 判時 741 号 77 頁…156
東京高決昭和 54・3・29 家月 31 巻 9 号 21 頁
　……………………………………141, 180
東京高決昭和 54・6・6 家月 32 巻 3 号 101 頁
　…………………………………………141
仙台高決昭和 55・1・25 家月 33 巻 2 号 169 頁
　…………………………………………67
東京高決昭和 57・3・16 家月 35 巻 7 号 55 頁
　…………………………………………181
東京高決昭和 59・6・20 家月 37 巻 4 号 45 頁
　…………………………………………204
高松高決平成元・2・20 判タ 699 号 235 頁…92
大阪高決平成 2・4・9 家月 42 巻 10 号 57 頁
　…………………………………………92
東京高決平成 4・12・11 判時 1448 号 130 頁
　…………………………………………156
東京高決平成 10・9・16 家月 51 巻 3 号 165 頁
　…………………………………………74
大阪高判平成 13・2・27 金判 1127 号 30 頁
　…………………………………………242
東京高判平成 15・5・28 家月 56 巻 3 号 60 頁

判 例 索 引

……………………………………235
高松高判平成 18・6・16 判時 2015 号 60 頁
…………………………………………166
東京高判平成 21・12・21 判時 2073 号 32 頁
…………………………………………173
東京高決平成 22・7・30 家月 63 巻 2 号 145 頁
…………………………………………133
東京高決平成 22・9・13 家月 63 巻 6 号 82 頁
…………………………………………177

〔地方・家庭裁判所〕
甲府地判昭和 31・5・29 下民集 7 巻 5 号
 1378 頁…………………………………142
松山家審昭和 32・3・4 家月 9 巻 3 号 39 頁…133
熊本家御船支審昭和 34・10・30 家月 11 巻 12
 号 140 頁………………………………83
大阪家審昭和 35・12・1 家月 13 巻 6 号 157 頁…133
東京家審昭和 36・5・6 家月 14 巻 5 号 160 頁…133
京都家審昭和 36・11・24 家月 14 巻 11 号
 122 頁 …………………………………156
神戸家審昭和 37・11・5 家月 15 巻 6 号 69 頁…133
東京家審昭和 38・2・25 家月 15 巻 6 号 75 頁…132
大阪家審昭和 38・3・20 家月 15 巻 8 号 90 頁…133
仙台家古川支審昭和 38・5・1 家月 15 巻 8 号
 106 頁 …………………………………142
高松家審昭和 38・8・29 家月 15 巻 12 号 164 頁…83
大阪家審昭和 41・2・10 家月 18 巻 10 号 57 頁

……………………………………132
新潟家新発田支審昭和 41・4・18 家月 18 巻 11
 号 70 頁………………………………204
東京地判昭和 43・12・10 判時 544 号 3 頁 …55
鹿児島家審昭和 45・1・20 家月 22 巻 8 号 78 頁
…………………………………………209
大阪家決昭和 46・9・25 家月 24 巻 8 号 62 頁
…………………………………………120
東京家審昭和 50・3・13 家月 28 巻 2 号 99 頁
…………………………………………157
大阪家審昭和 52・8・29 家月 30 巻 6 号 102 頁
…………………………………………170
釧路家北見支審昭和 54・3・28 家月 31 巻 9 号
 34 頁……………………………………76
大阪家審昭和 54・4・10 家月 34 巻 3 号 30 頁
…………………………………………209
東京地判昭和 61・1・28 家月 39 巻 8 号 48 頁
…………………………………………142
福岡地判平成 5・10・7 判時 1483 号 102 頁…17
東京家八王子支審平成 6・1・31 判時 1486 号
 56 頁……………………………………98
大阪地判平成 10・12・18 家月 51 巻 9 号 71 頁
……………………………………………74
東京地判平成 11・1・25 判タ 1042 号 220 頁
…………………………………………120
京都地判平成 20・2・7 判タ 1271 号 181 頁
…………………………………………235
神戸家姫路支審平成 20・12・26 家月 61 巻 10
 号 72 頁…………………………………74
東京家審平成 21・3・30 家月 61 巻 10 号 75 頁
……………………………………………27
広島家呉支審平成 22・10・5 家月 63 巻 5 号
 62 頁……………………………………155

249

事項索引

あ 行

悪意の遺棄　47, 106
朝日訴訟　136
アリモニー　43
家　1
遺 言　211
　——における口授　219
　——による相続分の指定　175
　——による廃除請求　157
　——の解釈　212
　——の効力　224
　——の執行　228
　——の自由　139
　——の証人・立会人の欠格事由　221
　——の撤回　232
　——の方式　216
　在船者の——　223
　死亡危急者の——　222
　船舶遭難者の——　224
　相続させる——　213
　撤回された——の効力　233
　伝染病隔離者の——　223
　被後見人の——の制限　216
遺言執行　214
遺言執行者　229
　——の権利義務　230
　——の任務　230
　——の復任権　231
遺言書の検認　228
遺言書の破棄　233
遺言能力　216
遺産確認の訴え　164
遺産合有　160
遺産分割　184
　——と遺留分　238
　——と共有物分割　186
　——と担保責任　191
　——と認知の訴え　190
　——の移転主義　189
　——の基準　185

　——の禁止　185
　——の宣言主義　189
　——の手続　184
　——の方法　186
　可分債権の——　188
　可分債務の——　188
遺 贈　139, 211
　——の放棄　225
　負担付——　228
遺贈者　139, 211
一身専属権　159
　帰属上の——　160
　行使上の——　160
移転主義　189
遺留分　139, 211, 236
　——と遺産分割　238
　——の帰属　236
　——の算定　236
　——の放棄　242
遺留分減殺請求権　238, 239, 241
　——と債権者代位権　239
　——の期間の制限　241
　——の対象　238
姻 族　4
姻族関係の消滅　6
氏　22
　——の法的性質　22
　子の——　75
　嫡出でない子の——　75
　養子の——　87
縁 組　77
　——の形式的要件　78
　——の効力　87
　——の実質的要件　79
　——の届出　78
　——の取消し　85
　——の無効事由　84
　——の要件　78
親 子　58
親子関係→親子（しんし）関係

事項索引

か　行

家事事件　3
家事事件手続法　3
家　団　4
家督相続　174
監護権　38
　　――と親権の分離　39
監護者　38
　　――の決定　38,52
完全養子　77
管理権　96,100
　　――の辞任・回復　109
　　――の制限　103
　　――の喪失　108
虐　待　97,106
協議離婚　33
　　――の効果　37
　　――の取消し　36
　　――の無効　36
　　――の無効の追認　36
強制認知　69
共同遺言の禁止　221
共働婚　2
共同親権　39
共同相続人　139
協力・扶助義務　24
居所指定権　96
寄与分　33,178
近親婚　13
禁治産者制度　112
継親子　5
結　婚　8
血　族　4
限定承認　192,197
　　――における相続財産の管理　198
　　――の公告・催告・弁済等　199
検　認　228
後継遺贈　212
後　見　110
　　――の機関　112
　　――の事務　116
　　――の終了　121
後見監督人　115

後見制度支援信託　118
後見登記　126
後見人　110
　　――の解任　115
　　――の欠格事由　115
公正証書遺言　218
公的扶助　136
国際的な子の奪取の民事上の側面に関する条約
　　（ハーグ条約）　100
戸　主　1
個人の尊厳　1
戸　籍　3
　　――の訂正　3
子の氏の変更　75
子の引渡請求　98
婚　姻　8
　　――と父母の同意　14
　　――の形式的成立要件　11
　　――の効力　21
　　――の実質的成立要件　12
　　――の成立　11
　　――の届出　11
　　――の無効　16
　　――の無効事由　16
　　――の要件　11
　　――の予約　8,53
　　成年被後見人の――　15
　　未成年者の――　14
婚姻意思　17
婚姻合意　11
婚姻準正　73
婚姻取消し　19
　　――事由　19
　　――と成年擬制　27
　　――の効果　21
婚姻年齢　12
婚姻費用　29
　　――の分担　129
　　過去の――　30
婚姻無効　16
　　――の性質　16
　　――の追認　18
婚姻を継続し難い重大な事由　49
婚　約　8

251

事 項 索 引

──の成立　8
──の破棄　9, 12
──の不履行　9

さ　行

祭具譲渡　52
　　離婚と──　38
再婚禁止期間　12
財産管理権→管理権
財産分与　52
財産分与請求権　42
　　──と慰謝料　43
　　──の相続　44
　　──の履行　44
財産分離　204
　　相続債権者・受遺者による──　204
　　相続人の債権者による──　204
祭祀承継　6, 23, 160
再代襲　151
再転相続人　193
　　──の相続放棄　202
裁判上の離婚　46
債務の承継　215
里親委託　78
残余財産　209
死因贈与　211
　　──の撤回　234
死後離縁　6, 89
実　子　58
指定相続分　175
私的扶養の優先　136
自筆証書遺言　217
借家権の承継　56
受遺者　139, 211
　　──の資格　216
重　婚　12
重婚的内縁　55
私有財産制　139
終身定期金契約　211
主婦婚　2
準　婚　54
準　正　73
職業許可権　97
親　権　38, 94

──と監護権の分離　39
──の効力　96
──の辞任・回復　109
──の喪失　105
──の停止　82, 107
──の内容　38
──の濫用　105
親権者　38, 94
　　──の決定　38, 94
　　──の変更　95
　　──の利益相反行為　101
人工授精子　74
親子関係存否確認の訴え　64
　　──と嫡出否認の訴え　64
身上監護権　96
親　族　4
　　──の効果　7
　　──の範囲　4
親族関係の終了　92
親族関係の変動　5
　　縁組による──　5
　　離縁による──　6
親　等　5
審判離婚　45
推定されない嫡出子　61
推定相続人　139
　　──の廃除　155
推定の及ばない子　60
生活扶助義務　129, 130
生活保持義務　129, 130
精神病離婚　48
生前贈与　211
成年擬制　26
成年後見制度　112
成年後見人　112
成年後見の開始　112
宣言主義　189
創設的届出　3
相　続　139
　　──の開始　140
　　──の効力　159
　　──の役割　140
　　債権の──　165, 170
　　債務の──　166

252

借家権の―― 170
生命保険金の―― 172
占有権の―― 170
胎児の――権 187
物権の―― 169
相続開始時財産 178
相続回復請求権 143
　――と遺産分割 187
　――の消滅時効 146
　――の相続性 146
　――の放棄 147
相続欠格 152
　――の効果 155
　――の宥恕 155
相続欠格者 153
相続財産 161
　――の管理 162
　――の管理保存 193
　――の共有 161
相続財産管理人 207
相続財産法人 207
相続させる遺言 213
　――と遺言執行 214
　――と登記 215
相続税 142
相続人 139, 149
　――の捜索の公告 208
　――の範囲 149
相続人の欠格→相続欠格
相続人の廃除→廃除
相続人不存在 207
相続の承認 192
　――の取消し 194
　――をすべき期間 192
相続の放棄 192, 201
　――の効果 202
　――の取消し 194
　――をすべき期間 192
再転相続人の―― 202
相続分 174
　――の譲渡 183
　――の変遷 174
　遺言による――の指定 175
　指定―― 175

代襲相続人の―― 175
嫡出でない子の―― 72, 174
相続分取戻権 181
尊　属 5
尊属殺 7

た　行

第1種の財産分離 204
体外受精子 74
待婚期間 12
胎　児 149
　――の相続権 187
代襲相続 150
　養子と―― 6
代襲相続人 150
　――の相続分 175
代諾縁組 82
第2種の財産分離 204, 206
多数当事者の抗弁 70
単純承認 192, 195
父を定める訴え 12, 60
嫡出子 58
　推定されない―― 61
嫡出推定 58, 59
嫡出でない子 58, 65, 66
　――の氏 75
　――の相続分 174
嫡出否認の訴え 60
　――と親子関係存否確認の訴え 64
中小企業における経営の承継の円滑化に関する法律 242
懲戒権 96
調停離婚 45
直　系 4
貞操義務 25
DV法 24
同居義務 23
同時存在の原則 141
同　棲 53, 57
特別縁故者 56, 209
特別受益 176
特別代理人 101
特別方式遺言 222
特別養子 90

253

事項索引

な 行

内　縁　52
　　——と相続財産　56
　　——の解消　56
　　——の効果　55
　　——の破棄　53, 54
　　——の要件　54
日常家事債務　31
任意後見　123
　　——の終了　125
任意後見監督人
　　——の選任　124
　　——の職務　125
任意認知　65
認　知　6, 65
　　——の効果　71
　　——の取消しの禁止　67
　　——の方式　66
　　——の無効　68
　　遺言による——　66
　　父の——　65
　　母の——　65
認知準正　73
認知請求権の放棄　73
認知の訴え　69
　　——と遺産分割　190
認知能力　66
年長者養子　80

は 行

配偶者　4
廃　除　152
　　——事由　156
　　——の手続　157
　　——の取消し　157
　　——の要件　155
　　遺言による——請求　157
　　推定相続人の——　155
配当加入の申出　204
破綻主義　46
被相続人　139
卑　属　5
非嫡出子→嫡出でない子

秘密証書遺言　220
夫　婦　22
　　——の協力・扶助義務　24
　　——の同居義務　23
夫婦間の契約取消権　27
夫婦共同縁組　80, 91
夫婦財産制　28
夫婦同氏の原則　22
夫婦別姓　22
復　氏　22, 52
　　——と戸籍の記載　38
　　離縁による——　90
　　離婚による——　37
　　離婚による——と祭具譲渡　38
父子関係の証明　70
扶助義務　47
負担付遺贈　228
普通方式遺言　216
普通養子　90
不貞行為　25, 46
不貞の抗弁　70
扶　養　129
　　——の順位　131
　　——の程度　132
　　——の方法　132
扶養義務　7, 129
　　3親等内の親族間の——　131
扶養料　133
　　——の支払　132
　　過去の——　133
別産制　32
傍　系　5
報告的届出　3
法定遺言事項　212
法定財産制　29
法定相続　140
法定相続分　174
法律婚主義　11
保　佐　122
保佐開始の審判　122
保佐人　122
補　助　122
補助開始の審判　122
補助人　122

254

事項索引

ま 行

未成年後見　110
未成年後見人　112
未成年の養子　83
みなし相続財産　178
身分権　1
命名権　97
面会交流権（面接交渉権）　40
持戻し　176
　——の免除　178

や 行

結納　9
有責主義　46
有責配偶者からの離婚請求　49
養子　77
　——と代襲相続　5
　——の氏　87
　事実上の——　78
　未成年の——　83
養子縁組→縁組

ら 行

利益相反行為　101

離縁　88
　——による復氏　90
　——の効果　90
　協議上の——　88
　裁判上の——　89
　調停・審判による——　89
離婚　33
　——と慰謝料　43
　——と成年擬制　26
　——の訴え　46
　——の届出　35
　——の予約　35
　協議——　34
　裁判上の——　46
　審判——　45
　調停——　45
離婚原因　46
　——相互の関係　51
離婚後の扶養　43
離婚訴訟　4
両性の本質的平等　1
臨終婚　17

255

川井　健（かわい　たけし）

昭和2年8月23日に生まれる。
昭和28年東京大学法学部卒業。
平成25年5月15日逝去。
元一橋大学教授。

良永和隆（よしなが　かずたか）

昭和32年9月26日に生まれる。
昭和62年一橋大学大学院法学研究科博士課程修了。
現在，専修大学教授。

民法概論5　（親族・相続）　補訂版
Civil Law 5

2007年 4 月15日　初　版第1刷発行
2015年12月20日　補訂版第1刷発行

著　者／川　井　　　健

補訂者／良　永　和　隆

発行者／江　草　貞　治

発行所／株式会社有斐閣

郵便番号 101-0051
東京都千代田区神田神保町 2-17
電話(03)3264-1314〔編集〕
　　(03)3265-6811〔営業〕
http://www.yuhikaku.co.jp/

印　刷／株式会社精興社・製　本／大口製本印刷株式会社
© 2015, Eiko Kawai, Kazutaka Yoshinaga. Printed in Japan
落丁・乱丁本はお取替えいたします。
★定価はカバーに表示してあります
ISBN 978-4-641-13736-3

JCOPY　本書の無断複写（コピー）は，著作権法上での例外を除き，禁じられています。複写される場合は，そのつど事前に，(社)出版者著作権管理機構（電話03-3513-6969，FAX03-3513-6979，e-mail：info@jcopy.or.jp）の許諾を得てください。